海外中国
研究丛书

刘 东 主编

［法］毕游塞 著

白欲晓 译

通过儒家现代性而思

牟宗三道德形上学研究

THINKING THROUGH CONFUCIAN MODERNITY

A Study of Mou Zongsan's Moral Metaphysics

江苏人民出版社

图书在版编目(CIP)数据

通过儒家现代性而思：牟宗三道德形上学研究 /
(法)毕游塞著；白欲晓译. --南京：江苏人民出版社，
2022.7
(海外中国研究丛书/刘东主编)
书名原文：Thinking Through Confucian Modernity：
A Study of Mou Zongsan's Moral Metaphysics
ISBN 978 - 7 - 214 - 26710 - 8

Ⅰ. ①通… Ⅱ. ①毕… ②白… Ⅲ. ①牟宗三(
1909 - 1995)-新儒学-哲学思想-研究 Ⅳ. ①B261.5

中国版本图书馆 CIP 数据核字(2021)第 235427 号

Thinking Through Confucian Modernity by Sébastien Billioud
Original English version of *Thinking Through Confucian Modernity* by Sébastien
Billioud ⓒ 2012 by Koninklijke Brill NV, Leiden, The Netherlands. Koninklijke Brill
NV incorporates the imprints Brill ｜ Nijhoff, Hotei and Global Oriental. The Chinese
version of *Thinking Through Confucian Modernity* is published with the arrangement of
Brill.
英文原版：博睿学术出版社 (Brill)；地址：荷兰莱顿；网址：http://www. brillchina. cn
Simplified Chinese edition copyright ⓒ 2022 by Jiangsu People's Publishing House. All
rights reserved.

江苏省版权局著作权合同登记号：图字 10 - 2019 - 716 号

书　　　名	通过儒家现代性而思：牟宗三道德形上学研究
著　　　者	[法]毕游塞
译　　　者	白欲晓
责 任 编 辑	李晓爽
装 帧 设 计	陈　婕
责 任 监 制	王　娟
出 版 发 行	江苏人民出版社
地　　　址	南京市湖南路 1 号 A 楼，邮编：210009
照　　　排	江苏凤凰制版有限公司
印　　　刷	江苏凤凰通达印刷有限公司
开　　　本	652 毫米×960 毫米　1/16
印　　　张	17.5　插页 4
字　　　数	177 千字
版　　　次	2022 年 7 月第 1 版
印　　　次	2022 年 7 月第 1 次印刷
标 准 书 号	ISBN 978 - 7 - 214 - 26710 - 8
定　　　价	58.00 元

(江苏人民出版社图书凡印装错误可向承印厂调换)

序"海外中国研究丛书"

    中国曾经遗忘过世界,但世界却并未因此而遗忘中国。令人嗟讶的是,20 世纪 60 年代以后,就在中国越来越闭锁的同时,世界各国的中国研究却得到了越来越富于成果的发展。而到了中国门户重开的今天,这种发展就把国内学界逼到了如此的窘境:我们不仅必须放眼海外去认识世界,还必须放眼海外来重新认识中国;不仅必须向国内读者迻译海外的西学,还必须向他们系统地介绍海外的中学。

    这个系列不可避免地会加深我们 150 年以来一直怀有的危机感和失落感,因为单是它的学术水准也足以提醒我们,中国文明在现时代所面对的绝不再是某个粗蛮不文的、很快就将被自己同化的、马背上的战胜者,而是一个高度发展了的、必将对自己的根本价值取向大大触动的文明。可正因为这样,借别人的眼光去获得自知之明,又正是摆在我们面前的紧迫历史使命,因为只要不跳出自家的文化圈子去透过强烈的反差反观自身,中华文明就找不到进入其现代形态的入口。

当然,既是本着这样的目的,我们就不能只从各家学说中筛选那些我们可以或者乐于接受的东西,否则我们的"筛子"本身就可能使读者失去选择、挑剔和批判的广阔天地。我们的译介毕竟还只是初步的尝试,而我们所努力去做的,毕竟也只是和读者一起去反复思索这些奉献给大家的东西。

刘　东

目　录

透过靠背垄道旧舍的灯火（代译序）

　　香港九龙土瓜湾的靠背垄道,坐落着一幢不起眼的"唐楼"。20世纪60至90年代,牟宗三先生曾长期寓居于此。香港人将没有电梯的老式楼房称为"唐楼",租金相对低廉。颜炳罡撰写的牟宗三学术传记,有题为"靠背垄道旧舍的灯火"一节,重现了当时的情景。牟宗三生活工作的房间仅一桌一椅一床和一架书橱,正对书桌的墙上是自书的祖先牌位,"这位著作等身,闻名世界的哲学家就在这样的环境中栖身、生活、著述及接待问学的青年"。① 陶国璋回忆说:"牟先生十时许便睡觉,深夜二三时便起床写书。牟先生在台湾地区的名气太大,时常需要应酬不同的人,但在香港,要应酬的人不多,所以他许多的哲学巨著,都是在港完成。"②想必,牟宗三旧舍的灯火常常在南国一隅的寂静夜色中燃亮。

　　时至今日,那些旧舍灯火下写就的著作,在海峡两岸持续地

---

① 颜炳罡:《牟宗三学术评传》,北京:北京图书馆出版社1998年版,第113页。
② 陶国璋:《他孤独而不寂寞》,香港:《文汇报》,2005年8月8日。

产生影响,在西方学坛也有多方面的回应。2011 年,荷兰博睿学术出版社(Brill)推出澳大利亚著名中国学学者梅约翰(John Makeham)主编的"现代中国哲学"丛书,汇集了以中国现代哲学为主题的新近研究成果。丛书第一批出版物中,与牟宗三相关的有三部。第一部是赛琳娜·陈(N. Serina Chan)所著的《牟宗三的思想》(2011 年),最近的一部是柯文杰(Jason Clower)编辑、翻译的《牟宗三的后期著作》(2014 年),中间的则是这部 2012 年出版的法国学者毕游塞(Sébastien Billioud)的论著。

毕游塞的牟宗三研究,汉语学界并不陌生。2004 年,他题为《牟宗三(1909—1995)哲学中的智的直觉》的博士论文在法国第七大学通过答辩。这是有关牟宗三研究的第一部法语论著。在答辩中,他的导师弗朗索瓦·朱利安(François Julien)对牟宗三引进康德哲学诠释中国思想的做法有激烈的批评,认为这种诠释恰恰使中国思想丧失了作为"解构"西方传统哲学的资源而发挥影响的可能,是完全不相应的。毕游塞不赞同导师的看法,他在答辩中说,牟宗三并没有限于康德哲学来理解和诠释儒家思想,在一定意义上可以说牟氏只是以某种佛教意义上的"方便"引入和使用康德哲学的概念,并不等于认同或依从康德的理路。虽如此,毕游塞的博士论文,最终仍被评价为"优秀","论文在汉学与哲学两个沟壑颇深的圈子中都赢得了赞誉"。①

"现代中国哲学"丛书所出的毕游塞新著,题为: *Thinking Through Confucian Modernity : A Study of MouZongsan's Moral Metaphysics*(下文引用时,括注了该书页码)。此书甫一出版,便引起汉语学界的回应。2013 年,台湾《汉学研究》第 31

---

① 参见郑家栋:《对话语境中的牟宗三哲学——记在巴黎的一次别开生面的讨论》,北京:《哲学动态》2004 年第 11 期。

卷第 1 期发表了香港中文大学刘保禧博士的书评，评论将书名译为《儒家现代性思微：牟宗三道德的形上学研究》并多有称赞，称其在普遍轻视新儒家理论成果的法语和英语世界中"显得难能可贵"，"出入法、英、汉三语的学术研究并且融为一体"，"树立了新的典范"。不过，书评对此书也有尖锐的批评。除了对牟宗三哲学与海德格尔哲学的关系判断有不同看法外，最为醒目的批评，是说该书的题目"袭用"了美国学者郝大维（David L. Hall）、安乐哲（Roger T. Ames）的那部有名的著作 *Thinking Through Confucius* 的书名："郝、安二氏谈的正是孔子，但是毕游塞的题目却有点名不副实——谈的只是牟宗三，而不是儒学的现代性。牟宗三是当代（contemporary）人物，不等于他探讨的是'现代性'（'modernity'）。前者纯粹是时间性的，后者却蕴涵了具体的内容，诸如民主、科学、市场等课题。在本书中，上述这些课题一概付之阙如。稍具'现代性'的问题意识，当会提问牟宗三在什么意义下堪称是'现代'，可惜毕游塞对此不著一字，即草率地用'儒学的现代性'概括全书。……或许用此书名，不过是为了引人注目，毕氏的重点其实是副题——'牟宗三道德的形上学研究'。"①也就是说，毕游塞的著作竟有张冠李戴、"名不副实"之嫌？对于一部经过长期准备和写作的学术著作来说，这种情况显得超出情理。何以如此呢？

出于对牟宗三哲学的学术兴趣，笔者翻译了这部代表西方牟宗三研究最新进展的论著。的确如刘保禧博士书评的描述，全书对"儒家现代性"着墨不多，聚焦的乃是牟宗三道德形上学中的重要理论问题，如"道德主体""自律""智的直觉""物自身"以及"基

---

① 刘保禧：《书评》，台北：《汉学研究》2013 年第 1 期。

本存有论"等。身处西方的哲学传统，作者尤为关注上述问题与康德哲学和海德格尔的康德诠释之间的"哲学对话"，并将中国哲学所强调的"道德情感""工夫"等问题，放入研究的整体脉络中给出了专门的讨论。客观地看，毕游塞的研究，正好呼应了近十余年来汉语学界对牟宗三哲学的质疑和批评，如牟宗三对康德哲学的"误读"，对现象学特别是海德格尔哲学的"误解"，以及牟宗三对中国思想传统的哲学改造丧失了"工夫"的实践性维度等。

毕游塞虽然坚持牟宗三对康德哲学的借用乃是一种"方便"，但却对其复杂性却有清楚的认识。"作为一位哲学家，牟宗三有着清晰的问题意识：即通过与西方无法回避的对话，再思与重述中国思想的核心洞见。他的方法基本上不是一种观念史的方法，他对不同思想传统所做的谱系学的重构与他的哲学志业密切关联。"（第34页）正因为如此，"牟宗三的哲学倾向于激进地减少并化约西方思想传统的复杂性"（第32页）。如关于康德哲学中的"智性直观"（牟宗三译为"智的直觉"）的概念，毕游塞指出，这个概念植根于古希腊和罗马思想，回响于基督教神学，并在后康德哲学特别是在莱因哈特、费希特、谢林和席勒那里得到丰富发展，而牟宗三基本无视这一历史，予之以"沉默"。在毕游塞看来："人们强调简单化在跨文化的哲学对话中几乎是不可避免的。困难在于评估这种简化到何种程度会消极地影响到核心的论辩？"（第34页）实际上，毕游塞全书都在处理牟宗三"挪用"（appropriate）西方哲学概念特别是康德哲学概念所带来的紧张。从"哲学对话"的立场出发，毕游塞有乐观的判断。他说："当分析和评述那些与他的哲学问题直接相关的西方哲学的文本时，情况便发生了彻底的改变，牟宗三变得极为细致和老练。"（第34页）

仍以"智性直观"问题为例，毕游塞特别提及一则很少被关注的材料。1977年，为祝贺牟宗三七十寿诞，刘述先撰写《牟宗三先生论智的直觉与中国哲学》并示正于牟宗三。该文在具体评述牟宗三的康德研究后提出意见："在这里我们可以暂时不必立即跳跃到中国哲学的传统，不妨进一步探索康德以降西方哲学的发展线索，也可由之领取一些西方哲学的重要消息。"牟宗三在复函中回应道："在此，我直接转中国的儒释道三教（当然亦可不立即跳跃到中国哲学传统），以为是康德之最好的而且是相应的对题的'调适而上遂'，因此，我们可以消化康德；并以为在西方，康德而后无善绍者，吾不以为费希特、黑格尔等是切题的善绍者，尽管是由康德开启或由不满足于康德而发。"①依据这封信函，毕游塞认为，无论我们如何猜想牟宗三何以忽视"智的直觉"概念在此前西方哲学传统中的存在，"他看起来已经清楚地意识到这个概念在后康德哲学中的重要性"（第84页），因而牟宗三的"沉默"便是一种"审慎的（蓄意的）沉默"（"Deliberate Silence"）。毕游塞指出，牟宗三的"沉默"还与他康德研究的学术历程有关，牟宗三对康德第三批判的翻译和消化是在晚年完成的，而德国后康德哲学关于此问题的讨论多由第三批判引发，牟宗三已无可能再做讨论。对于牟宗三的"沉默"所导致的与后康德哲学可能的"对话"的缺失，毕游塞虽表示遗憾，不过他认为牟氏的兴趣在于探求人之生命实践与自我转化，这一思考与德国后康德哲学的观念论享有极少的共同性，所以这一"沉默"虽足以引发疑问，却"远非不合逻辑"（第72页）。

牟宗三哲学与海德格尔的康德诠释的关系，是了解牟宗三后

---

① 参见刘述先：《牟宗三先生论"智的直觉"函》，台北：《中国文哲研究通讯》第9卷第4期。

期哲学开展的重要问题。毕游塞指出："海德尔格乃是牟宗三的真正对话者"，他们的共同之处是，一方面将形而上学或存有论与实践哲学直接联系起来，另一方面将这种联系建立在对康德第一批判的重新诠释的基础上。在他看来，牟宗三所面对的乃是"海德格尔的挑战"，"简言之，如果海德格尔的康德诠释是正当的，牟宗三的哲学规划便受到了威胁"（第94页）。毕游塞对二者理论交涉中的重要问题展开了细致分析，他的判断是："康德的思想以某种方式被牟宗三和海德格尔向两个完全不同的方向上'拉扯'"（第110页）。与简单指责牟宗三"误解"海德格尔不同，毕游塞以整整两章的内容细致讨论这种"拉扯"与"张力"，揭示其中所蕴含的真实的"哲学对话"，即通过康德而对"基础存有论"的再思："牟宗三与海德格尔不仅在实践哲学的领域中以某种方式相互回应，而且他们也将自己的事业置基于对第一批判的激进的诠释之上。其结果，是对存有论概念的截然不同的转化。"（第139页）

虽然，毕游塞的问题讨论令人印象深刻，对汉语学界的牟宗三研究也有颇多启发。但他何以使用 *Thinking Through Confucian Modernity* 作为主书名而未直接讨论"儒家的现代性"，始终是一个疑问。他如何面对"袭用"郝大维、安乐哲的书名的指控呢？

郝大维、安乐哲的 *Thinking Through Confucius* 出版于1987年，最早的中译本译名为《孔子哲学思微》。① 关于书名的翻译，熟悉中文的作者在该译本的"序"中并没有意见或建议。不过，此"序"译成中文后曾单独发表，标题是《可否通过孔子而

---

① 该译本由蒋弋为、李志林翻译，江苏人民出版社1996年出版。

思？》，①正由英语书名的直译而来。2005 年，该书新的中译本面世，书名便改译为《通过孔子而思》。② Thinking through 译成"思微"或"通过……而思"，最好还是参考作者的用意。原书《作者辩言》说："或许，本书的题目已揭示了本书的主要意图。首先，我们希望通过'孔子'而思。目的是，能够让孔子的主要思想在我们的研究中获得相对明晰的阐明。其次，一个同样的目的：就是将孔子思想作为实践自我之'思'（'thinking'）的媒介。"③如此说来，*Thinking Through Confucius*，首先是要阐明"孔子的思想"，另一个意图则是以孔子思想为"媒介"而展开自我"运思"。"思微"的译法可能更适于前者，而"通过……而思"无疑更能体现后一目标。回到毕游塞的著作，*Thinking Through Confucian Modernity*，无论是译为"儒家现代性思微"，还是"通过儒家现代性而思"，看来都面临困难，因为书里并没有专题讨论"儒家现代性"。

不过，正是毕游塞提及"现代性"的一段表述，使我意识到，在这位西方的中国哲学研究者眼中，所谓的"儒家现代性"并非如我们通常所理解的那样，指的是"诸如民主、科学、市场等课题"或"内圣开出新外王"一类的宏大叙事，而主要是一个哲学问题。

在那段表述中，毕游塞将牟宗三与伊曼努尔·列维纳斯（Emmanuel Lévinas）放在一起比观。他指出，在《伦理学作为第

---

① 郝大维、安乐哲著，蒋弋为、李志林译：《可否通过孔子而思？》，北京：《读书》1996 年第 5 期。

② 该译本由何金俐翻译，北京大学出版社 2005 年出版。

③ 郝大维、安乐哲著，何金俐译：《通过孔子而思》，北京：北京大学出版社 2005 年版，第 7 页。

一哲学》中,列维纳斯重申了对"存在论"作为"第一哲学"的责难,并将其置入一个反思现代性的有趣视域中,因为所谓的"现代性",其哲学品格正是"把存在之通过认识的同一化与居有活动,一直推进到存在与认识的同一化"(第159页),其中隐藏着"存在优先于存在者"的暴力。我们知道,这正是列维纳斯对他的老师海德格尔加以批评的出发点。毕游塞指出,在20世纪初,从王国维开始,许多中国知识分子强调了中国思想中的形而上学向度并在古代中国的思想中对其加以追溯。与此同时,本体论(ontology,牟宗三译为"存有论")这个概念便被提到面前。牟宗三的老师熊十力,声言"哲学就是本体论"以及真正意义的本体论只能在中国哲学的框架中得到揭示。这样的立场,远非没有争议,引发了激烈的论战,被梁漱溟、马一浮等学者严厉批评。但无论怎样,如冯友兰和牟宗三这样的哲学家,则继承了对本体论的强调,在他们哲学中,许多传统概念达到了"本体化"("ontologization")的地步(参见第123—124页)。这样看来,儒家传统的"形而上学化"及其"本体化"改造,正符合毕游塞所说的"儒家现代性"。牟宗三将传统儒学建构成一套"道德的形上学"哲学系统并重思其"基础存有论",可以理解为毕游塞所谓的"儒家现代性"的一种表现。

上述所言只是问题的一个方面。毕游塞认为,牟宗三根据中国思想的古典洞见建构的"基本存有论",蕴含着超越"现代性"(后现代性)的因素。他说:"列维纳斯选择了肯定伦理学以及形而上学的优先性。牟宗三感到,通过挪用和重构一个'基本存有论'概念以回应海德格尔的康德诠释的挑战是必要的,这个'基本存有论'关联着一个关于宇宙的终极本体以及人与之关联方式(德性所知、智的直觉)的古典洞见。"(第159—160页)他甚至要将此问题"蕴蓄于怀"，这就是："在一个后海德格尔的时代，不再关注'基本存有论'的概念（即使它是牟宗三带到面前的），而更多地聚焦于对中国智性传统诸多洞见的富有成果的重新诠释，牟宗三思想的（后）现代性在多大程度上与我们相关？"（第160页）到这里，我恍然领悟，毕游塞虽然不同意自己的老师朱利安对牟宗三的批评，但他关于"儒家现代性"的思考仍然沿用了朱利安"迂回与进入"的策略，即经由东方特别是中国古典思想而返回西方予"现代性"以反思和批判。

至此，本书翻开了更为精彩的一页。这就是对牟宗三道德形上学中的"情感"与"工夫"问题的分析。不同于传统的概念分析和观念演绎，毕游塞通过"一个准现象学的方法"（第92页）对牟宗三哲学中的"觉情""感通"与西方的特别是康德的道德情感说加以比较和说明，将"工夫""逆觉体征""顿悟"等与西方传统的"精神修炼"（"spiritual exercises"）和当代的"实践""交互主体性"问题，做比较性说明和过程性描述。其别开生面之处，一经阅读便可了解和体会。这里，我们来看毕游塞对那个"蕴蓄于怀"问题的解答，即在一个后海德格尔的时代，"牟宗三思想的（后）现代性在多大程度上与我们相关？"在对牟宗三"感通"思想所作的讨论中，毕游塞指出，牟宗三对表达感应（"感通"）的那些传统观念的述诸，较之列维纳斯的他性（alterity），能够给现象学的描述提供更为适宜的基础，"在这条道路上，儒家传统能够在现象学和'对话哲学'的语境中被直接地讨论"（第192页）。

本书最后一章通过"工夫"问题的讨论以及对"工夫"经验的描述，揭示牟宗三思想的后现代性及当下意义。毕游塞指出，牟宗三再思中国思想核心洞见所重构的理论化哲学体系，其基石和前提是"工夫"问题，不应被遮蔽。他展示了牟宗三对"工夫"所做的两种类型的区分,即"逆觉体证"和"向外顺取之路",并尝试对"逆觉体征"的"工夫"过程加以描述,说明其中的"经验的整合"("integration of experience")过程和顿悟与渐修间的"断裂"与"紧张"。

毕游塞虽然批评牟宗三"对无限的工夫历程与圆顿成圣之间不存在矛盾的分析,更多展示了一种智性的与修辞学的微妙论述"(第232页),但他却通过一个具体的例子,展现一个"哲学"的"工夫"效应。在一次"社会中的儒家复兴"的田野调查过程中,作者遇到了一些草根的儒家活动者,他们有着平凡的背景,总体上没有接受过超过高中的教育,引人注目的是他们正以阅读"善书"的方式阅读牟宗三高度抽象的著作。所谓"善书"是指在寺庙宫观或宗教组织内部传布的道德教化书籍。毕游塞评论说:"虽然他们肯定错过了牟宗三论述中的许多内容,不过他们发现牟宗三的著述有充分的启发性和可用作自我修养的资源。这个例子提供了一个令人惊奇的说明,一个在当代中国的语境中所谓的纯粹思辨性著作可能会变成什么的说明。"(第236—237页)或许对"哲学"意义的再思,是牟宗三透过"工夫"理论给我们的启发。

如果说,朱利安试图通过"迂回"东方(特别是中国)古典思想来"进入"深受西方哲学传统规制的"现代性"并予之以反思和批判,毕游塞则是要"通过"中国的现代哲学(如牟宗三哲学)对"现代性"的"接受"及可能的"批判",来运作其"后现代"之"思"。由此也可以理解,在这部著作中,他何以投入大量篇幅通过"情感""工夫""身体"等问题讨论牟宗三哲学,并与舍勒(Scheler)、福柯、列维纳斯等人的哲学思考"对话"。这正是反思"现代性"的一些基本路径。

　　毕游塞在其论著的《后记》中有这样一段感言："多年来，在与西方同行的讨论中，经常听到一个争辩，可以概括如下：'我们毫不怀疑作为牟宗三灵感之源的宋明哲学乃至佛学的洞见是极为重要的，并且我们准备相信它们能够激发当代的讨论。但是，我们为什么不直接回到那些原始的文本，而是要烦扰于一套重荷着西方哲学概念的形而上学话语，以及要创造出某种包罗一切之体系的过时的野心呢？'"（第234页）对这种"牟宗三真的重要吗"的质疑，毕游塞给出了肯定的回答。他认为，牟宗三虽然从西方特别是康德那里借用了大量的概念，"然而，与此同时，他深入地转化了这些概念"，与那些"选择性地采撷西方概念来重温中国哲学的历史"不同，牟宗三的工作不是"轻松的比较学"（"easy comparativism"），而是一种真实的、对诸多概念加以转化和生成的哲学事业。即便有人会惋惜牟宗三过度专注于康德，仍然有必要强调，他的哲学事业可以构成与其他西方哲学家未来的富有成效的会面的坚实基础（第234—235页）。这个会面的前提，在本书这里，正是现代新儒学对现代性加以"接受"过程中所表现的复杂性与异质性。那些复杂性反映了中国现代思想面对现代性所必然引发的紧张，其异质性既源于东方传统智慧的"古典洞见"，也蕴含着在此情境中发生的真实的"哲学对话"，对于当下及未来，这皆具意义。这样，毕游塞著作那个引发疑问的主书名便可以理解，而将其译为"通过儒家现代性而思"，便成为对这个思想境遇的恰当的表达。

　　然而，在毕游塞"后现代"之"思"所"通过"的"儒家现代性"这个地方，中国的研究者还应有充分的耐心驻足停留。因为，这是我们百年来直至当下仍然面对的历史和思想情境。透过"靠背垄道旧舍的灯火"，我们应当继续思的历程。

　　译者附志:本文曾发表于《鹅湖》月刊 2018 年第 3 期"书与言"栏目,作为"代译序"内容上有补充。感谢《鹅湖》杂志社允许使用原刊文章。感谢江苏人民出版社总编辑府建明老师的关心和指导。感谢责任编辑卞清波、康海源先生的指导与责任编辑李晓爽的细致工作。感谢毕游塞先生在版权的最初联系上提供的帮助以及对本文评论的热忱回应。感谢南京大学哲学系所提供的支持。澳门大学人文学院的张程业博士,为译文所涉德、法文献及概念的译校提供帮助,特此致谢。

白欲晓

2020 年 4 月 21 日

致　谢

　　诸多朋友及同事部分或全部地阅读过本书的初稿。感谢安靖如(Stephen Angle)、毕来德(Jean François Billeter)、埃里克·古皮尔·德·布耶(Éric Goupil de Bouillé)、柯文杰、何乏笔(Faibian Heubel)、艾文贺(Philip J. Ivanhoe)、弗雷德里克·凯克(Frédéric Keck)和彭国翔,感谢他们颇富洞见的评论和建议。特别致谢梅约翰,感谢他的鼓励以及将书稿提交予他主编的"现代中国哲学"丛书的邀请。特别感谢杜瑞乐(Joël Thoraval),从他那里我获益良多。

　　过去的岁月里,许多同事鼓励或帮助我在对牟宗三深奥思想的探索中独辟蹊径。感谢程艾蓝(Anne Cheng)、成中英、费飏(Stéphane Feuillas)、戈浩南(Romain Graziani)、黄冠闵、朱利安、李明辉、马恺之(Kai Marchal)、梅谦立(Thierry Meynard)、宋刚、胡司德(Roel Sterckx)和汪德迈(Léon Vandermeersch)。2002—2003年,在中国社会科学院哲学所做访问学者期间,我通过与郑家栋的长期讨论获益甚多。作为牟宗三《智的直觉与中国哲学》读书小组一员,2007年我在香港中文大学得到富有启发性的交流,为此我要感谢郑宗义和王庆节。最后,深深地感谢我的妻子邓欣南,感谢她在这部书稿成书的整个过程中的耐心。

作为2004—2005年的受资助者,感谢蒋经国基金会使当下所呈现的一些工作成为可能。感谢法国当代中国研究中心在文本编辑上的支持以及黛布拉·E.索雷德(Debra E. Soled)和玛丽-乔·托马斯(Mary-Jo Thomas)在此方面的出色工作。

致谢《中国哲学季刊》(*Journal of Chinese Phliosophy*)允许使用原发于该刊的论文《牟宗三的海德格尔之康德诠释的疑难》(《中国哲学季刊》第33卷第2期,2006年6月,第225—247页)。

引　言

　　牟宗三(1909—1995)是已经过去的那个世纪里最重要的中国哲学家之一。对于一般意义上的中国思想特别是儒学的现代重要性的再思,构成了他全部的智性事业。从"五四运动"到文化大革命,中国的智性与精神传统受到了严厉攻击并遭遇被抛入历史故纸堆的威胁,他的写作,正处于这样的时代。他急切且义不容辞地对抗着这一潮流,致力于将他的思想重构系定于坚实的基础之上。从逻辑的理则到历史的法则,从圣人的可能性到民主的可能性,从对康德的诠释到对很多世纪以来的中国智性传统的抉发,他所做的创造性工作,无论广度、深度还是复杂性,都令人印象深刻。

　　牟宗三于1949年离开中国大陆,在此后的数十年间享誉于寓居的台湾和香港地区。不过,仅仅在不久之前,他的工作已越出这些地区而引发了显著影响。1980年代,中国大陆一项由官方支持设立的研究计划,为逐步回到对所谓"当代新儒家哲学家"的研究提供了条件。① 尔后,随着与其他地区特别是台湾地区学

---

① 关于此情况与背景的细致说明,参见梅约翰:《游魂:当代儒家话语中的儒学》,剑桥:哈佛大学出版社2008年版。特别是第二章。(这个项目即1986年由方克立等主持参与的国家哲学社会科学"七五"规划重点科研项目"现代新儒家思潮研究"。——译者注)

者交流的增加,有了针对牟宗三的一些整体的或部分的研究,助益于更好地理解他的工作。牟宗三的一些著作也陆续在中国大陆出版。① 如今,牟宗三已是一个不可忽略的人物,对其思想的研究正在扩展。人们甚至说,几乎就任何关于中国哲学或智性传统的研究工作来说,牟宗三已经成为一个核心的参照。虽然牟宗三的声望在西方一直相对不高,但关于他的一些具体研究在过去的 20 年里已经出现,而且数量不断增加的研究计划正在执行。②

牟宗三是"当代新儒家"的主要代表之一。"当代新儒家"这个称号通常被广义地(但非排他地)用来指认三至四代在很大程度上被儒学所激发的学者。当中国传统价值作为对象,受到自由主义者和马克思主义者严厉批判,更概括地说,成为 20 世纪中国

---

① 1980 至 1990 年代,牟宗三著作的节选被收录于介绍现代新儒家的选集中。1990 年代末,上海古籍出版社出版了牟宗三的一些著作:《中国哲学的特质》(1997)、《中西哲学会通十四讲》(1997)、《四因说讲演录》(1998)、《心体与性体》(3 册,1999)、《从陆象山到刘蕺山》(2001)。一系列重要著作也已经陆续印行。

② 如果严格限定于已经出版的著作,可以提及的德语著作有:皮奥莱蒂(Pioletti):《道德行为的实体:牟宗三对作为康德实践哲学之完成的新儒家阐述》(1997);康特(Kantor):《智顗(538—597)天台思想中的救世说与牟宗三(1909—1995)"无限"的哲学概念:中国天台宗中救世说与存在论的连接》;莱曼(Lehmann):《儒家现代性的形而上学基础:牟宗三对传统的哲学化与启蒙的儒家化》(2003)。法文版的《中国哲学的特质》,由伊凡·P. 卡米纳罗维奇(Ivan P. Kamenarovic)和让-克洛德·帕斯托尔(Jean-Claude Pastor)翻译并经杜瑞乐作系统引介而出版。(这里可补充的是,最近出版的一个系列文集很大部分是关于牟宗三的)。英语著作有:白诗朗:《普天之下儒耶对话中的典范转化》(1994);柯文杰:《别样的佛学家:牟宗三新儒学中的天台佛学》(2010)。当在西方开展的研究项目中,让-克洛德·帕斯托尔(波尔多第三大学)正在从事牟宗三与道家关系的研究;斯特凡·施密特(Stephan Schmidt)撰写了系列文章讨论牟宗三哲学的不同方面;何乏笔("中研院")致力于一个跨文化的研究,这个工作在很大程度上建立在牟宗三与福柯的基础上。我们还可以提及一些博士学位论文:赛琳娜·陈(澳大利亚国立大学)所进行的牟宗三思想编年的研究;包安妮(Annie Boisclair)(蒙特利尔大学)对"圆善"概念的探索;拉菲尔·萨特(Rafel Sutter)(苏黎世大学)将要进行其关于牟宗三与逻辑学的博士论文答辩。最后,牟宗三《五十自述》和《中国哲学十九讲》等著作的翻译正在开展。除了这些专门的著作外,在西方语言中,有许多文章和论著的章节涉及对牟宗三思想的处理。

历史的牺牲品时,这些学者仍忠实于对中国传统价值的肯定。[①]
这些当代新儒家自身便是"五四"之子,且在很大程度上继承了
科学与民主的价值观。简言之,他们的文化保守主义不是某种
对旧秩序的怀念。相反地,这不过是表明一种信念,即对于拥
抱现代性来说,文化上的"自我放逐"[②]并非必要。对于评估在
何种程度上能够将当代新儒学称之为一场真正的思想运动,曾引
发诸多的讨论。鉴于有一定数量的学者同情其理由而支持"新儒
学"这个观念,梅约翰提出了一些清晰的证据,表明一种真正意义
上的集结与融合仅仅在 1970 年代才达到。[③] 因而,这里仍有恰
当的理由来就此观念的"回溯式创造"作出讨论,即便早已存在于
这些"新儒家"个体间的那些紧密联系不容忽视。

　　这个运动包括了以不同方式践履儒家信念的、彼此迥异的个
体。像梁漱溟和马一浮,选择了以一种非常传统的方式将他们的
思想事业与社会行动主义相联系:梁漱溟投身于民国社会的乡村
建设,而马一浮则尝试着存续一种传统学问的教育方式。相较于
这些人物,在牟宗三身上则体现出这种趋向,即传统文士

---

① 关于这个论题的文献很多。例如:布雷夏尼(Bresciani)的《儒学再造》《新儒家运
　动》,成中英与尼克拉斯·布宁(Nicholas Bunnin)主编的《当代中国哲学》,梅约翰
　主编的《新儒学》,杜瑞乐的《面对现代性挑战的中国与儒家》《儒家经验与哲学对
　话:当代新儒学若干论题反思》《通过现代哲学话语的新儒家思想转化》;李明辉和
　拉尔夫·莫里茨(Ralph Moritz)主编的《儒学:起源、开展与前景》。台湾与香港地
　区以及任职于海外的中国学者,也就这个论题发表了很多文章,这些学者有杜维
　明、刘述先、李明辉、蔡仁厚、林安梧、余英时等。刘述先与李明辉在"中研院"指导
　了一个关于当代新儒学的研究计划,有很多成果出版。参见梅约翰:《游魂:当代
　儒家话语中的儒学》,第80—86页。在中国大陆,一些学者如方克立、郑家栋、景
　海峰、陈来等也致力于当代新儒学的述评。许多应该提及的其他学者,在这个名
　单中难以详尽无遗。
② 作者这里使用洛克经验主义认识论的术语 tabula rasa(白板),比喻以原有文化的
　"清空"来接受现代性,我们译为"自我放逐"。——译者注
③ 梅约翰:《新儒学的回溯式创造》,第43页。

(scholar-literati)向专业哲学家的转变,后者工作于现代机构——大学的系科。① 至少,牟宗三的经历似乎能够体现儒学在20世纪中国命运的某种"理想型"("ideal-type")。然而,一个理想型总是一种智性的建构,并非以实在的方式存在。所以,在探寻更为内在的思想问题之前,我们有必要先涉及牟宗三思想历程的一些背景。

牟宗三的思想历程:一些要素

当下的这部著作不是牟宗三的思想传记,而是对他的一些关键的哲学洞见的探寻。② 因此,这里的一些传记性要素的呈现,仅仅是试图将20世纪中国最富雄心之一的哲学事业置于其背景中加以把握。

牟宗三1909年出生于山东省的一个普通家庭。他的少年时期主要在乡村度过。那个时代的生活通常艰苦,牟宗三的父亲须终年劳作才能维持生计。虽然父亲没有受过更多的教育,但他在中国传统文化与古代经典方面的浸染,影响了青年牟宗三。③ 这种粗糙的

---

① 杜瑞乐深入研究了儒学进入学术机构中的转变问题。相关文章的结集即将面世。
② 关于牟宗三的思想传记,一个重要的参考是牟宗三写于50岁时的自传《五十自述》。也参见吴旻所编的《一代儒哲牟宗三》(插图本)。思想传记或述评还有:牟宗三弟子蔡仁厚的《牟宗三先生学思年谱》、郑家栋的《牟宗三》、颜炳罡的《牟宗三学术思想评传》、林瑞生的《牟宗三评传》和李山的《牟宗三传》。牟宗三的《五十自述》的英文本正在由卢名扬翻译。这本译著,已有三章译文在网络上线,参见 www.fscpc.org/mouzongsan/mou.asp,也参见赛琳娜·陈的博士论文《牟宗三的思想》,特别是第14—122页。法语文献可参见杜瑞乐的《中国哲学的特质》,其中有富有启发性的介绍,以及对牟宗三思想历程的引人入胜的简短的说明。
③ 牟宗三:《五十自述》,台北:鹅湖出版社1989年版,第36页。

乡村少年时代——虽然也是一种生命自然开展的混沌时期①——为牟宗三对传统文化的持久的兴趣深植其根,使他能够在那个传统文化被西化的知识分子和学生批判的时代独立思考。这种早植的"根"和"本",与他毕生所致力的对中国精神传统的核心洞见的阐明之间,存在着一种连续性。此外,这种对乡村和农民生活的依恋及所受到的启发,还回响在儒家运动的另一位主要人物梁漱溟身上,他致力于为中国文化选择另一种不同的形式:社会行动与乡村重建。②

5

1928 年,牟宗三开始在北京大学学习哲学。他的哲学兴趣可以追溯至中学阶段,当时他阅读了能得到的宋明儒学家如朱熹和陆九渊的有关自我修养的文献。然而,对当时由各种新观念、意识形态和流行思潮所主导的大学的思想气氛,牟宗三并不适应,他以读书来逃避。牟宗三修习了罗素哲学、数理逻辑和新实在论的课程。他特别阅读了怀特海刚出版的《过程与实在》以及《周易》。正如他在《五十自述》中所说的那样,他对这些著作的理解更多地是"直觉的解悟"。③ 杜瑞乐强调牟宗三的逻辑学兴趣,源于思想的(超越直觉的解悟以达至知识论述和思想论证的确定性)与政治的两个方面原因。的确,牟宗三抵制他那个时代意识

---

① 杜瑞乐强调了《五十自述》所描述的"自然生命的混沌"与牟宗三哲学中"由人类理性的重要性所规定"之原则的对比。杜瑞乐:《圣人的理想及哲学家的策略:牟宗三(1905—1995)思想简介》,巴黎:瑟夫出版社 2003 年版,第 11 页。

② 参见郑家栋:《牟宗三》,台北:东大图书股份有限公司 2000 年版,第 55 页。牟宗三总是对其故土怀有乡愁。郑家栋称之为"一个梦"。郑家栋:《牟宗三》,第 13、55 页。牟宗三:《五十自述》,第 37 页。

③ 杜瑞乐解释说:"(牟宗三认为)《易经》的符号作为一套封闭的意义系统,其特殊的语言可以通过怀特海哲学加以理解。与他的老师们不同,牟宗三相信他能够准确地理解这样一套系统,应归于对英语语言的得意忘象。怀特海的旧词新意对于那些以一种'内在径路'循之而行的人具有一种意义,对英美背景的英语学者来说,这些是含混的。"杜瑞乐:《圣人的理想及哲学家的策略:牟宗三(1905—1995)思想简介》,第 11 页。有关怀特海、牟宗三和"过程神学"的一些思考,可参见白诗朗:《普天之下:儒耶对话中的典范转化》,奥尔巴尼:纽约州立大学出版社 1994 年版,第 133—164 页。

形态话语的肤浅和相对性:"与这些意识形态话语相对,牟宗三坚信,如果存在着'永恒的真理',它们也仅仅可以通过人们对'思想律'的掌握而获得。因而向西方学习以袭用(由概念和逻辑规则所给予的)最精密的要素,就是必需的。"①西化的知识分子,在多数情况下仅仅简单诉及他们并不掌握的概念和理论,全无任何对中国文化和国家的责任感。在这个早期的哲学阶段,牟宗三写作了一些逻辑学著作,以《认识心之批评》为题呈现(出版时间在后),这通常被描述为与康德思想的第一次相遇。② 无论如何,认识论始终是牟宗三关注的中心。这一时期,牟宗三在这本著作中与康德的对话,仍然远离道德的与形而上学的关切,牟宗三将这个关切描述为自己学思历程的最后阶段。③

就理解牟宗三的道德形上学而言,在 1949 年之前的这个阶段里,更为重要的是他与自己后来的老师熊十力的相遇。1932年,牟宗三遇见熊十力,他称之为"我生命中一件大事"。④ 牟宗三自传描述的一个著名的特别事件,使我们能够观照熊十力何以成为一个精神的源头激发他精神的源头。一天,年轻的牟宗三有幸亲历熊十力与冯友兰的谈话,冯是另一位著名的儒家哲学家,

---

① 杜瑞乐:《圣人的理想及哲学家的策略:牟宗三(1905—1995)思想简介》,第 12 页。
② 关于"第一个牟宗三",参见王兴国:《牟宗三哲学思想研究:从逻辑思辨到哲学架构》,北京:人民出版社 2007 年版。拉菲尔·萨特的博士学位论文则暂名为:《秩序之源:牟宗三早期著作中的逻辑概念》。
③ 郑家栋:《牟宗三》,第 35—36 页。郑家栋引用了牟宗三题为《哲学之路:我的学思历程》的文章。在这篇文章中,牟宗三将自己的学思历程分为三个阶段:大学时代的开端阶段;大学毕业至 1949 年阶段,在这个阶段中他依靠对康德哲学和逻辑主体问题的探究反思怀特海、罗素和早期的维特根斯坦哲学;1949 年以后,他从完全不同的方向继续"消化"康德哲学。回望自己的学术生涯,牟宗三强调他写作于 50 岁之前的著作并不成熟,他甚至要求他的学生不用再阅读它们。参见牟宗三:《中国哲学十九讲》,上海:上海古籍出版社 1997 年版,第 385 页。
④ 牟宗三:《五十自述》,第 85 页。郑家栋:《牟宗三》,第 95 页。

也是著名的《中国哲学史》的作者。两人讨论了"良知"（"innate moral knowledge"/"pure knowing"①）的意义问题。"良知"观念出自古代中国的思想（特别是孟子的思想），为明代著名的新儒家学者王阳明所提倡，是关于道德主体的核心概念。在讨论中，冯友兰提到"良知"是一个假定，熊十力则立即回应道：

> 你说良知是个假定。这怎么可以说是假定。良知是真真实实的，而且是个呈现。这须要直下自觉，直下肯定。（《五十自述》，第 88 页）

在熊十力的回答中，牟宗三印证了对宋明新儒学的响应，而这一中国思想传统在清朝 300 年来的统治下中断，并为西化学者如胡适或冯友兰所忽略。② 依据牟宗三，后者的确不能领会熊十力所言的那一脉慧命：

> 这表示那些僵化了的教授的心思只停在经验层上、知识层上，只认经验的为真实，只认理智所能推比的为真实。（《五十自述》，第 88 页）

即使牟宗三与熊十力的具体径路有别，熊十力仍为自己的学生提供了郑家栋名之的"精神方向"，这个"精神方向"激励了牟宗三一生的哲学志业，构成了内在于现代新儒学的某种本源性的"道统传承"。③

① 这个翻译出自倪德卫（D. Nivison）。
② 牟宗三：《五十自述》，第 88 页。2003 年，我曾询问与冯友兰很熟悉的陈来教授和王守仁教授，是否了解冯友兰对这次交谈的评价。他们都告诉我曾经向冯先生提过这个问题，而冯先生对此次谈话没有清楚的记忆。
③ 郑家栋：《牟宗三》，第 104—105 页。关于牟宗三与熊十力关系的分析，参见该书第 95—106 页。整体地说，包括晚年时期，牟宗三对冯友兰一直有严厉的批评。这个态度，一方面与冯友兰对待中国思想的总体径路（以及美国新实在论影响下的中国哲学史诠释）相关；另一方面，也与冯友兰对朱熹（1130—1200）思想的强调相关。关于朱熹思想，牟宗三认为它只是儒家道统的歧出（此点将在第一章中加以讨论）。

1933 年至 1949 年间,牟宗三度过了一个困难时期,国家在这个时代处于悲剧性的历史脉络中。他各处迁徙,没有获得任何职业上的稳定,人事方面经历了一些困难,[1]物质和精神方面也遭遇到磨难。他的自传提供了一些颇为个性化与情感化的记载,以"客观的悲情"为题,记述了家国天下的创痛和一种个体的与存在的危机。[2] 1949 年以后,牟宗三去往台湾地区,他的第一位妻子和两个孩子则留在了大陆。在流寓中,危机与虚无之感日深。在一篇有关"怀乡"的短文中,牟宗三将自己描述为一个"混沌流荡的人",孤峭且"几乎无生活"。[3] 处于某种程度上有悲剧意味的情境中,牟宗三将全部的努力投向了思辨的、抽象的领域,以重建一个思想系统来为被认为处于黑暗时期的中国历史提供一个方向。在赴台之后的最初时期,受黑格尔哲学的影响,牟宗三撰写了三部主要著作(《道德的理想主义》《历史哲学》和《政道与治道》),反思历史、文化的总体性与特殊性以及重建"新外王"(即与现代性相容的一种新的政治思想)。在这里,我们触及一个焦点:牟宗三非但不是一个现代性的反对者,而且是一个"五四"精神及其科学与民主价值观的继承者。简言之,在努力将现代性内在地关联于不应被抛入历史故纸堆的中国文化传统时,他拥抱现代性。1958 年,牟宗三与当时其他三位重要的知识分子张君劢、徐复观和唐君毅一起,发表了《为中国文化敬告世界人士宣言》,[4]

---

① 有关牟宗三与梁漱溟之间的复杂关系,可参见蔡仁厚:《牟宗三先生学思年谱》,台北:台湾学生书局 1996 年版,第 13 页。他与张君劢、张东荪之间的纠葛,可参见郑家栋:《牟宗三》,第 13 页。
② 参见牟宗三的《五十自述》第五章《客观的悲情》和第六章《文殊问疾》。
③ 牟宗三:《说"怀乡"》,《生命的学问》,台北:三民书局 1970 年版,第 4 页。
④ 这个宣言最初发表在《民主评论》第 9 卷第 1 期(1958 年 5 月 1 日)和《再生》第 1 期(1958 年 1 月),此后被多次重印。

在这份宣言中,儒家的生命力(反对他们认为的外国汉学家视中国传统为"死亡的"或"文物的"立场)随着能够与现代相适应(与中国的西化知识分子意见相反)而得到确认。这种精神重建和对中国传统价值本源的重新确证(延续先秦儒学和宋明"新儒学"的儒学第三期开展①),将一直贯穿于牟宗三之后的著作中。

9

1960 年,牟宗三离开台湾地区(此后仍不时返回)而寓居香港,在转任香港中文大学新亚书院(1968 年)之前,他曾任教于香港大学。他到达香港后的思想历程,由思想史上几部关键性著作标识。其中,有著名的多卷本宋明理学研究著作《心体与性体》。② 两部与康德哲学对话的最重要的著作,是完成于 1960 年代末和 1970 年代初的《智的直觉与中国哲学》《现象与物自身》,也是我们将要讨论的关键性文本。在某种意义上可以说,牟宗三后期思想的核心洞见已经体现在最后的这个文本中。③ 此后,牟宗三还出版了许多重要著作,包括《佛性与般若》《圆善论》以及康德三大批判的译文和评注。

牟宗三与康德

牟宗三一生的工作总是与康德哲学打交道。他不仅翻译了康德的三大批判,而且他的核心著作仅从书名看便指向康德:《智的直觉与中国哲学》《现象与物自身》《圆善论》。他重构道德的形上学的事业是建立在对话的基础上,即中国思想的再诠释与被当

---

① 关于此点,可参见杜维明:《现代精神与儒家传统》,台北:联经出版公司 1996 年版,第 411—438 页。

② 《心体与性体》3 册在 1984 年补充第四卷《从陆象山到刘蕺山》,至此完成全部系列。

③ 郑家栋:《牟宗三》,第 33 页。

作西方哲学顶峰的康德哲学之间的对话。牟宗三的最终目标,是展示康德的局限以及中国思想对超越康德的可能贡献,这个目标的一些方面,也回响在西方后康德哲学家的思想中。[①]

对于牟宗三来说,康德哲学是核心的参照。他认为,康德为知识划定界限以及对实践哲学重要性的强调,在某种程度上回应了中国思想更为关注"生命"(即"工夫"和"自我转化")而非"自然"(即有关世界的知识)的欣趣。[②] 不过,即使这种相近作为一种有力的论述,有利于和康德的对话,也不能被夸大。康德著作的基本结构("元素论"和"方法论")实际说明:一方面,对牟宗三来说,方法的强调是与中国哲学对话的一个有意义的出发点;另一方面,在牟宗三看来,特别是在《实践理性批判》中,两个部分总体上的不对称(庞大的要素论和单薄的方法论),对康德的目标来说是削弱和损害:

> 西方人讲道德哲学,很少讲工夫。譬如康德的《实践理性批判》,也照着《纯粹理性批评》的方法来讲,分为"元素论"[③]和"方法论"。这是类比于逻辑中的元素论和方法论(旧的逻辑是如此讲法)。《实践理性批判》中的"方法论"其实就是讲工夫。他讲工夫讲得很简单,但也很中肯。然而这只是初步,分量很少,和元素论不相称。(《中国哲学十九讲》,第 374 页)

---

① 参见杜瑞乐:《智的直觉问题与当代儒家哲学》,《国际哲学评论》2005 年第 2 期,第 231—245 页。杜瑞乐强调,牟宗三正式地(formally)有着后康德哲学家的地位。

② 牟宗三:《中西哲学会通十四讲》,上海:上海古籍出版社 1997 年版,第 10—26 页。

③ *Elementarlehre*,中国大陆学界一般译为"要素论"。康德在《实践理性批判》的"导言"中说:"由于以其知识在这里为实践的运用奠定基础的总还是纯粹理性,所以实践理性批判的划分就总的纲要而言还是必须按照思辨理性的批判那样来安排。所以我们将必须有实践理性的一个要素论和一个方法论。"康德著,邓晓芒译、杨祖陶校:《实践理性批判》,第 17 页。——译者注

简言之,由于康德对"方法论"关切的路向,在与中国哲学特别是儒学对话上,他是一位恰当的候选人。而他的"要素论"与"方法论"之间巨大的不平衡,揭示了可以区隔"格尼斯堡的伟大中国人"(尼采语)与中国思想的主要关怀的距离。尽管如此,这也微妙地暗示了当代中国哲学作为一种"方法论"能够做出的贡献,即:一种"生命的学问"以及"工夫"理念对于西方哲学(特别是康德哲学)认识论之补充。① 在某种程度上,牟宗三"超过康德"之宏愿需要在此脉络中获得理解。

在考量"要素论"和"方法论"之外,一些能够说明康德重要性的其他因素也为牟宗三所归纳,特别是康德在西方哲学史上的特殊地位。

在有关西方哲学史的一个简要回顾中,牟宗三区分了三个传统(他也称之为"三个骨干")。第一个是"古典的传统系统"——以柏拉图、亚里士多德和中世纪哲学为中心,并经圣托马斯·阿奎那延续。② 第二个传统,可追溯至莱布尼茨并为罗素哲学开辟道路,可概括为分析的哲学。③ 第三个则是康德的传统。牟宗三将莱布尼茨从所谓"西方哲学一般历史"的谱系描述中单独提出来,从而宣称可以有一些不同于传统的哲学史认识:一方面是"独断的理性主义"(笛卡尔、斯宾诺莎、莱布尼茨);另一方面是英国的经验主义(洛克、贝克莱、休谟),二者为康德的批判哲学所消化。④

---

① 杜瑞乐对这些方面做过讨论,参见其《圣人的理想及哲学家的策略:牟宗三(1905—1995)思想简介》,第36—37页。
② 牟宗三:《中西哲学会通十四讲》,第25页。也参见牟宗三:《中国哲学的特质》,第7—8页。
③ 牟宗三:《中西哲学会通十四讲》,第26页。
④ 同上;牟宗三:《中国哲学的特质》,第7页。在后面这部著作中,牟宗三提及了康德和黑格尔的传统。关于英国的经验主义和实在论,牟宗三指出它们在社会和政治的思考方面有其价值,但其贡献不能与康德在形上学和知识论领域中的贡献相比。牟宗三:《中西哲学会通十四讲》,第36—39页。

牟宗三之所以对莱布尼茨特别感兴趣，是由于他认为莱布尼茨是"最典型的独断理性主义的代表人物"。正是这个因素，莱布尼茨的思想成为康德批判哲学的对象和罗素逻辑原子论的先驱。在牟宗三这里，莱布尼茨成了西方哲学史的一个转折点。莱布尼茨的洞见影响了西方哲学中的那个以逻辑为中心的分支，为罗素、C. L. 刘易斯的著作所集中体现。在这个领域，牟宗三认定西方哲学拥有无可置疑的崇高地位。① 不过，牟宗三也断言，这个传统存在的问题，是倾向于遗忘价值以及形上学的论题。正是在这一点上，康德走进了思想的图景。在牟宗三看来，虽然有些问题曾由莱布尼茨恰当地提出过，但他以"思辨哲学的独断猜想"并不能解决它们。② 康德接过了莱布尼茨在形上学和道德领域中所提出的这些问题，以他的批判哲学对之加以系统地处理。因此，对牟宗三来说，康德乃是西方哲学的一个关键性人物，因为他提出了对这些古老问题的解决，而这些问题被西方现代主义的不同流派简单地忽视，这些流派是：分析哲学、后康德的德国观念论（参见第二章）、现象学和存在主义。

对于牟宗三而言，康德在西方哲学史上的特殊地位，更具体地还与他明确表述"纵贯系统"（牟宗三以之相对于"横贯系统"）的能力相关。这两个概念，牟宗三既使用在中国思想，也运用于西方思想。"横贯系统"主要指人与世界的主/客关系，即一种知识的关系；"纵贯系统"强调主体与一个存在论上的终极（后被称

---

① 牟宗三：《中西哲学会通十四讲》，第30页。
② 同上，第32页。牟宗三这里提及莱布尼茨的"心子论"（monadology）（monadology 一般译为"单子论"，"心子论"乃牟宗三的译语——译者注），以及康德对之加以理解的方式。

为"自由""道""天理"等)的关联。① 对于牟宗三,中国思想最为
宝贵的洞见便指向一个纵贯的系统。② (第一章将提供对这个问 　13
题的讨论。)简言之,这些概念可以使我们说清楚康德哲学的特殊
性以及一种跨文化讨论的重要性。牟宗三强调,在西方哲学中,
康德"最能显著地表现纵贯系统,并且还能开出主体"。③ 罗素以
及从莱布尼茨开出的整个传统对这个纵贯系统没有丝毫兴趣。④
即使是圣·托马斯·阿奎那的系统,也不是一个真正的纵贯系
统,因为他的哲学"源于希腊传统,其主张正好是康德后来所抨击
的意志的他律"。⑤ 这里,我们触及了"纵贯系统"的定义以及康
德哲学之于牟宗三哲学规划的关键点,牟宗三指出:"纵贯系统所

---

① 牟宗三:《中国哲学十九讲》,上海:上海古籍出版社 1997 年版,第 300—400 页。
白诗朗对儒学做更具体的评论时指出:"如其名称所示,纵贯系统包括那些孟子的
自我超越要素,牟宗三相信这对于任何将新儒学作为一个宗教性传统的整体理解
都是关键的。纵贯系统寻求主客的统一——规范与具体被融合在人类生活的道
德的和主体的方面,始终强调的是心灵的创造性。"(白诗朗:《普天之下:儒耶对话
中的典范转化》,第 119 页。)这里我不能展开说明如"主体"或"客体"这些概念的
意义,这将在第一章中讨论。

② 对牟宗三来说,每一个"教"(儒家、佛教、道家)实际上都包含一个"纵贯系统"。然
而,佛教与道家的论述并没有直接说明吾人心的超越根源问题(将我们的心与超
越之源联系起来的"贯"),因而只是一种"横讲"。所以牟宗三认为,它们的系统只
能被描述为"纵贯横讲"。不过,这些概念仍然缺乏精确性。例如,牟宗三解释说
有三种不同的系统可以被称为"纵观横讲"(牟宗三:《中国哲学十九讲》,第 413
页)。这样,柏拉图的系统被认为也属于此类[至少,"还有纵贯横讲的味道"(《中
国哲学十九讲》,第 413 页)],但牟宗三说它所偏重的是认知,与同属于"纵贯横
讲"的佛教与道家有很大的不同。与儒家相似,康德代表了一个"纵贯纵讲"的系
统(牟宗三:《中国哲学十九讲》,第 414 页)。

③ 牟宗三:《中国哲学十九讲》,第 413 页。

④ 同上,第 414 页。

⑤ 同上。由于在牟宗三这里不被认为是一个自律的系统,阿奎那的哲学看起来没有
资格作为"纵贯系统"。然而,牟宗三在其他地方也断言,任何系统"凡是超过知识
层面以上的、讲道的,都是纵贯的关系"(牟宗三:《中国哲学十九讲》,第 107 页)。
如此说来,我们可以有一个关于"纵贯系统"的宽泛定义(涵括超过知识问题的所
有思想,圣·托马斯的思想明显是其中的一例)和一个更为狭窄的定义,这个定义
指向自律问题。

讲的是意志自律,所有西方哲学不能以圣多玛作中心,来和中国的学问接头,只有康德可以接得上。"[1] 牟宗三对自律观念的关注（将在第一和第四章讨论）与他对康德强调实践理性和道德——牟宗三将之理解为一个独特的、未持续的规划——的欣赏,[2] 可以在很大程度上解释他毕生对康德的兴趣,这种兴趣用杜瑞乐的话来说,是"近乎执迷的"。[3]

牟宗三还将他对康德主义的借鉴,转换为对整套的西方概念和范畴的挪用（appropriation）,以实现对中国传统思想的讨论。杜瑞乐观察到:"（康德的）理论权威能够将一种有着更高要求的合法性（legitimacy）归于儒家思想,这些思想需要被承认是充分哲学化的:先验演绎的资源便这样被引借来,以使得将新儒家之教（teachings）的那些深奥但常常狂热的命题能够系定在一个坚实的基础上。"[4] 朱利安解释道,他自己"怀疑中国20世纪思想家,尤其是从冯友兰开始,对西方术语加以直接使用的诱因,在于寻求对他们思想传统的承认"。[5] 当然,这些西方的特别是康德概念的大量输入导致了诸多困难。这个

---

① 牟宗三:《中国哲学十九讲》,第 414 页。牟宗三将圣·托马斯·阿奎那译为圣多玛。

② 牟宗三对康德哲学几乎独一无二的兴趣以及他对本可以从中获得分享的西方哲学整段传统[从德国后康德的观念论聚焦于"智性直观"到由马塞尔、布伯（Buber）和列维纳斯所体现的"对话哲学"]的相对沉默,在某种程度上至少可以从中国接受西方道德哲学与形上学的脉络方面获得解释。这里重点说明德国与盎格鲁-撒克逊两方面的哲学传统影响便足够了。较早开始的是对德国哲学传统的接受:王国维研究过康德、叔本华和尼采。梁启超于 1903 年写作了《近世第一大哲康德之学说》。至于现代的盎格鲁-撒克逊哲学家,与中国有着一种非常特殊的关系。1920 年,罗素在北京大学待过一年。杜威也曾于 1919—1921 年在中国从教,鼓舞了诸多的中国年轻知识分子,包括胡适。

③ 杜瑞乐:《圣人的理想及哲学家的策略:牟宗三(1905—1995)思想简介》,第 35 页。

④ 同上,第 36 页。

⑤ 朱利安:《为道德奠基》,第 201 页脚注。

事实的一些例证,将在本书中不断地提到:如 ontology,
metaphysics 和 morals 这些概念所置身的历史,便与"本体""形
而上(学)"或"道德"概念所嵌入的历史有显著的差异。然而,
不处理这些时常纠缠在一起的语义层,即借自于中国三教的概
念(特别是源源不断地从佛教中借用的概念),来自于康德和西 *15*
方哲学的概念以及牟宗三自创的概念,人们就不能进入牟宗
三的著作。换言之,任何有关牟宗三著作的理解,即便是临时
的了解,其先决条件便是接受这种不同的中西概念之间的配
说(the equivalence),以领会其中的洞见。我相信,阅读牟宗
三著作的最好方式,便是将这些中西概念之间的配说,当作佛
教"方便"意义上的一种暂时的假定,在佛教那里,这是为了解
脱而临时施设一些概念。换言之,在内心牢记这样做的极端
相对性的同时,人们需要以此为循。此外,牟宗三还常常从不
同的角度处理相似的问题。这样,牟宗三借用康德诸多概念
与范畴的比较性视角,总是需要通过对其文本的细读再做补
充说明,这些文本在很大程度上保留了古典中国思想的语义
域,例如宋明新儒学的。

佛教的方法论资源,对牟宗三在与康德的对话中表达中国思
想核心洞见的事业,起到了促进作用。

牟宗三的佛教"锦囊":"共同模型"与诸教会通

当下这本论著的有限目标——这也是一种审慎的选择,因为
综合性的研究在单卷著作中是不可能做到的——主要集中在牟
宗三对儒家传统及其与西方哲学之关系的解读。无论如何,佛学
仍是牟宗三哲学工作的一个基本维度。柯文杰以其新近的出色

著作《别样的佛学家：牟宗三新儒学中的天台佛学》对此做了探索。① 他强调，牟宗三对佛教的主要批判，便是阐明佛教忽略了"最为决定性的因素"，亦即"天"和"道德法则"，这些要素是"我们拥有的最为能动的精神实践"的关键。② 牟宗三认为，佛教的重要贡献在于提出了"圆教"，在他看来凭借这个概念，普遍性和价值便获得贞定，也即以一种特殊诘问的(吊诡的)方式把握住真实。③ 对于我们来说，理解这一点是重要的，即在牟宗三这里，佛教的关键贡献主要在于其方法论的洞见可以超出自身而作为启发其他学派特别是儒学的一个资源，而主要不在于佛教教义本身的复杂与深密(虽然牟宗三付出了相当多的努力对此加以说明)。因而，这里我要简要介绍这种佛教"工具"("tools")，它们也将贯穿于本书而被特别涉及。④

牟宗三所要处理的一个核心问题，是再思我们与"现象界"和"本体界"的关联，我们与"现象界"相关联的方式可由知识和意向来规定，与"本体界"的联系方式则是实践的智慧或道德生活中的行为。对于牟宗三来说，这一核心问题为康德哲学与中国传统所共享，虽然它们提供了非常不同的解决方式。在以《纯粹理性批

---

① 柯文杰：《别样的佛学家：牟宗三新儒学中的天台佛学》，莱顿与波士顿：博睿出版社 2010 年版。也参见康特：《智顗(538—597)天台思想中的救世说与牟宗三(1909—1995)"无限"的哲学概念》。
② 柯文杰：《别样的佛学家：牟宗三新儒学中的天台佛学》，第 159 页。该书的第五章"佛教徒在哪里走入歧途"的全部内容，讨论了牟宗三的佛学批判。"道德法则"是康德所提出的一个表述，实际上这在儒家传统中指关联于"道"或"理"的诸多概念。在本书中，我多次借用康德的概念讨论这些问题。
③ 柯文杰：《别样的佛学家：牟宗三新儒学中的天台佛学》，第 181、189 页。并参见下文。
④ 这一节中所陈述的一些洞见，受到杜瑞乐关于牟宗三思想中佛学作用的非常清晰的描述的启发，特别是他的《圣人的理想及哲学家的策略：牟宗三(1905—1995)思想简介》，第 47—56 页。

判》为知识划定范围后，为了给道德的可能性确立基础，康德的先验哲学为实践理性提供工具（如意志自由的设准）。宋明新儒学对"见闻之知"与"德性之知"做出的那个为牟宗三所赞赏的区分，构成了对成圣的支撑。① 而佛教的不同宗派在详细阐述微妙的认识论体系时，也同时致思成佛的可能性。这样，中国的佛教宗派如天台宗和华严宗便特别强调"心"（"pure mind"）的重要性，"心"开辟通向顿悟之路。为了对贯穿在这些不同传统中的共同线索再作思考，即对人之存在的这两种向度作出清晰说明，牟宗三述诸中国佛学的核心文本《大乘起信论》（*Awakening of the Faith in the Mahâyâna*）所提供的那个理论框架。

《大乘起信论》的作者一般被说成是印度论师马鸣，其写作时间或许在公元 6 世纪。在牟宗三那里，这部论典被解释成对佛教唯识理论所引发问题的自然推进。② 唯识学是印度大乘佛教的一个学派，在设定现象界仅仅是我们意识的产物后，该学派宣说一种对意识及认识过程加以分析的复杂教义，关注诸识中的"阿赖耶识"：一种含藏着我们过去各种"行为"（包括知、情、意）之"种子"的被执取的意识。牟宗三将之比喻为一种"瀑流"，视为一种"认知的意识"（与"智心"相对的"识心"）。③ 在此意义上，自我转化与觉悟的问题便与阿赖耶识所含藏的种子通过瑜伽行的净化相关联。不过，对于牟宗三来说，这个种子转染成净的过程仍然是"经验的"或"后天的"。④ 他解释说，这种"经验的"和"后天的"实践不能为成佛提供坚实的基础，这个困难引发了后来的佛学发

---

① 参见本书第二章。
② 牟宗三：《中国哲学十九讲》，第 267 页。
③ 同上，第 266 页。
④ 同上，第 267—268 页。这些针对唯识学的批判模式，在牟宗三对程颐和朱熹的儒学"工夫"批判中也有很大的回应。参见本书第六章。

展,《大乘起信论》是其中的一个重要阶段。这里的问题是,将佛性思之为一种(与一个无法企及的观念相对的)真正的生存可能性,并为之提供一个"超越的根据"。① 通过对印度"如来藏"系思想的继承("藏"这个观念指向了人人具有的并使觉悟真正成为可能的"性"——此洞见对佛教的中国化有一种强烈的影响),《大乘起信论》认定人人皆具一种"真常心",依据此心可以开出人之存的"二门":一面是浸染并执着于无常之流的现象世界(saṃsāra);②另一面则是觉悟或无执(nirvāna)。③ 这个洞见结晶于"一心开二门"的范式,牟宗三认为其方法论的意义甚至超出了佛教:

> 顺著《大乘起信论》"一心开二门"之提出,我们今天主要要说明的,是这个"一心开二门"的架构在哲学思想上的重要性。因为就哲学发展的究极领域而言,这个架构有其独特的意义。我们可以把它看成是一个有普遍性的共同模型,可以适用于儒释道三教,甚至亦可笼罩及康德的系统。(《中国哲学十九讲》,第281页)

这段简短的话,鲜明地表达了牟宗三的方法论关切。除了直接与佛教相关联外,《起信论》也能够将现象界的共同经验与存在之本体维度的道德经验联结起来,如成圣、成佛等。受佛教的启发,牟宗三还使用"执的存有论"(attached ontology)和"无执的存有论"(detached ontology)这两个范畴(相关概念我们后面将深入探

---

① 牟宗三:《中国哲学十九讲》,第268页。
② Saṃsāra 的观念指的是"生灭门"。
③ 牟宗三:《中国哲学十九讲》,第268、273页。杜瑞乐:《圣人的理想及哲学家的策略:牟宗三(1905—1995)思想简介》,第53页。牟宗三称之为开"真如之门",这里的"真如"指的是事物避免任何规定的如其所是。

讨),讨论人之存在的上述两个维度。这里仅需要说,"一心开二门"的架构使得牟宗三能够涵括无论是东方的还是西方的不同的思想家和思想学派,也包括康德哲学。① 无论如何,与这个架构相伴随的乃是对不同教义之层级加以划分的思考。同样,牟宗三还在佛教的另一个理论中发现了一些有用的方法论资源:"判教" 19("classification of teachings")。

历史地看,判教或对不同教义加以"安排"("ranking")②的观念是中国佛教的独特之处,它源于对共存的、同样声称为佛陀之教诲的纷繁不同的教义与文本加以解释的需要。这些判教工作背后的根据是,不同的教义适应于不同层次的求道者,且整体说来都有一个救世的维度。不同的佛教宗派都曾提出自己的判教学说。牟宗三认为(出于诸多原因这里无法加以解释),天台宗阐述了最为完备的判教模式,智𫖮是这个判教的最好的诠释者。③在本宗的判教中,天台宗将自家判为圆教。然而,这种"圆"并不等于摒弃其他不太圆满的教义。天台判教的核心品格在于其融摄(inclusive)的教义;相对不圆满的理论,即使仅仅部分地揭示

---

① 即使牟宗三说康德并没有能够开出本体界这个门。

② 这个翻译为杜瑞乐所建议,为了强调牟宗三事业所具有的思想合汇精神(the doxographic spirit)。参见杜瑞乐:《圣人的理想及哲学家的策略:牟宗三(1905—1995)思想简介》,第 70 页,脚注 22。

③ 在天台宗中,牟宗三更多地依据智𫖮(538—597)的著作,虽然这个选择的原因并没有有在总体上加以细致说明。杜瑞乐解释说,牟宗三"在智𫖮的著作中发现了一种与他所欣赏的儒家思想家如胡五峰,极为相似的、值得珍视的思想"(同上,第 68 页,脚注 10)。智𫖮将教判为四种:"藏教"(小乘是其代表)、"通教"(中观——在一般的意义上指大乘所享有的共法);"别教",用杜瑞乐的话来说,对于牟宗三乃是部分地指那些"对我们与佛之间之差异加以过分夸大的"教义(同上,第 104 页);"圆教"(即天台宗)。不过在这里,牟宗三有一些并不完全遵循智𫖮的观点。例如,他将"别教"分判为两种,所谓"始别教"(即中国的唯识宗)和"终别教"(即中国的华严宗)。关于上述观点(包括非常有用的分类图表)的详细的介绍,参见杜瑞乐的这本著作(特别是第 92、104—105 页)。

了真理，也因有益于救世而具有重要意义，因为可以帮助人们趋向于觉悟。① 这种融摄性，也渗透在牟宗三的整个哲学事业之中，并在方法论上使他能够涵括学术分类意义上的其他思想学派，如康德哲学。即使康德哲学还不够成为一个"圆满"的系统（因而牟宗三的野心是要超过它），它也可以被看作是能够运用于人类日常生活（即努力使自己的准则与道德的法则相一致）而帮助人们成圣的一种准备。除了这种融摄性外，对于牟宗三来说，天台宗的另一个重要特征——在他看来是一个使天台形式地②有资格作为一个"圆教"的特征——乃是提供了一条通往终极状态（佛，乃至圣人等）的径路，这个径路不仅可以以分解说或分别说的方式阐释，③而且可以以"诡谲"的方式言之。这一"诡谲"的径路可被理解成一种修辞术，即通过那些看起来同义反复的（tautological）④或无意义的表述（如 X 即是非 X，涅槃即是非涅槃）来表达，以达到超绝言象。对于牟宗三来说，这种天台宗思想家广泛使用的方式，也适用于区分不同儒家学派的思想。⑤

① 牟宗三：《圆善论》，台北：学生书局 1985 年版，第 266 页。
② 这里的"圆"并非是教义内容自身的"圆"。关于这点，杜瑞乐已经做过清楚的表述："他所诉诸天台的乃是形式的，因为这里所讨论的'圆教'并不指向教义的内容。教义内容上的'圆'仍然是'共同的'并可以被总结为[儒家的]传统[心学派]的范式：'心即理'[我们将在后面全面地回到对这个表述的讨论]；被认为是'圆'的乃是其教之形式，它同时既是圆融的又是吊诡的。"杜瑞乐：《圣人的理想及哲学家的策略：牟宗三（1905—1995）思想简介》，第 56 页。
③ 同上，第 56 页。牟宗三：《中国哲学十九讲》，第 312—343 页，特别是第 313 页。
④ 牟宗三直接使用了英语 tautology。参见牟宗三：《中国哲学十九讲》，第 341 页；柯文杰：《别样的佛学家：牟宗三新儒学中的天台佛学》，第 189—191 页。
⑤ 杜瑞乐：《圣人的理想及哲学家的策略：牟宗三（1905—1995）思想简介》，第 56 页；柯文杰：《别样的佛学家：牟宗三新儒学中的天台佛学》，第 191—197 页；牟宗三：《圆善论》，第 320—324、333—334 页。

本书的贡献与局限

牟宗三的著作在诸多方面令人印象深刻,这包括:对中国思想不同传统的知识深度,对康德思想深入探求的努力,论题的复杂性以及处理这些问题的深思熟虑与创造性。仅就规模来说,他的著作也引人注目(有厚厚的 32 卷)。① 探索牟宗三的思想具有挑战性,因为需要直面的困难很多:一方面,牟宗三的语言深奥,它们出自于不同的传统并交织着以原文形式出现的引文,这些引文还附注了新义特出的解释。另一方面,虽然牟宗三的论证极为 21 严谨,但他的写作并非总能为那些付出努力的热心读者提供方便。就此而言,认识到他的著作在具体观点上常常可以交互印证,则是有益的。从这方面来说,由牟宗三的弟子和学生所编辑的口述记录,较之一些代表性著作,提供了更容易接近其思想的有用资源。在此情况下,本书所要实现的目标无论如何是有限的。我这里的目标,确然不是要囊括所有,而是致力于理解牟宗三哲学的核心方向,即它的"道德的形上学"。

牟宗三将"道德的形上学"("moral metaphysics")与康德的"道德底形上学"("metaphysics of morals")相对立。对康德来说,道德是探究的对象,目标是理论化地确定道德行为的形而上学原则,或曰道德行为的非经验性条件。② 牟宗三的看法则与之不同,所关切的核心是宇宙的形上学维度。道德成为实现宇宙与人性共享一个终极的(形而上学的、宇宙论的、存有论的)实在的

---

① 牟宗三:《牟宗三先生全集》(32 卷),台北:联经出版公司 2003 年版。
② 这里我并非说康德对道德行为在实践上的实现不感兴趣,以及他的人类学著作没有直接处理这个问题。不过,这个问题已超出了他的道德底形上学的范围。

实践路径,这个实现是在我们生命中并通过我们的行为(包括情感与意志)而完成的。①

上述这一道德的形上学,可以从不同的视角加以把握。牟宗三的工作持续地涉及各种不同的中国思想传统,本书主要集中在儒家思想方面。② 如之前所提到的那样,与佛学的关涉主要限制于一些方法论工具的运用,我将不涉入复杂义理的讨论。我将不去讨论牟宗三的道家关联,目前已有相关课题的研究在执行。③ 我将集中于牟宗三著作对康德的接受,从一种儒家的视角对其道德的形上学展开考察,虽然这会有相当的局限。在牟宗三的晚年,圆善问题的提出以及对理解(解决)德福关系之疑难的探究,仍然是经由康德的。圆善问题的切入点,正是前面所提及的援引佛教而来的"圆教"概念。④ 由于对判教问题与圆教概念的深入探讨不在本书的范围之内,圆善问题也将不作为所要探究的对象而仅仅会偶尔提及。再次申明,本书不是对牟宗三哲学的系统和全面的论述,而是对其在西方的接受所做的一个贡献,这个接受只能是一个长期的过程和集体努力的结果。⑤

本书共有六章。第一章在初步概述牟宗三"道德主体"的意义后,介绍他对康德的自律概念的批判,以及根据儒家传统为自

① 参见杜瑞乐:《圣人的理想及哲学家的策略:牟宗三(1905—1995)思想简介》,第37—38 页。

② 在一种严格的意义上,道德的形上学与儒学相联系,人们或许还可以将之与刘述先就佛教和道家而言的"解脱的形上学"关联在一起。参见刘述先:《牟宗三论智的直觉与中国哲学的问题》,《牟宗三先生的哲学与著作》,台北:台湾学生书局1978 年版,第 752 页。

③ 法国波尔多第三大学的让-克洛德·帕斯托尔开展了这个课题的研究。

④ 例如可参见牟宗三:《圆善论》,第 265 页。关于这一点,也参见谢大宁:《儒家圆教的再诠释》。

⑤ 关于圆善这个具体问题,以此为题的研究工作(申请博士学位论文)正由包安妮(蒙特利尔大学)进行。

律概念寻求一个更为坚实的、基础的方式。第二章展示了另外一个借自康德的概念——智的直觉——如何服务于这种"儒家的自律",以及如何为成圣或成佛之可能性的概念化重塑提供一个机缘。在此过程中,"智的直觉"以两种不同的方式被置于具体语境中讨论:首先,阐述这个概念如何与一个用来区分不同知识类型的中国思想传统产生共鸣;其次,强调这个概念在康德之外的西方传统,并追问牟宗三对此事实予以沉默背后的原因。第三章提出康德的第三个概念——"物自身",这个概念与智的直觉相互关联。讨论聚焦于牟宗三如何在儒家传统的框架中理解物自身,以及何以在主要著作(《智的直觉与中国哲学》)的重要部分,将物自身与一个隐秘的概念——超越的对象 X——区别开来。由此,牟宗三哲学的一个相对被忽视的维度,即他与海德格尔思想的关系,被提出来。在第四章中,关注焦点是展现牟宗三的"无执的存有论"以及回到一个古老的问题——"存有论是基础的吗?"这个问题源于列维纳斯,事实上这位哲学家与牟宗三有诸多可分享之处。通过第五章,读者可以获得对牟宗三的存有论领悟更为充分的洞察,以延续本书开篇便引入的自律问题的讨论。道德情感的作用对于把握牟宗三自律概念的完整图像,实在是关键性的。与康德对主体情感的忽视相去甚远,当道德情感体现了儒家圆教的核心维度"万物一体"时,道德情感在牟宗三这里便被赋予了一种存有论向度。最后,第六章所聚焦的是"工夫"问题,此前的绝大部分思考在这里得以汇聚。事实上,被理解为通向宇宙与我们本性所共享之终极实在的实践途径的"工夫",是牟宗三整个道德形上学的骨干。这一章集中讨论了"逆觉"和"圣人"的观念,试图尽可能精确地描述或刻画牟宗三所讨论的"工夫'经验'"的类型。

23

第一章　为道德主体的真正自律置基

　　牟宗三著作的阅读者面对的一个主要困难,便是这些著作的整体性维度。诸多概念和范畴彼此纠缠又交互引发,以至于缺乏一个简便通达其整个哲学系统的道路。每一个切入点,都要求阅读者必须处理复杂多样的语义域(既是西方的也是东方的),并融贯地把握一系列通常复杂且意义并非自明的概念。试图在每一个概念最初出现时便做出系统的阐释,将会产生某种影响论证清晰性的、全然难以消化的诠释性缠绕。因此,本书将采取一种"渐进"的方法:核心的概念将获得深度的讨论,但需逐步推进。本章重点关注的"自律"("autonomy")与"道德主体"("moral subject")这两个概念,将为这种方法的运用提供好的示范。这里先暂作说明,它们更为详尽的意义,将随着本书研究的推进变得清晰。

　　为了重构"道德主体"这个他所认定的儒家传统的核心问题,牟宗三从康德那里借来"自律"这个概念。此外,牟宗三在这个概念基础上,试图超越康德的思想系统,这个系统对他来说在很大程度上已陷入概念知识之范式的泥沼中。根据牟宗三的学说,康德先验哲学在道德领域的运用以及对实践理性的相关理解(依赖"设准",如"意志自由"),的确阻碍了康德真正把握"自律"的真实意义。相反,中国哲学特别是宋明新儒学,能够对这一问题有很大贡献。

接下来我们将说明自律问题,这一说明还将在讨论道德感情问题时获得推进。我们在初步考察牟宗三对于主体(subjectivity)的理解后,还将探寻他如何将此问题与对一个儒家传统之"正宗"①("orthodoxy")的特别解析联系起来。以此为基础,我们才有可能分析牟宗三如何批评康德的自律概念,以及如何认定一个自律的主体将通过儒家的传统而建立。

对牟宗三哲学中"道德主体"问题的初步评述

为了理解牟宗三哲学中"自律"的真实意义(与康德的"自律"相对),这里有必要附带先简要介绍他的"主体"概念。

对牟宗三来说,对主体的肯定由两个方面紧密交织,一方面是对世界的宇宙论与存有论向度的普遍领悟,另一方面则是植根于中国传统的"工夫"("self-cultivation")②与"自我转化"("self-transformation")。其根本理念乃是成圣(儒家)、成佛(佛教)、成真人(道家)的可能性。这样的理想,每个人都可以通过实践达到。正是这个原因,牟宗三一直坚持中国的传统是"即哲学即宗教"。这个论断背后的潜在意义是,对主体的肯定,不仅是一个哲学问题,也是一个宗教的问题;不仅是一个知性的问题,也是一个

---

① "正宗"是牟宗三的用语,书中英译为 orthodoxy,我们在翻译时,对非牟宗三的直接引语,有时译为"正统"或"正统思想",以合乎习惯。——译者注

② 在本书中,self-cultivation 大多时候指"工夫",但当 self-cultivation 与 gong‐fu 并列时,前者须直译为"自我修养",此外本书还有一个专指"工夫"的英语译名"self-cultivation practices",见第六章。——译者注

实践的问题。①

通过以下的三段引文,我们将深入了解牟宗三如何肯定客体(有时被描述为"世界的本体—宇宙论的维度")与主体的关联性,在这里,作为理想人格的圣王的道德行为是这种关联性的典范。稍后我们还要介绍,在主体作为问题被关注时,牟宗三认定的西方(基督教)文化与中国文化的核心区别是什么。

> 性体是道德创造的先天根据。道德创造是德行之纯亦不已。"纯亦不已"一语出自《中庸》。《中庸》上说:"《诗》曰:'惟天之命,於穆不已。'盖曰天之所以为天也。'於乎不显,文王之德之纯。'盖曰文王之所以为文也,纯亦不已。"主观方面是德行之"纯亦不已",客观方面是"惟天之命,於穆不已";这里有两面,但这两面是一个意思,同一化(identify)了。(《中国哲学十九讲》,第 412 页)

> 我们常说,中国文化和西方文化发展的路向不同。中国文化并未否定客观面,而是暂时撇开,从主体这里看,而开主体之门。主体之门在西方始终开不出来,从希腊传统固然开不出来,从基督传统也开不出来;因为基督教最讨厌主体,而重客体,它要肯定一个超越而客观的上帝。反之,东方文化特重主体,而开主体之门;不但儒家如此,道家、佛家也如此。

---

① 在很大程度上,牟宗三继承了一个在西方长期(特别是在 19 世纪)盛行的观念:哲学(关联于理论知识)与宗教(涵括了实践)的区分。将哲学作为一种主导性的智性努力而与实践分割开来的理解,已经被如皮埃尔·阿多(Pierre Hadot)、米歇尔·福柯(Michel Foucault)等作者深入讨论。福柯以他所确认的"笛卡尔的时刻"(Cartesian moment)(虽然不仅关联于笛卡儿)的概念,刻画了真理的现代时段,(作为与实践相对立的、思辨的)知识的一个瞬间,变成了通往真理的唯一道路。福柯:《主体的诠释学》,第 16—21 页。

儒家开主体之门,从孔子论仁开始。但是开主体之门,并非
不要客体,而是要通过我们的主体来了解客体,最后主体和
客体合二为一,性体、心体、仁体、诚体等和道体合而为一。
(《中国哲学十九讲》,第 411 页)

儒家也重视创造,但不以上帝来创造天地万物;创造之 28
实乃见诸我们的道德创造,所以性体和道体通而为一。因此
儒家开主体之门,重视道德的实践。如何呈现性体呢?靠慎
独。所以开主体之门就是开慎独的工夫。基督教始终开不
出慎独的工夫,所以它不能说:我们可以靠道德实践而成为
耶稣。(《中国哲学十九讲》,第 413 页)

初看上述引文,其高度的概括性、直接论说的方式以及缺乏
对西方主体概念历史形式之谱系①的考察,可能令人疑窦丛生。
然而,尽管牟宗三关于西方的论断具有局限性(后面将回到这个
问题),这些引文引人关注之处仍在于能够直接给我们提供进入
牟宗三主体义的洞察。一方面,如在引文的脉络中所理解的那
样,主体是实践的、道德的,最重要的是可以和更高的本体—宇宙
的秩序相通与相合。这可以解释牟宗三何以做出基督教"讨厌主
体"的奇特论断,因为这样的论断,实际上依赖于牟宗三简单地将
基督教与"绝对的超验"("absolute transcendence")相联系。另
一方面,在这些引文中,牟宗三的主体概念还是一种"门"
("teaching"),肯定"工夫"的重要性并集中体现为一种被称之为
"慎独"的实践(详下)。

---

① 关于这个论题,参见利贝拉(Libera):《主体考古学》,巴黎:弗林出版社 2007 年版;
博努瓦(Benoist):《主体性》;德尼・康布斯纳(Denis Kam bouchner)主编:《哲学的
理念》(2),巴黎:伽利玛出版社 1995 年版。

29　　贯穿于上述三段引文的共同线索是:断言主体必须被看作与一个更高的及整全的客体秩序相关联,这个客体秩序既是自然的又是道德的。这是"天人合一"这个儒家著名洞见的变体。至少是从黑格尔开始,西方对中国思想——特别是儒家思想——的一个著名批判,便将这个洞见看作既是刺激的又是自相矛盾的。这个批判严厉地指出,此种"合一"构成了阻碍,没有这个阻碍,主体性(subjectivity)才出现。① 根据牟宗三的学说,无论如何,人的道德创造的实践的可能性体现于客体之中。换言之,这是人之生命历程中主体实现的结果,一个具有道德创造性的禀赋。这个意义清楚地体现在《中庸》的章节中,牟宗三评论说:"文王'纯亦不已',主观方面是德行之'纯亦不已',客观方面是'惟天之命,於穆不已'。"这样一个"纯亦不已"的能力,牟宗三的文本多处暗示,总是与宇宙的创造性(客体性)相关联:"惟天之命,於穆不已。"宇宙之"不已"的创造历程是中国思想的核心洞见,不同时代和学派的著作者们已经有过评述,并凝聚成"本体"这个观念。对于成中英来说,"本体是实在的本源,它创造宇宙,世界中的生命和事物因之而赋形与变化,获得滋养和完成,本体由此自身展现为宇宙万有之终极的实在"。② 和其他人一样,牟宗三也用"本体"这个概念,③来说明客

----

① 这一思想线索可以追溯至黑格尔并从此不断地被反复申说,例如韦伯(Weber)。参见罗哲海(Roetz):《轴心时期的儒家伦理》,奥尔巴尼:纽约州立大学出版社1993年版,第8、283页;罗哲海:《古代中国的人与自然》,第1—77页,特别是第58—60页(节题为"主客体分离的缺席")。

② 成中英:《论中国哲学中'体'的形上学意义:本体与体用》,《中国哲学季刊》第29卷第2期,2002年6月,第148页。弗朗西斯·朱利安使用"源泉"(fount, un fonds)这个词,来指认这个实在的基础,实在的过程从此基础而出。朱利安:《功效论:中西思维之间》,第92—93页。

③ 牟宗三还使用术语"noumenon"来翻译"本体"[例如,"本体界的实体"(noumenal reality)],参见牟宗三:《现象与物自身》,第44页;甚或以"本体"指代"存有"(Being)(例如将"ontology"译为"本体论")。

观性。在同样的脉络中,我们还能够举出一系列的概念,如"实体"("constitutive reality")①、"道体"("constitutive way")②、"性体"("constitutive nature")③,或者"实有"④。这些概念的差异,与它们在各种不同文本表述中的具体使用相关联。而归根结底,它们都指向一个普遍的直观(common intuition)。

牟宗三"体"的用法

牟宗三把"体"与很多字相组合。在上述的引文中,我们可发现:性体、心体、诚体、仁体、道体。牟宗三关于宋明儒学的核心论著便题名为《心体与性体》。"主体"这个概念同样也包括"体",而与"客体"相对。最后,如前所知,实在的终极根源被称为"本体"。这样的例子很多且易于举证。

成中英强调"体"(體)字之字源的有趣特征,既是身体的也是精神的。该字的左半部分是由"骨"构成,指向身体的世界,其右半部分是"豊",其义为"献祭食物于神灵"。⑤ 在英语中,"体"常被翻译为"substance",这可能会误导而将其理解为西方哲学中的"实体或偶性"的二元论。⑥ 因此,我认为将其翻译为"constitution"更为适合,这表达了一种具有构成性意味的观念。事实上,这是一个在指称中国思想重要的"体用"观念时的通常选择,在这里,"体"常被翻译为"constitution","用"则常翻译成"function"。"体"与其他概念的结合,如与"心"(heart/mind)、

---

① 牟宗三:《现象与物自身》,台北:学生书局 1996 年版,第 44—45 页。
② 同上,第 45 页;牟宗三:《中国哲学十九讲》,第 393、411 页。
③ 牟宗三:《现象与物自身》,第 45 页;牟宗三:《中国哲学十九讲》,第 393、411 页。
④ 牟宗三:《现象与物自身》,第 45 页。我们细节地回顾存有的问题,在当前的这部分的工作中,问题的出现都与处理存有论相关。
⑤ 成中英:《论中国哲学中'体'的形上学意义:本体与体用》,第 145 页。
⑥ 然而,牟宗三自己有时也使用"substance"这个英文词。参见牟宗三:《中国哲学的特质》,第 23 页。

"性"(nature)、"道"(way)，或者"诚"(authenticity)，使得牟宗三能够强调每一要素的实体性(它们的存在论的向度)，同时也揭示了这些概念的具体内涵，因为"体"和"用"是不能被分开的。① 这样，说"心体"，实际是强调它的实体性或实存性，同时暗示通过非常确定的方式，例如"情"和"意"(在这里"情"和"意"构成了"用")，②将其呈现出来的这个事实。此外，我们还要考虑到"体"通常还有一个动词性的使用，例如"体验"。相应地，所谓心体、性体等，同时承担着朝向自身呈现的引导。最后，"体"的观念，引发了"本体"这个前面曾提到的有着不同表达方式的概念，③这些因不同视角形成的概念，所指的是同一个形上的实在。

冒着过度化约的风险，我们在研究的初始阶段，先强调牟宗三的道德主体概念主要指人的道德创造性。道德创造性是人通过他们的"具体行为"(这个概念可以在广泛意义上加以理解，从"意"和"情"的萌发到选择、行动)，参赞天地不已的化育过程，以此赋予宇宙以价值。④ 此外，通过道德主体，人可以展露自我本性与宇宙终极实在(本体)的合一，以及人与其他存在因共享同一本体这一存在论意义上的一体。⑤ 关于这点，稍后还将讨论。换

---

① 不隔断"体用"是中国思想的一个众所周知的观点，在牟宗三的思想中同样可以发现。

② 在后面，我们会细节性地讨论牟宗三思想中可以归于"情"和"意"的内容。

③ 我们始终在讨论包含"体"的这些概念：体、心体、性体、诚体、仁体、道体、实体、本体。不过，其他的一些概念，如"天道"或者"天命"，也是指宇宙的终极实在。参见余英时：《钱穆与新儒家》，第 202 页。

④ 用孔子的话来说就是："人能弘道。"(《论语》十五章二十九节)这意味人的道德情感、行动以及日常生活中的意愿，可以扩充宇宙的创造之流。在牟宗三那里，人能够发现他的转化根源于宇宙的终极实在并能够对之加以扩充[这也意味着孔子的另一个观念："非道弘人。"牟宗三：《中国哲学的特质》，第 43 页]。

⑤ 参见牟宗三：《中国哲学的特质》，第 18 页。牟宗三提到："天命和天道下降而变化为人的终极实在。"它们被认作为"创造性的本身"。这一存在分享的观念，可概括为"万物一体"，将在第五章讨论。

言之,中国思想传统脉络中所肯定的关联性,也即(道德的)人与本体宇宙秩序的合一,是牟宗三主体理解的基础。①

道德主体概念的第二个要素,前面的引文已揭示,是指一种方法。通过这种方法,人能够在自己的生活中将道德主体客观化,以显示道德主体既是具体的也是实践的。在此,核心的问题转换为"自我修养"("self-cultivation")和"工夫"("gongfu"),其中"慎独"("vigilance in solitude")是典范且完备的方法,这个方法被看作源于《中庸》和《大学》,在后世为诸多学者从不同的方向讨论过,包括刘宗周(刘蕺山,1578—1645)。② 对于牟宗三来说,"工夫"成为表现道德能力的具体方式,这种道德能力为每一个人 *32* 潜在地具有但需要通过道德行为来表现之。③ 我们首先要强调的是,牟宗三的核心观念正是中国思想的经典性洞见。

人必须客观化自我,这个理念可以在牟宗三的"第一哲学"中发现,也存在于与康德哲学概念的关系之中,如"智的直觉"("智性直观","intellectual intuition")④。"智的直觉"对应于一种客

---

① 牟宗三:《中国哲学的特质》,第39页。关于牟宗三哲学中道德的创造性与宇宙论的创造性的关联,被许多研究者所曾强调。例如,参见陈荣灼(Wing-Cheuk Chan):《牟宗三对康德哲学的转化》,杨儒宾、祝平次编:《儒学的气论与工夫论》,台北:台湾大学出版社2005年版,第130页。

② 牟宗三:《中国哲学十九讲》,第394—396页。牟宗三:《从陆象山到刘蕺山》,上海:上海古籍出版社2001年版,第314—378页。"慎独"的实践在历史上有不同的解释,例如朱熹与刘蕺山。牟宗三前面引文中对于"工夫"的诠释以及他对"慎独"的说明,继承了刘蕺山的观念("慎独"是一个先天工夫的概念)。我们将在第六章回到这个问题。关于"慎独",参见林月蕙:《诠释与工夫》,第277—351页,特别是331—332页。也参见黄敏浩:《刘宗周及其慎独哲学》,台北:台湾学生书局2001年版。

③ 本书第六章将回到"工夫"问题,以更好地说明牟宗三的相关方法以及所产生的困难。

④ intellectual intuition,在康德著作汉译本中常译为"智性直观"("理智直观"),牟宗三译为"智的直觉",其含义有微妙的差别,本书在第二章中有具体的讨论。为方便起见,我们在引用牟宗三的论著以及在牟宗三的语意脉络中使用"智的直觉"译名,在康德的论著引用及语意脉络上仍用"智性直观"的译名。——译者注

体或主体的二分不再具有意义的经验。这样的洞见影响了牟宗三对基督教的理解,除此之外,还包括对整个西方哲学的理解。在前述的引文中,这位儒家哲学家断言"我们不能靠道德实践而成为耶稣",①也在同样的意义上强调了基督教的上帝与一个整全的超离且客观的实在相应,而绝对地与人相分离。这里,便需要就牟宗三对西方传统的理解作一个简短的评论。

　　首先,牟宗三的哲学倾向于激进地减少并化约西方思想传统的复杂性。就基督教来说,他的看法常常囿于成见。关于这个问题,已经有一个内容丰富的批评,②这里我简单地在其他问题上做些补充。牟宗三没有考虑到基督教传统中强调人和上帝合一的部分。我们可以立即指出,圣依勒内(Saint Irénée de Lyon,公元 2 世纪)对人的神性的思考建立在这样的观念上:上帝造人因而人可以成道。埃克哈特大师(Master Eckhart,1260—1328)的神性化的理念,提供了一种超越上帝与被造物之间面对面的关系,以达到某种没有任何居间调停的神秘合一。如果说到神秘的合一,可能要提到圣十字若望(St. John of the Cross,1542—1591),他描述了一种伴随着融入神圣实体中的灵魂净化经验。③这里,我们的主要目标当然不是追溯这样的(可能是很少的)观念在基督教中的历史,而是要强调这样的一个事实,即牟宗三对西

---

① 一个来自路德(Luther)的准则立即可作为回应:"感谢信仰,我们成了神。"(Thanks to faith,we become gods.)引自布儒瓦(Bourgeois):《德国古典哲学》,第19 页。

② 这一点,参见赖品超:《超越者的内在性与内在者的超越性——评论牟宗三对耶儒之分别》,第43—89 页。关于中国学者将基督教的"超越"概念批评为"纯粹"或者"外在"的参考文献,参见第 39 页。赖品超甚至捍卫了如下这一观点:不仅一个纯粹超越的上帝的概念不能代表基督教传统,并且神学传统的主流强调的正是上帝的二重本性(既超越又内在),参见第 45 页。关于牟宗三与基督教的一般性研究,可参见邓绍光:《论牟宗三对基督教的判释》。

③ 感谢梅谦立提醒我注意此点。

方宗教的历史有着许多概括与化约。① 此外，这样的概括和化约也存在于牟宗三对西方哲学历史的讨论中。在后一方面，他持有的"无论是在希腊还是基督教传统中，西方从没有致力于阐述一种以主体为核心的学说"的观念，便留下招致批评的空间（我们也不应当忘记牟宗三的主体理解，根本地说是由"工夫"所实现的自我转化，而不是思辨的与认知的）。② 这样的例子，我们还可以举出许多。在牟宗三的思想中存在着大量的文化化约，这个现象我们也在许多与他同代的中国学者那里发现，暴露出他们对西方了解的局限。人们常常感到，文化的差异往往成为巨大的障碍，阻隔彼此之间直接交流的道路。也就是说，可以强调的是，简单化在跨文化的哲学对话中几乎是不可避免的。困难在于评估这种简化在何种程度上，会消极地影响到核心的论辩。因而在本书中，我的目标当然不是指认牟宗三的错误而给出一个来自西方智性传统的恰当评价，我仅在认为这种错误已对其哲学之核心产生

34

_____

① 牟宗三可能会简单地视之为神秘的。在《中国哲学十九讲》中，他探讨过神秘主义的问题，不过更多地是以哲学的眼光而非神学的。参见牟宗三：《中国哲学十九讲》，第314—317页。他主要反对将"智的直觉"（如他所理解的）与神秘主义作任何的联系。

② 参见牟宗三：《中国哲学的特质》，第73页。当然，牟宗三是充分地意识到，主体也即思想主体（thinking subject）是西方哲学现代性的关键。在这里，他所指出的是——也是令人质疑的——西方的哲学传统从来没有像中国哲学那样聚焦于一个实践主体的建构。然而，皮埃尔·阿多的著作以及米歇尔·福柯在他的著作如《快感的享用》与《关注自我》中提供了一些清晰的证据，证明自我修养的实践（所谓"精神修炼"，它们在某些方法上类似于中国的"工夫"），是古代希腊和罗马的一些哲学学派的主导形态。这些哲学化方式所隐含的"生活之道"，以实现自我与世界关系的根本转化以及获得"宇宙性的意识"作为目标，其目标就是"圣性"。伴随着对古代希腊和罗马哲学的再考察，皮埃尔·阿多也提示了它的后来影响和发展（特别是在基督教传统中的一些教派那里，以及完全是哲学的传统中，如蒙田和沙夫茨伯里所代表的）。不管怎样，他显示了，与中国哲学中占主导地位十分接近的一些主体概念，在西方哲学传统中也发挥了某种重要作用。参见皮埃尔·阿多：《精神修炼与古代哲学》，巴黎：阿尔班米歇尔出版社2002年版。关于西方"思想主体"的概念，参见利贝拉的重要著作《主体考古学》。利贝拉坚持他的著作核心是思想主体的问题，不是像福柯理解的那样是"主体的历史"问题。

真正影响时才那样做。

这引出了我们的第二点。作为一位哲学家,牟宗三有着清晰的问题意识:即通过与西方无法回避的对话,再思与重述中国思想的核心洞见。他的方法基本上不是一种观念史的方法,他对不同思想传统所做的谱系学的重构与他的哲学志业密切关联。这导致他在讨论西方传统时存在着大量的概括和简化。然而,当分析和评述那些与他的哲学问题直接相关的西方哲学的文本时,情况便发生了彻底的改变,牟宗三变得极为细致和老练。下面将看到,他的论著中关于康德和海德格尔研究所表现出的专业性,提供了很好的证明。在讨论与康德主义的关系之前,我们先简要地考察牟宗三如何在儒家智性传统的框架内分析主体这个问题。

主体与儒家传统的多样性

牟宗三对主体的理解,正如他的自律概念一样,在他关于宋明儒学传统的原创性诠释中得到反映。一般的历史编纂通常将宋明儒学区分为主要的两派:一派被称为"理学",与之相关联的人物有朱熹(1130—1200)和程颐(程伊川,1033—1107);一派被称为"心学",其最著名的代表人物无疑是陆九渊(陆象山,1139—1193)和明代的王阳明(1472—1529)。[1] 然而,牟宗三没有坚持

---

[1] 杜维明强调这些通常被接受的二元分类,在一些著名的学者如陈荣捷、唐君毅和葛瑞汉(Angus Graham)看来,某种程度上是不充分的。参见杜维明著,胡军、于民雄译:《人性与自我修养——儒家思想论集》,伯克利:亚洲人文出版社 1979 年版,第112—113 页。狄百瑞(Wm. Theodore de Bary)也挑战了这样的分类。例如在《新儒学的心之要旨》中,他通过对新儒学主要思想家的研究进行了整体性的审视。关于"理"的讨论,安靖如也说明程朱学派和陆王学派,虽然在一定意义上倾向于不同的方向,但远没有许多人断言的那么不同。参见安靖如:《圣境:新儒家哲学的当代意义》,纽约:牛津大学出版社 2009 年版,第 37 页。

这样的经典说法而提出了三系的分判。①

第一，有一个继承孟子而来，发展至陆象山和王阳明的传统。另外两个传统，开端于北宋思想家周敦颐（1017—1073）和张载（张横渠，1020—1077），接着由程颐和他的哥哥程颢（程明道，1032—1085）开出两个不同的方向。

小程子程颐的思想为朱熹所继承，被认为是儒学的正统。牟宗三的原创性诠释，是把大程子程颢描述成接续"道统"（"transmission of Dao"）②，这里的"道"乃古代的圣人之道。牟宗三指出，这一传统在南宋的胡宏（胡五峰，1105—1161）和明代的刘宗周那里获得了继承。这个传承统序，再加陆象山与王阳明的系统，为牟宗三所赞赏，并被看作是儒学的正宗。以牟宗三之见，程颐和朱熹所代表的仅是儒学的旁支。③牟宗三迥异于主流史观的诠释，引起诸多激烈批评，特别是来自思想史学者。关于这个问题，刘述先给出了清晰的评述："从哲学的角度考虑，牟宗三教授的观点公认为有其理据，但是以思想史的眼光看，很难接受这样的理论。这不仅因为胡（宏）和刘（蕺山）之间没有任何的思想传承的联系，他们关于性的理解也有着重

36

---

① 参见牟宗三：《心体与性体》（第 1 册），上海：上海古籍出版社 1999 年版，第 35—52 页；牟宗三：《中国哲学十九讲》，第 368—396 页。

② 关于"道统"问题或"道的内在关联性线索"，参见梅约翰：《新道统》，《新儒学》，纽约：帕尔格雷夫·麦克米兰出版公司 2003 年版，第 55—78 页。在另一部资料异常丰富的著作《游魂：当代儒家话语中的儒学》中，梅约翰回到现代新儒家的道统话语，考察了有关牟宗三道统观念的一些批判。梅约翰：《游魂：当代儒家话语中的儒学》，第 149—167 页。

③ 参见牟宗三：《心体与性体》（第 1 册），第 43 页。依据《礼记》，牟宗三也将程朱学派判释为"别子为宗"。参见牟宗三：《心体与性体》（第 1 册），第 39 页；牟宗三：《中国哲学十九讲》，第 393 页。

大的差异。"①对我们来说有意义的是，义理系统之差异的分疏，蕴含了牟宗三关于主体和自律的理解。争论的核心，乃是"心"和"性"这两个中国思想的经典概念，以及牟宗三对它们关联性的理解。

一、朱熹—程颐学派

先看朱熹和程颐。牟宗三强调，对于程（颐）朱学派来说，"心"——我们的认识活动和情感生活的中心——是"形而下"的，"形而下"是《周易》的表述。② 另一种相似观念的说法是，"心"是由"气"（"energy"/"matter-energy"）构造的。③ "心"离开原初的纯粹，陷入经验和感性的世界，受欲望和坏习惯支配，所以需要不断地净化和涵养。④ 因而牟宗三指出，这样的"心""不同于孟子、

---

① 刘述先进一步阐述："胡宏认为性是超越善恶的，刘蕺山则认为性是纯然善的。"参见刘述先：《理解儒家哲学：古典的与宋明的》，西港：普雷格出版社1998年版，第124页。关于儒家传统以及道统的哲学或类宗教的诠释（与历史的径路相对），也参见余英时：《钱穆与新儒家》，第201—211页。牟宗三对程朱学派的判释在当代儒家学者中也引起了极大的争论。可参见杨祖汉：《当代儒学思辨录》，台北：鹅湖出版社1998年版，第89—94页（杨祖汉和冯耀明关于此一论题的交流讨论）。中国台湾哲学家林安梧强调，并没有任何的贬义，在他眼里牟宗三代表了儒家传统的"别子为宗"。参见林安梧：《儒学转向：从"新儒学"到"后新儒学"的过渡》，台北：学生书局2006年版，第211—212页。在该著中，林安梧重申了他1996年提出的观点，参见梅约翰：《游魂：当代儒家话语中的儒学》，第183页。梅约翰提供了关于林安梧哲学（包括他对"气"的强调）以及他的牟宗三批判的有用介绍。
② "形而上"出自《周易》对"有形之上"与"有形之下"的古典区分。有关中西哲学的跨文化讨论（在我们这里是儒学与康德主义），总是存在着意义的分层（别）与诠释的诸多困难。
③ 对于程颐和朱熹来说，"气"必然是"形而下"的，这便不同于"道"。这个关于"气"的概念，不同于讨论"气"的最主要的思想家之一的张载，张载的"气"指整体性的实在，与"道"一体而有可见和不可见的向度。此问题的综合说明，参见程艾兰：《中国思想史》，巴黎：瑟伊出版社1997年版，第426—435页。将"气"翻译为matter-energy，我借用了安靖如的译法。
④ 牟宗三：《中国哲学十九讲》，第393页。

陆象山和王阳明所说的'本心'"。① 牟宗三将"本心"理解为"本真"("originally pure"),我们稍后讨论。根据牟宗三的理解,程朱学派的"心"(由形而下的"气"构成),清楚地要求与"性"区别开来,"性"被描述为天所赋予每一个人的,并且被规定为"超越的"或"形而上的"。② 对于程朱学派,"性"应关联于"理"(通常被译为"principle")这个重要的观念。"理"与世界的秩序相对应,由之以明事物之所以然并唤起"道"。③ 安靖如指出,"理"可以被理解为"与物一体的价值的易简之道",主张翻译成"coherence"。④

概括地说,根据牟宗三对朱熹思想的诠释,一方面"心"由"气"构成;另一方面,存在着一个超越的或客观的"性"与形而上的"理"关联。这个问题不仅是理论的,对作为主体呈现之关键的"工夫"实践,也有重大影响。确切地说,在牟宗三看来,依据所理解的"形而下的""由气构造的"⑤"陷入现象世界的"那个"心"所做的"工夫"实践,并非与朝向一个本真之"心"的"工夫"实践相同。

前面所提及的牟宗三对程朱学派的理解,遭致不少来自思想

38

___

① 牟宗三:《中国哲学十九讲》,第 378 页。
② 牟宗三:《心体与性体》(第 1 册),第 137 页。牟宗三解释说,程颐从孟子"本心即性"的直觉中抽取了三个不同的成分——心、性、情。如此,他能够将"心"与"气"联系起来,而在孟子那里,"四端"与同于"性"的"理"相关联。
③ 参见陈来:《宋明儒学的"道""理"概念及其诠释》,《中国近世思想史研究》,北京:商务印书馆 2003 年版,第 22—37 页。对于"理"的系统和富有启发的讨论,参见安靖如:《圣境》,第 31—50 页。
④ 同上,第 32 页。
⑤ 关于牟宗三哲学与"气"的关系,更细致的评论参见何乏笔:《自我修养与创造性——对牟宗三与儒家气论之关系的反思》,戈浩南、胡司德编:《自我的与精神的:中国之"身"的探寻》,《远东远西》第 29 期,万森纳:法国大学出版社 2007 年版,第 151—75 页。也参见林同齐与周勤:《牟宗三的人类宇宙论视角中的动力与紧张——对儒家天人合一概念的反思》,《中国哲学》第 22 卷,1995 年。这两位作者强调牟宗三对一些概念的使用具有"双重意义"。他们揭示"天""命"和"性"有时关联于"理",但有时也关联于"气"。

史视域的批评。在这里,我们还要补充一些哲学界的批评。例如,郭齐勇这位来自武汉大学的中国哲学家强调,朱熹思想中的"心",不能简单地归之于"气",它还关联于"仁体"。在承认程朱与陆王之间在"心""性""理""气"等观念上的差异同时,郭齐勇仍然指出,牟宗三的哲学性论断(我们也将在牟宗三关于程颐与朱熹思想作为一种他律伦理的哲学判断上看到),的确走得太远。[1]

二、陆象山—王阳明学派

牟宗三所关注的另一派思想以陆九渊和王阳明为代表:

> 照陆、王的讲法,心即是性,心体即性体,且同时即道体。[2](《中国哲学十九讲》第 292 页)

在牟宗三看来,陆象山和王阳明本着孟子的精神,建立了"心"与"性"的直接合一关系(心体即性体)。无论如何,由天赋予人的"性"所规定的"心",是本源的和纯粹的。[3] 这样的概念与程朱学

---

[1] 郭齐勇:《牟宗三先生以"自律道德"的理论诠释儒家之蠡测》,郑宗义编:《香港中文大学的当代儒者:钱穆、唐君毅、牟宗三、徐复观》,《新亚学术集刊》第 19 卷,香港:香港中文大学新亚书院 2006 年版,第 367—380 页。

[2] 正如我们前此已经看到的那样,心体、性体和道体是心、性和道的另一种说法。(在本书中,作者引用牟宗三文本时,常随文注释说明。如本注。为了呈现作者的思考和工作,在翻译时也随其所注出注,这并非表示牟宗三文本原来如此。此外,牟宗三的原始文本常有随文加黑、加着重号以示强调处,间或也有注释说明,本书作者在引用时,除有个别说明外,皆予以省略。为了不带来歧义与干扰,译文在引用时,也如其所引不作具体标识。——译者注)

[3] 即使牟宗三确定了孟子与王阳明的连续性,也有必要强调他们"心"之概念的核心差异。艾文贺就此强调说:"孟子相信我们具有初生的道德萌芽(善端——译者注),王阳明则相信所有的人类都具有完满的道德心灵(良知——译者注)。这对圣人的概念产生了一些影响。用艾文贺的话说:"孟子说我们都能够成尧舜——我们都是潜在的圣人。王阳明相信所有的人都是圣人,都具有完善的道德心灵。"艾文贺:《儒家传统中的伦理学:孟子与王阳明的思想》,亚特兰大:学者出版社 1990 年版,第 86 页。此外,在这里我们还可以补充的是,关于"理"这个概念,在孟子时代并没有获得在宋明儒学时期所具有的重要性。

派形而下的由气构造的"心",是截然不同的。因"心"之纯然,陆王又将其与"理"联系起来,换言之,也与世界的秩序(道)联系在一起。对这个核心洞见的概括表述是:心即理(性)。①

在这个语境中,"工夫"与一个人的主体呈现(前者强调一个过程,后者强调一种状态或结果),体现为如何"尽心知性"。"尽"指使"心"尽其可能及经常地呈现(或显露),使我们在行动过程中领会"性"之所赋。人们会想,不考虑理论方面的问题,如果与程朱学派的"心"之涵养与净化相比较,什么才是"显露"("emergence")或"呈现"("manifestation")的实践意涵。这里,我们有必要稍稍提及后面第六章所作的讨论。这些不同的"心"之概念的主要效应,在牟宗三看来,是对与之相关联的"工夫"实践如何所是的极端不同的理解。确实,尽管不同的儒家学派享有同一个"圣人"理想(圣人或圣性,体现了道德的自我和真实的主体性),但呈现人之真实主体性的具体的、实践的方法却是非常不同的。

> 朱夫子只能说"格物穷理",使形而下的心合于性(理)。
(《中国哲学十九讲》,第 393 页)

在牟宗三看来,朱熹所推崇的"格物"仅是"工夫"实践中的一个认知过程。简言之,借助于经典,一个人需要对外在的实在(如人与人之关系、日常生活之样态)进行观照,以理解什么原则或方法应该主导我们的行为。按照牟宗三的分析,朱熹哲学中的道德修养变成了一种经验性的知识问题②:心(过度的欲望、自私自利等)

---

① 牟宗三:《中国哲学十九讲》,第 393 页。
② 例如,可参见牟宗三:《从陆象山到刘蕺山》,上海:上海古籍出版社 2001 年版,第 319 页。牟宗三在这里指出,程颐和朱熹"以知识之路讲道德"。

的净化,因正确地理解(通过对外在实在的分析)什么原则适用于何种情况而成为可能。与此相对,牟宗三认定,对于"本心"①来说(如在陆王学派那里),建立在感性知识基础上的"工夫"实践是简单的和不充分的。无须多说,牟宗三关于朱熹思想的认识已经招致了激烈的批评。② 实际上,他如此强调他所理解的儒学正宗与朱熹思想的差别,以至于人们会常常感到,朱熹变成了一种新实在论的或经验论的盎格鲁-萨克森传统的哲学家。的确,牟宗三的分析倾向于放大不同学派之间的对立,以至于忽视了它们共同享有的历史背景。

在牟宗三所认定的正宗思想中,陆王学派的特殊性在于首次强调《孟子》和《论语》的重要性,而将其置于《中庸》和《易传》之前。③ 换言之,他们确实侧重主体(心、良知),与我们接下要讨论的学派相比较,客体在这里只是附带地被论及。④

三、张载—程颢—胡宏—刘宗周学派

我们最后考察第三个学派,以及牟宗三对其心性关系的说明。这个学派的思想为张载⑤、程颢、胡宏和刘宗周这些思想家所代表,其结论与已讨论过的上一学派的思想相接近,但有着不

① 或一个"超越—内在的""形而上"的心。
② 例如,郭齐勇强调在朱熹哲学中"心"与"性"或"理"的关系,不简单地是一个知识问题。郭介绍说,在如朱熹所肯定的性体中,也有一些关于道德情感的内容。说朱熹哲学中的"意志"(在相关语脉中可以被理解为"心")会陷入或受限于外部事物,是没有意义的。郭齐勇:《牟宗三先生以"自律道德"的理论诠释儒家之蠡测》,第 379 页。
③ 牟宗三:《心体与性体》(第 1 册),第 42 页。牟宗三还假设程朱学派主要关注《大学》,参见牟宗三:《从陆象山到刘蕺山》,第 319 页。
④ 参见牟宗三:《从陆象山到刘蕺山》,第 318—319 页"性天只是捎带着说"。
⑤ 张载的地位是特别的,因为他是出自第一系和第三系的结合点。当人们肯定张载所描述的"气"的重要性时,对此就非常容易理解。

41

同的径路。牟宗三认定，与陆象山和王阳明不同，这一思想系统
承认"心"与"性"之间的内在的区分：

> 刘蕺山的路子是顺着胡五峰的脉络下来的，是根据张横
> 渠"尽心成性"的观念下来的，先是心性分设。（《中国哲学十
> 九讲》，第 393 页）

> 为什么呢？因为他们是由《中庸》《易传》开始，先讲道
> 体，再讲性体，然后向内返，讲心体。（《中国哲学十九讲》，第
> 392 页）

这派思想对"心"与"性"开始区分的事实，并不意味着我们需要回
到程朱学派那种牟宗三已说明的那种情况——由"气"所构成的
"心"（形而下的）与被指为形上实体的"性"（形而上的）的分别。
实际上，在牟宗三的诠释中，这脉精神谱系中的"心""性"，获得了 42
一个与陆王学派非常相似的超越向度。我们需要再次强调牟宗
三所认定的事实：第二系和第三系同属于正宗。最主要的区别存
在于它们与程朱学派之间。

由于同被视为属于儒家正宗或思想传统的主流，对第三系与
陆王学派的区分主要是对彼此差异的强调。鉴于陆王学派主要
体现为一种主观主义的径路（核心是"心"及其呈现），在牟宗三看
来，第三系则体现了主观与客观的完美结合。① 牟宗三认为这种
差异反映在它们对待经典文本的不同态度上。简言之，第三系的
思想，始于对《中庸》或《易传》之重要性的强调，而后回到《孟子》

---

① 参见罗义俊：《宋明理学的几个问题与牟宗三的通释——读牟先生〈心性与性体〉
〈从陆象山到刘蕺山〉续》，牟宗三：《从陆象山到刘蕺山》"附录"，上海：上海古籍出
版社 2001 年版，第 397—401 页。

与《论语》(第二系的主导倾向则与之相反)。① 前两个文本,被描述为重在强调作为人类自我转化之终极根源的世界的本体宇宙论的(onto-cosmological)向度,这点在陆王学派中则不是那么重要。② 牟宗三通过对比张载"尽心成性"与孟子"尽心知性"的原则来说明上述理念。③ 关于张载的原则(体现了第三系的洞见,孟子被视为体现第二系洞见),牟宗三的解释说,正是那个与工夫相关联的动词"成"(可译为"actualizing")④,可以使我们对"性"或"天道"的具体内容和真实意义加以描述。⑤ 换言之,客观性是关注的焦点,而"工夫"被认为是在我们生活中实现客观性的方

43

① 牟宗三:《中国哲学十九讲》,第 392—393 页。
② 牟宗三:《心体与性体》(第 1 册),第 41—42 页。
③ 牟宗三:《中国哲学十九讲》,第 392—393 页;牟宗三:《从陆象山到刘蕺山》第 318 页。
④ 我将"成"翻译为 actualizing,而非 constituting,依据牟宗三的解释:"这个'成'是形著之'成',而不是本无今有之'成'。"牟宗三:《中国哲学十九讲》,第 393 页。
⑤ 牟宗三:《中国哲学十九讲》,第 392—393 页。在另一部著作《心体与性体》中,牟宗三用"著"这个词发展了自己的观念,这个词与通过"心"的活动使"性"得以实现和具体化相应,概括为"以心著性"的表述。他经常将"著"与"形"连起来,所谓"形著",也具有相似的意义。杨泽波将"形著"解释为"具体化""实现"或"呈现",并将其研究牟宗三的著作中的一章题为"形著论"。杨泽波:《牟宗三三系论论衡》,上海:复旦大学出版社 2006 年版,第 78—169 页。他说明牟宗三关于宋明儒学的诠释存在着两个问题,这是其中的一个,另一个是"自律"的问题。这里附带地说,杨泽波对牟宗三的"形著论"有相当的批评。他认为这个理论在很大程度上成为一种复杂难解的智性努力,不能解决真正的问题。他还质疑过分地强调"性体"的作用以预设"心体"的客观向度的必要性(第 165—167 页)。然而我相信,对于牟宗三的相关理论,必须从他重建基础存有论和"道德的形上学"(而不是"道德底形上学")的规划上来加以理解。牟宗三所关心的是寻求一条再思中国哲学与康德哲学关系的道路,而不是首先区分胡宏与王阳明(这个问题是杨泽波分析的核心)。在这方面,注重"成"或"形著",首先是对能够抓住或证实或实现宇宙之终极实在的"工夫"的强调。康德所注重的是道德(最为关键的问题是为道德行为确定形上原则),牟宗三所注重的是终极的(形而上的)实在问题,这个终极实在可以通过将道德理解为一个实践哲学问题("工夫""形著""成")而获得。

式。通过"工夫"所呈现的"心"①,既是具体的也是普遍的。主观性同时又获得了一个客观性的维度。② 这样的假定或许是可能的,即牟宗三在第二和第三系中将优先性归于第三系,看起来反映了另一种优先性,这就是牟宗三第一哲学中将本体宇宙论置于伦理学之上的优先性。

四、关于牟宗三儒家正统性诠释的总评

牟宗三区分宋明儒学诸学派的原创性诠释,为我们提供了他关于主体性含义及其实践纲领的清晰看法。

真实的主体性关联于成圣或成佛的可能性,这种可能性最终依赖人在生活中实现其目标的能力。实现这一目标的载体正是 ⁴⁴ 我们的"心"。程朱学派的问题是认为"心"由气构成,沉溺于现象的或形而下的世界。换言之,"心"因其主客二分(与道、理、性等相分离),因其被欲望和恶习染污,不能从自己给出任何"工夫"标准。对牟宗三来说,此"心"之概念的不幸后果是,使得"工夫"仅仅转向关于外部实在的知识(源于《大学》所提倡的著名的"格物"),因而难以开辟通往真正觉悟的道路。③

牟宗三认为在儒学的正统思想中,张载—程颢—胡宏—刘宗

---

① 所强调的第二系和第三系的差别并不反映在他们的"工夫"概念上,在此它们是相似的[牟宗三:《心体与性体》(第1册),第42页]。关于此点,也参见罗义俊:《宋明理学的几个问题与牟宗三的通释——读牟先生〈心性与性体〉〈从陆象山到刘蕺山〉续》,牟宗三:《从陆象山到刘蕺山》"附录",第397页。真正的差别存在与第一系(程朱)与另外两系之间。参见本书第六章。

② 在那个阶段,心与性的差别仅仅反映描述同一实在的不同道路。参见杨泽波:《牟宗三三系论论衡》,第84页。

③ 本书的目标不是细致地讨论牟宗三对朱熹哲学的理解。不过,我们需要强调,牟宗三用整整一卷的篇幅(占其著作的三分之一)来探讨这位宋代思想家的思想。在这方面,我们这里对其结论的快速鸟瞰,必须置于牟宗三对于朱熹思想的整体研究的视野中加以把握。

周学派(第三系)存续了最完整的主体概念。这个学派以明确的方式在根本上规划:一方面说明客观性——借用泰勒(Taylor)的词汇即"自我的根源"("source of the self")——是什么;一方面说明自我如何个体性地通过具体经验来证明和确认这个客观性。这两个向度的完满结合就是牟宗三所称的儒家"圆教"。[①] 与此同时,我们应强调,过多地关注客观性(与通过"性"而得以证明的理念相联系),反映了一些学者所称的"当代儒学的存有论转向"。[②] 在此意义上,牟宗三对宋明儒学传统精神谱系所做的重构,以及他对第三系的强调,虽不为通常的史学立场所赞赏,但肯定是服务于他重建一个基础存有论的规划。[③]

以上关于主体问题的预备性讨论,使我们现在可以转向牟宗三哲学系统的核心问题,也是与康德哲学对话的核心问题:主体的自律概念。在此方面,牟宗三对前述宋明儒学第一系与第二、第三系加以区分,一方面将第一系与他律联系起来,另一方面则是作为儒学正统的后两系。在后者那里我们将看到自律源于"心"与"理"的合一,换言之,源于道德行为的发动(客观原则)存在于主体("心")之中这个事实。牟宗三将程朱学派归为他律,主要是因其"心"与"理"的分离。在我们进一步探讨这个问题之前,我们需要转向康德。

---

① 牟宗三:《心体与性体》(第1册),第42页。也参见林同奇、周勤:《牟宗三天人观中的物活论与紧张:儒家天人合一观念的反思》,第411页。

② 参见郑家栋:《"中国哲学史"的写作——中国思想传统的现代困境》,程艾蓝编:《有中国哲学吗? 这是一个问题》,载于《远东远西》第27期,圣丹尼:万森纳大学新闻出版社2001年版,第135页,不过我们将尝试在第五章对伊曼努尔·列维纳斯哲学讨论的基础上,说明这一"存有论的转向"的局限。

③ 在非常相似的脉络上,杨泽波说明"形著"("具体化""实现"或"呈现")的观念为牟宗三的"存有论"概念开辟了道路。杨泽波:《牟宗三三系论论衡》,第62页。

康德哲学中的意志自律:牟宗三的批判

既然我们已经部分地介绍了牟宗三主体概念的中国哲学背景,现在是时候去探查牟宗三对康德的自律所做的批判。

在我们比较性的视域中,所要关注的第一个重点是康德的**意志**自律说。对于康德来说,意志是"智性的能力",[①]一种使人的行为被规则和目的表象及理性所决定的能力。康德严厉谴责了我们的意志将外在因素当成其道德原则的任何倾向。的确,如果由外在因素作为法则来决定我们的意志,其结果仅是他律。[②] 所以,康德将意志自律规定为"对于意志自己来说作为法则的属性……因此,自律的原则总是体现为这样的选择,使自己的行为准则,在同样意志行为中同时作为普遍的法则"。[③] 与此相对,根据康德,他律会导致两种道德的原则。第一种是经验的,"从快乐的原则产生以及以生理的和道德的情感为基础"。[④] 道德情感问题是儒家关于自律理解的极端重要的问题。我们将在第五章中重点讨论这一问题,这里仅简要介绍。第二种由他律所导致的道德原则,可与完善的概念相联系,例如在我们提到上帝的意志的情形下。[⑤]

现在让我们转到牟宗三的批判:

---

① "Une efficace de l'intellect",艾斯勒(Eisler):《康德辞典》,巴黎:伽利玛出版社1994年版,第1078页。

② 康德:《道德形而上学的奠基》(GMS),法兰克福:苏坎普出版社1974年版,第75页。

③ 同上,第74—75页。

④ 同上,第76页。

⑤ 同上,第76页。

故康德说:"一个绝对善的意志(其原则必须是一定然命令),在关于一切对象上将是不决定的,而且将只包含着一般说的决意之形式。"①这"形式"就是它的"定然命令"所表示的,这命令不是照着任何对象而形成的,②故它一无内容(材料),而只是一个"形式"(……)这只是一个"方向",意志所自律的方向。这样的意志就叫做是"绝对善的意志",最纯正的意志,亦就是最道德的意志。康德只说到这个程度,这已经是很卓绝了。他的辨解路数可以简单地这样列出,即:他由道德法则底普遍性与必然性逼至意志底自律,由意志的自律逼至意志自由底假定。[《心体与性体》(第 1 册),第 113 页]

不幸地是他视"意志自由"为一假定,为一"设准"。至于这设准本身如何可能,它的"绝对必然性"如何可能,这不是人类理性所能解答的,亦不是我们的理性知识所能及的。这样,意志底自律也只成了空说,即是理当如此。这里我们可以看出,康德的抽象思考,步步分解建立的方式,就道德言道德,③是只讲到理上当该如此,至于事实上是否真实如此,则非吾人所能知。因为如果自由只是一假定,则自律也不能落实,而他"截断众流"所建立的道德法则如何也只是一套空理

---

① 康德:《道德形而上学的奠基》(GMS),法兰克福:苏坎普出版社 1974 年版,第80 页。
② 我们记得一个定然命令如果依赖于另一个对象("我应该做某种事情是因为我意愿其他事情")将不会是定言的(kategorisch),只是一个假言的(hypothetisch)命令。同上,第 43 页。康德对这种意志之形式的总体概括是:"每一个善的意志的准则使自己成为普遍法则的那种适宜性,本身就是每一个理性存在者的意志责成给自己的唯一法则,它不以任何一种动机和兴趣作这一准则的根据。"同上,第 80页。中译文参见康德著,李秋零译:《康德著作全集》(第 4 卷),北京:中国人民大学出版社 2010 年版,第 453 页。
③ 就道德言道德,一个更文雅的翻译可以是"discussing morals based on morals"。

论,都不能落实。事实上,我们是否有这样的"意志"呢?我
看,康德只是作到理上当该有,否则真正的道德不能讲。至
于这样的意志是否是一个真实,是一"呈现",康德根本不能
答覆这问题。但如果不能答覆这个问题,则空讲一套道德理
论亦无用。但道德是真实,道德生活亦是真实,不是虚构的
空理论,所以这样的意志也必是真实,是呈现(尽管在感觉经
验内不能呈现)。① 康德在其辨解思考底过程上,对于自律 48
与自由当然有其步骤的区别。由道德法则底普遍性与必然
性逼至意志的自律,至此为止所说的一些都只是分析的,②
你可以说这只是理上应该如此,只是一套空理论,但由意志
底自律逼至"意志自由为一设准",这已进到批判考察底范
围,即在批判考察中要建立这设准,这似乎不只是那分析的
"理上应该如此"。[《心体与性体》(第 1 册),第 113—
114 页]③

依是,如果"意志的自由"只是一个假设,不是一呈现,则

---

① 这个说法会带来某种意义上的困惑。牟宗三的观念是,通过自由意志的实现或呈
现,我们参与到智性的世界。明显地,智性世界与感性世界(另一种表达方式是神
圣性与世俗性),是紧密绾和的。我们稍后讨论这一问题,特别是在说明牟宗三赋
予康德"物自身"概念以新意义时。

② 这个表述所依据的是:(a)从明晰的道德原则到意志自律的过渡仅是一个分析命
题,以及(b)从意志自律到意志自由的设准的过渡需要一个对实践理性能力的批
判性检验——这是牟宗三从康德那里借来的。这里所说的分析命题,意指意志
律的理念是已经蕴含在明晰的道德原则中了。对于康德,一个对实践理性的批判
性的检验所澄清的是意志自由仅仅是一个假定或设准。康德在《实践理性批判》
(KPV)中使用"设准"("Postulat"),在《道德形上学的奠基》中使用"假定"
("Voraussetzung")。参见牟宗三:《心体与性体》(第 1 册),第 116 页。

③ 牟宗三增加了如下的评述:"依我看,意志底自律与意志底自由,康德虽然分两步
讲,其实是同义语。由道德法则底先验性、普遍性与必然性分析地逼至意志之自
律,与由意志底自律批判地假定意志之自由为一设准,实无多大区别。"[牟宗三:
《心体与性体》(第 1 册),第 116 页]

意志之自律是否是一呈现,即"意志自身给它自己以法则"①是否是一呈现,是否真有这回事,是否真有这样的意志,那当然要成问题。此即吾所以说"全部落空"之故。[《心体与性体》(第 1 册),第 113—114 页]

上述引文能使我们直接进入牟宗三对康德实践哲学所作批判的核心。根据牟宗三的认识,康德试图为真正的主体或自律确立坚实的基础的道路是失败的。为了理解这一批判,我们从三方面分述。首先,我们分析牟宗三对康德道路的基础性批判("道德的形上学"与"道德底形上学")。其次,我们将强调这一批判反映了牟宗三在实践哲学领域内对康德先验论运用的拒绝。第三,我们将进一步讨论有关实践理性设准的关键性与复杂性问题。

一、牟宗三对康德道路的基础性批判("道德的形上学"与"道德底形上学")

在《纯粹理性批判》中,康德严格限制思辨理性的领地以为实践理性开辟道路。虽然这样,牟宗三指出这位德国哲学家仍然是抽象的或思辨的知识领地的囚徒。康德的努力指向**解释**并**证成**道德生活的基础或动力,但他没有追问道德经验的确切意义或实践可能。前述引文中的一句话指向了问题的核心:"这里我们可以看出,康德的抽象思考,步步分解建立的方式,就道德言道德。""就道德言道德",意为道德是康德探问的对象,其目标乃是理论地确定道德行为的形上原则,换言之即道德行为的非经验性条件。在这

---

① 康德:《道德形而上学的奠基》(GMS),第 74 页。

部著作①的"综论"中,牟宗三以"道德底形上学"来描述康德的道路。② 在牟宗三的理解中,儒学的情况是不同的,关注的焦点变成了宇宙的形而上学向度。正如我们已经看到的那样,这正是牟宗三如此重视宋明儒学中那个由程颢、胡宏和刘宗周所代表的特殊学派的确切原因,这个学派推重《中庸》和《易传》(以及它们的宇宙论的、形而上学的或客观的向度)。由强调自我修养或"工夫"所体现的道德实践,实际上成为通达宇宙之形上维度的实践道路。③ 换言之,道德变成实践的方式,使我们在生活中通过行动达至终极的(形上学的,宇宙论的,存有论的)实在(reality)成为可能,这个终极实在为宇宙和我们的本性共享,由此而行以优入圣域。为了将这条道路与康德的区分开来,牟宗三称之为"道德的形上学"。④

二、牟宗三在实践哲学领域内对康德先验论的拒绝

从道德及其非经验的维度开始,康德依赖先验论(即前面所提的实践理性的设准或假定),作为唤起道德律与自由之必然性的唯一基础,除此以外,道德律与自由就是不可知的,因为我们不能通过任何的直观(intuition)去把握它们。换言之,将先验论运用于实践理性领域,是康德建立他的道德形上学的唯一方法。然而,在牟宗三看来,这样的方法是极其脆弱的,因为这是以理论的或思辨的知识作为基本范式和参照定位。康德先验论的核心概

---

① 指牟宗三的《心体与性体》。——译者注

② 《心体与性体》(第1册),第119—120页。

③ 关于这一点的清楚说明,参见林伟杰:《牟宗三哲学中的理论与实践——由"本体工夫"转向"理论实践"之可能》,第104页。我们将在第六章中深入讨论工夫问题的重要性。

④ 对此问题的清楚说明(本段论述受其影响),来自于杜瑞乐:《圣人的理想及哲学家的策略:牟宗三(1905—1995)思想简介》,第37—34页。"道德底形上学"与"道德的形上学"的区分,参见牟宗三:《心体与性体》(第1册),第116—120页。

念,如实践理性的"设准"(参见下面的第三点)或"理性的事实"("facts of reason"),不能为我们的道德生活提供任何稳定的基础。

> "意志自由"只是一设准,一只有主观必然性的假定。顺理性底事实而主观地逻辑地逼到的,不能成为一客观的肯断。(《现象与物自身》,第 74 页)

51 康德说明我们关于道德法则的意识(通过绝对命令),是一个理性的事实。① 它不是一个由理性所生产的事实,而是一个"在理性中正在被产生的"事实,并没有为我们给出关于它的起源的任何说明。② "通过其自身**作为**一个先天的分析命题而加于我们。"③ 康德哲学专家安娜-玛丽·罗维耶洛(Anne-Marie Roviello)通过强调这一作为(this as)④的问题性,对康德的"理性的事实"加以评论:正因为"构成一个先天分析基础的原理[换言之,自由],通过[绝对]命令揭示自己,其本身便成为不可理解的"。⑤ 在同样的意义上,她告诉我们理性的事实在这里是,"为了强调一个永远缺失的原理的奠基品格的基础意义,这一原理只能通过其根本的缺席(absence)来显明自己"。⑥ 当然,这样的原理是指自由,有别于理性。它仅仅能作为一个假定或设准给予我们(因为康德拒绝将任何智性直观的能力归于人类,那个能力能够直接把握智性领

---

① 康德:《纯粹理性批判》(KPV),伦敦:企鹅出版社 2007 年版,第 141—142 页。
② 参见罗维耶洛:《康德哲学中的自由》,布鲁塞尔:乌希尔出版社 1984 年版,第 104—105 页。
③ 康德:《纯粹理性批判》(KPV),第 141—142 页。对于保罗·利科(Paul Ricoeur),"理性的事实"的问题显示出康德自律原理的演绎存在着局限。参见利科:《作为他者的自身》,第 247 页。
④ 在德语中作"als"。
⑤ 利科:《作为他者的自身》,巴黎:瑟伊出版社 1990 年版,第 113 页。
⑥ 同上,第 105 页。

域)。源于这个理性的**事实**,源于法则或命令,(意志)自由的设
准,被强加于我们。

　　牟宗三没有全面评论"理性的事实"的意义,①它是否表达了
某种真正的意义,是否如保罗・利科(Paul Ricoeur)所指认的那 52
样,康德"以朝向智思界(the noumenal world)的真实一跳来对这
个实践性的证明加以确认"。② 保罗・利科讨论的是与自由结合
在一起的道德律问题,换言之,是与实践理性的设准相关联的理
性的事实问题。对于保罗・利科来说,主要的困难是述诸理性的
事实的脆弱性,考虑到自由作为理性的基础,用罗维耶洛的表述
乃是"一个永远缺席的原则",其存在仅仅是被设定的。就牟宗三
而言,康德的意志自由不能成为一个客观的肯定。为了实现其客

---

① 例如,如果我们涉及康德《实践理性批判》(KPV)中关于"理性的事实"一些关键的
　　章节[KPV,141—42(A55,56);KPV,155(A72,73)],并且参照牟宗三对该著作的
　　译文,我们没有发现这位儒家哲学家对"理性的事实"的任何评论。在此,当然有
　　另外一个章节,康德提出了"理性的事实"问题并且牟宗三给出了一个长的评注
　　[康德:《纯粹理性批判》(KPV),第 231—232(A187);牟宗三:《康德的道德哲学》
　　(KDDZZ),第 336—42 页]。不过,牟宗三的评注,更多的是对意志自由的设准的
　　批评,而很少有关于理性事实的具体经验的审察。知识需要直观才可能,康德否
　　定智思直观之于人具有可能性(参见本书第二章),他不能开辟通达任何实践之知
　　的道路。(牟宗三:《康德的道德哲学》(KDDZZ),第 340—41 页)。在儒家哲学家
　　中,非常用心和仔细地探索康德"理性的事实"的是李明辉,他的相关思考是对牟
　　宗三的工作的补充。李明辉将"理性的事实"与波兰尼(Michael Polanyi)"隐默之
　　知"的概念相联系,第一次在西方哲学(苏格拉底、笛卡尔、莱布尼兹)和儒家哲学
　　的传统中追索"隐默之知"的呈现。然后他指出,"理性的事实"和一系列的与康德
　　哲学相关的其他观念,与孟子的思想在自律的意义上享有共同的洞见,为其重建
　　提供了良好的基础,如果不考虑与康德哲学的差异的话。李明辉:《康德伦理学与
　　孟子道德思考之重建》,北京:中研院文哲所,第 48—57、102—106 页。
② 保罗・利科:《作为他者的自身》,第 248 页,脚注 2(也参见脚注 1)。在某种相似的
　　脉络中,李明辉解释说:"理性事实被给予的方式,对于康德来说,不是一个直观,
　　也不是一个感觉,然而,在直接性和简单性中它又被赋予两者的相似性。如尤尔
　　根・亨利希(Jürgen Heinrich)所作的那样,一个可以建议的命名是'类直觉'
　　(quasi intuition)。"李明辉:《康德伦理学发展中的道德情感问题》,第 227—
　　228 页。

观性,必须通过知识,或更准确地说,是通过实践的知识使之可以接近。无论是思辨的还是实践的知识,知识的条件是直观的有效性。因为直观在其感性的形式中(在时间和空间中)被认为与自由无关,也因为直观的智性形式在康德哲学中被视为不可能,所以关于自由,思辨的和实践的知识都是不可能的。① 牟宗三哲学的奥义在于对智思界(这一概念,正如我们将要看到的,需要谨慎地加以接受)一个可能的实践知识的肯定。他将康德先验体系在实践哲学领域的运用简单地视为完全不相干,便不令人惊讶,因为那仍然是由思辨理性和经验知识的范式所决定。牟宗三以各种不同的方式重申,一个道德形上学的建立要求从这种思想框架的主导中解放出来:

> 不能以了解"知识对象"底方式去了解它。
>
> 但除经验知识的方式外,岂无另一种方式的说明与了解? 康德把说明与了解之标准规定的太狭、太专一,这是很有妨碍的。正因太狭太专一的标准,故即不能有经验知识意义的说明与了解,便是无说明与了解,因而自由便只是一假设。本来无经验知识意义的说明与了解,不必就只是一假设,这在逻辑上就可以鉴别出来的。故康德由无经验知识意义的说明与了解便推至自由只是一个假设,这在逻辑上有问题的。且不只是逻辑推理底问题,其真实问题乃在他所讲的道德真理全部落了空。
>
> 以经验知识、思辨理性底界限误移作实践理性底界限,妨碍了对于实践理性底领域之真实地开辟,使道德全落于空悬之境地中。[《心体与性体》(第 1 册),第 127 页]

---

① 牟宗三:《康德的道德哲学》(KDDZZ),巴黎:瑟伊出版社 2004 年版,第 340—341 页。

牟宗三对实践哲学领域康德先验论的批判,在西方哲学中有诸多同调。例如,保罗·利科强调康德的第二批判乃是以第一批判为模式而建立的。^①在他看来,康德没有充分考虑人类行为的特殊 54 性(即在意志与欲望的关系上,先天的与经验的无分离),这带来的效应是,依据物理科学的模式,一个精确的道德科学是可以获得的。^②更概括地说,牟宗三关于纯粹理性能够实践的讨论,以及对真实的经验(通过情感使我们的"心"当下呈现)的关注,与西方对康德形式主义的批判有广泛的共鸣。一个引人注目的例子是马克斯·舍勒(Max Scheler),他责备康德体系性地将先天与理性(思想)或形式等同起来,与之相应地将质料与感性等同起来,^③在宽泛程度上(并且不考虑这两个思想家的差异),我们可以说后一种方式能够被牟宗三所接受。当我们讨论牟宗三关于道德情感的立场时,这一点对读者来说会逐渐清晰起来。

三、关于实践理性设准意义的进一步讨论

讨论康德哲学中实践理性设准的地位,是一个困难的问题。牟宗三将其视为主观臆断并认为在康德系统中自由(自由意志)

---

① "无论如何,理性只与法则理念——不论是自然法则还是自由法则——联系在一起的这一观念,对理性领域强加了一种限制,我再次从这一事实断定,第二批判是在第一批判的模式上被详细阐述的。最后,我的最主要的不同观点是:第二批判是建立第一批判的模式上,并且存在着出于第一批判的要求而对第二批判的某种渗透,法则的理念提供了一些证据。"保罗·利科:《实践理性》,第 246 页。引自古比尔·德·布耶:《克尔凯郭尔、施泰因、利科的伦理学、差异性及真理》,哲学博士学位论文,巴黎第一大学,先贤祠-索邦,2008 年,第 27 页。

② 同上,第 23—26 页。

③ 舍勒:《伦理学中的形式主义与质料的价值伦理学》,埃文斯顿:西北大学出版社 1985 年版,第 62—64 页。关于马克斯·舍勒对康德形式主义的批判,参见李明辉:《四端与七情:关于道德情感的比较哲学讨论》,台北:台湾大学出版中心 2005 年版,第 47—77 页。

事实上不能真正获得任何客观的维度。这一断言会遭到反驳。安妮-玛丽·罗维耶洛将设准解释为"存在的思想方式——在广义上是一种'思维方式'('denkungsart'),一种思想的伦理态度——超越于思想的主观性,它自身是客观性的本源"。[①] 依此而论,她肯定了设准的双重地位:认识论的和准存有论的(quasi ontological)。在后一个向度中,设准变成了"先验的证明,它能够必然地在任何道德行为中被作为可能性的条件而发现。设准在其道德性与自由中建构了道德行为"。[②] 以此为基础,我们便有可能去质疑牟宗三是否充分地抓住了设准的康德理解。[③] 对于这位儒家思想家来说,康德的设准仅是一个逻辑的假设?他完全忽视了设准的准存有论意义?难道他没有坚持一个还原论的观点而将设准仅看成一个纯粹的智性练习?如果是这样的话,这里就存在着一些基础,能够质疑牟宗三对康德的批判哲学及其先验探索是否充分理解。下面的引文显示了问题的复杂性。我们引用一段康德的论述,以及牟宗三的三段评述。

　　康德的论述:

　　　　一个定言命令式如何可能,这个问题虽然可以回答到如

---

① 罗维耶洛:《康德的自由机制》,第 105 页。
② 同上,第 105 页。让我们对罗维耶洛的诠释给出一个更充分的说明。关于设准,她说:"存在的思想方式——在广义上是一种'思维方式',一种思想的伦理态度——超越于思想的主观性,它自身是客观性的本源。一方面,设准具有认识论的地位。为了能够思考,为了能够理解确定的事实,《纯粹理性批判》产生了以某些理念为设准的必然性。另一方面,设准还主要具有一个准存在论的地位:在任何的有效道德实践中,它总是如它自己那样。这种先验的证明能够必然地在任何道德行为中被作为可能性的条件而发现。设准构成了道德行为,在其道德性中,在其自由中。"
③ 增加对这样一个问题的探索,对我来说非常重要。因为,这个问题是由那些我向之介绍牟宗三哲学的西方哲学家所提出,他们对牟宗三是否真的理解康德设准的意义存有疑问。

此程度,即人们能够指出它惟有在其下才有可能的惟一前提条件,亦即自由的理念,此外人们也能看出这个前提条件的必然性;这对于理性的**实践应用**,亦即对于确信这个**命令式的有效性**来说,是足够的。而这个前提条件本身如何可能,却是人类理性无法看出的。① （康德:《道德形而上学的奠基》,第 98—99 页）

牟宗三的评述 1:

其实视自由为一假设,就定然命令、道德律(法则)、理性的实践运用而言,并不足够。因为道德律、定然命令不只是一在理论上令人信服的东西,它必须在道德践履上是一个呈现的现实。[《心体与性体》(第 1 册),第 133 页]

56

评述 2:

前语中的"辨识"(perceive,einsehen)只是理论的推证,为建立道德法则而必然要推至,此即康德所说"道德法则是自由的认识根据"之意;而"辨识这假设底必然性",此所谓"必然性"亦只是这假设之理论地推证上即预定上之必然性,这是主观的说。[《心体与性体》(第 1 册),第 133 页]

评述 3:

至于"这本身如何可能",则是就"自由"本身客观地说,或存有地说。此问题"不能因任何人类理性而被辨识",这是说其非经验知识所能及。[《心体与性体》(第 1 册),第 133—134 页]

---

① 着重加黑标记为原文所有。译文参见康德著,李秋零译:《康德著作全集》(第 4 卷),第 469 页。

我们遇到的第一个困难与牟宗三在评述 1 中所说的"假设/设准"①与"呈现"观念的对立相关。前面我们已经在牟宗三的哲学中看到过这个观念,与具体情境下道德自我的实践性呈现或表现相关。道德自我能够在我所称的"行为"("deeds")中被呈现或表现出来,这里"行为"包括我们道德的情感与意向。我们将在后面进一步讨论这一点。无论如何,在这三段评述中,我们有了一个道德自我的"设准或假设"与"呈现或展露"之间的直接对立。这意味着什么呢?牟宗三的康德批判难道没有走得太远?如果我们提及一段著名的格言,在何种程度上我们能说康德所描述的"道德律在我心中"不是我们自由的一个"呈现"?在何种程度上能说,当我仰望"我们之上灿烂星空"时,我能够以同样的方式经验这个"呈现"?② 此外,在牟宗三的第一个评述中,什么是他所建立的道德律(定言命令)与"令人信服的东西"之联结的关联性?以使人信服为目标的理论推证,我们理性之中自我呈现的、作为理性的事实的道德律,二者之间的关系是什么?

评述 2 能够使我们更深地涉入这个问题的复杂性。在康德的论述中,一个定言命令的可能性是与对自由这个理念的假设加以接受的可能性相联的。牟宗三理解这个句子中的动词"辨识",

---

① 为了翻译康德的术语"supposition",牟宗三这里使用的"假设"这个词,其所指往往是一个简单的"假设"("hypothesis")。不过,在《心体与性体》早先的部分中,他是在术语使用的问题上强调康德"道德底形而上学"中的语意事实,由于《实践理性批判》中"postulate"(被译为"设准")的使用[牟宗三:《心体与性体》(第 1 册),第 115 页],"supposition",当时被译作"假定"。这种从"假定"到"假设"的转换,是否反映了牟宗三对这个术语的意义描述发生了改变。我们不这样认为。一方面,这两个中国词语在语义上极为接近。另一方面,在这两个段落中,牟宗三的论证实际上处于同样的脉络中。

② 成中英通过想象康德就牟宗三对自己哲学的批评予以回应,间接地回答了这个问题:"康德是无法接受牟先生'呈现'之说的,因为他并无此一'呈现'的体验。"成中英:《合外内之道——儒家哲学论》,第 424—425 页。

是指一个必然性的"理论推证",根据"道德法则是自由的认识基础",①他相信这个推证能够在康德的法则中再次发现。自由不能被知,但是道德律作为一个理性的事实的展现,可以为推证自由的必然性提供足够坚实的基础。

在评述 3 中,这位儒家思想家区分了康德文本中动词"辨识"的两种不同意义:辨识一个假设的必然性与辨识一个假设如何可能,这的确是不同的事情。对于第一种情况,如评述 2 中所解释,牟宗三将其定位为一个认识论的使用。对于第二种情况,"辨识"指直接地通往"假设/设准",换言之,直接地通往自由自身。在康德的哲学系统中,我们知道这是不可能的。

我们已经指出,牟宗三没有过多强调作为一种经验的"理性的事实"的角色,但他却将其与实践理性的"设准/假设"问题系统地联系起来。在评述 2 和 3 中,我们已经看到,因为"假设"不能被直接地"辨识",它们仅仅具有逻辑推断(感知)的必然性。换言之,牟宗三的思想架构是围绕着两极建构的,一极是由中国的自我修养传统(自由的理念是一个"呈现",如评述 1 所提到的)所引发的实践知识;另一极则是概念的知识。只就牟宗三的康德哲学分析来考虑,这个架构会转化成对那位德国哲学家的形式主义的具体化:作为"智性世界中的向前一跳"的"理性的事实"的经验,作为一种"思维方式"、一种思想的伦理态度的"设准",倾向于被贬低或化约为一种纯粹的智性操作。这可能会导致这样一种印象,即牟宗三没有理解康德设准的准存有论的性质,而仅仅把握了其认识论的向度。不过,我相信,问题与其说是对康德的一种

①"我将因而重申,自由是道德法则的存在根据,而道德法则是自由的认识基础。"康德:《实践理性批判》(KPV),法兰克福:苏坎普出版社 1974 年版,第 108 页脚注。

可能的误解——牟宗三是一位深思熟虑的康德著作的注释者,他
不可能犯这样的错误——不如说是牟宗三拒绝让先验论在实践
哲学的领域中占有一席之地。牟宗三对康德哲学观念的分析,与
他自己的价值判断紧密纠缠,因而可能会有混漫。下面的引文,
出自牟宗三的核心著作《现象与物自身》,给我们提供了一些补充
分析:

> "设准"云者无直觉以朗现之之谓也。若想使此"设准"
> 与数学中的"设准"区别开,吾人可名此后者曰"构造的设
> 准",名前者"非构造的设准"。(《现象与物自身》,第60页)

对设准的两种类型所做的这一区分是重要的,因为它可以使我们
将一个简单的问题弃置一边,这就是康德的设准与科学的假说之
间的可能混淆。在牟宗三看来,对设准的界定仍然存在着困难:
(a)它不是一个纯粹智性的构造,像在数学里那样;(b)它不能通
过任何的感性直观被给予,并因此不能参与任何的感性知识领
域;(c)因为康德否认人可以具有智性直观,这样的设准不具有通
过它使得我们进入智性领域的作用。总之,如牟宗三所理解的那
样,这个非构造性的设准的真实意义仍然是非常含混的:

> 在康德,自由纵使我们通过道德法则而可以清楚地意识
> 到它,吾乃说它是一个冥闇的彼岸——无智的直觉以朗现
> 之,它就是冥闇,冥闇就是彼岸,不能真成为"内在的",虽然
> 康德可以说它在实践的目的上而可为内在的,这其实是一种
> "虚的内在"。(《现象与物自身》,第61页)

对于牟宗三来说,"设准"以及一般地作为一个整体的先验系统,
当其应用于实践哲学的领域,皆非相应的:在那个系统中,自由始
终关联于彼岸的世界,仍然是冥闇的。这样的"彼岸",不过是指

涉了一个不可能的超越性,此超越性我们或许能承认和意识到它,但不能确定地知道它。"意识到"被用在这里,是描述对于一个事物的出现而缺乏任何直觉——无论何种直觉。① 不管怎样,我们有证据表明,牟宗三充分理解设准被赋予的准存有论的维度,即使他几乎没有对其作为(可以通过现象学的方法加以描述的)具体经验的意义进行发问,并且倾向于将之视为"冥闇的"和无用的副产品,这个副产品仅是根据思辨知识的优先性为模板的形式化系统的产物。要而言之,这个设准,既没有牢固地植根于任何的超越性,也没有向任何明晰的存有论(在终极实在或宇宙本体意义上的)敞开可能性。对什么才是构成一个道德自律生活之基础的问题,这很难提供令人满意的回答。对于牟宗三来说,康德的先验系统,仅仅开辟了将自由作为人之生活中"虚的内在" *60* 的道路。康德的自律,最终消失于一种"冥闇",不能为自我的转化提供坚实的基础。

一个儒家的自律的道德主体的确证

我们已经介绍了牟宗三对康德"自律"所作批判的关键点。论证的核心是,牟宗三认定康德试图从概念知识的领域(通过限制其领地)摆脱出来而所做的努力,最终仍然是失败的。先验主义及其理论工具(理性的事实、设准等),不能为道德主体的自律与自由提供得以建立的任何满意的基础。的确,关于自由和自律的任何思考,应该首先建立在道德经验的实在及其具体表现上,而不是与之相对(也因而相关联)的理论知识上。正是在这个条

---

① 关于这个术语,也参见牟宗三:《康德的道德哲学》(KDDZZ),第 339 页。

件下,从知识的领地解放出来才成为可能,自由与自律的真实意义才能够被稳定。①

下面的引述,能够使我们将牟宗三对康德"自律"的批判与他关于儒家传统的诠释联系起来。

> 照正宗的儒家说,一看到康德讲这样的意志,他们马上就能默契首肯,而且必须视为我们的性体心体之一德。其所以肯定这样的性体心体之为定然地真实的,之为人人所皆固有的"性",其密意即在能使这样的意志成为真实的、呈现的(这是正宗儒家讲"性"的密意)。但是康德却未注意这一层。……。康德所说的人性②只是人类所具有的诸般自然机能,如感性、知性、理性等是,即他所说的"人性底特殊性"、"人性底特殊构造"、"人类之特殊的自然特征"、"脾性、性好、性向"诸词所表示的人性,但却未以他由讲道德所逼至的自律、自由的意志为人的性,故视之为假设而落了空,成为人类理性所不能及、知识所不能至的隔绝领域。[《心体与性体》(第 1 册),第 117—118 页]

就康德而言,自律和自由意志关联着我们的道德行为。为了确定儒家的观念有可能起到类似的作用,牟宗三引导我们转向"心体"和"性体"。当"性"通过"心"(凭借感情、直觉)而被实现时,它便在一个道德自我与宇宙终极实在的结合中发挥关键作用。这样的概念与康德的概念,明显没有可共享之处,因为一个关于"性"的主观理解(参见康德如何推断"脾性、性好、性向"),在一个形式

---

① 牟宗三解释说"自由"这个观念的意义需要被"稳定"。牟宗三:《现象与物自身》,第 70 页。

② 参见康德:《道德形而上学的奠基》(GMS),第 79 页。

的系统里不能被认为有任何真正的意义。

　　将自律的和自由的意志与"性"与"心"加以联系,必然是临时的——佛教称其为"方便"(为寻求解脱而以一种临时的方式表达观点),因为这些观念没有多少共同性。在牟宗三的哲学中,自律的、自由的意志与依赖和道德律的逻辑无关,也与责任(Verbindlichkeit)、约束(Nöthigung)、义务(Pflicht)诸如此类(如其在康德哲学中)没有多大关系。① 最终,自由意志的指涉不是自由抉择(Willkühr)。对于牟宗三,道德的行为主要是"德"(我们的"性"和"心"的能力)自身的施用,而很少是选择的结果,"德"与"工夫"和"自我转化"相关。吊诡的是,牟宗三的自由意志(心体,性体),实际上是与意志选择的范式相分离的。他对康德哲学的批判,在马克斯·舍勒那里也获得了回应,舍勒指出康德"误解了意志行为的源始性(originality)。意志行为似乎是逻辑应用的一个领域,而不是像思一样具有同样源始性的合法性"。② 尽管这两位哲学家工作的一些共同性被归于重视情感的作用,在牟宗三这里,"意志"这个重要概念除了从与康德对话的角度看有暂时的方便外,人们还是会激烈地质疑这个概念被赋予的任何相关性。在舍勒的价值和情感生活的现象学考察中,始终存在着一个在意志(愿)、价值感受与价值自身之间的分离及结合的问题,在此没有真正的客观性能够述诸。③ 正如我们将要解释

---

① 康德:《纯粹理性批判》(KPV),法兰克福:苏坎普出版社1974年版,第143页。陈荣灼强调牟宗三"指责康德将道德必然性错误地规定为一个约束"。陈荣灼:《牟宗三对康德哲学的转化》,第131页。

② 译文参考舍勒著,倪梁康译:《伦理学中的形式主义与质料的价值的伦理学》,北京:商务印书馆2019年版,第76页。

③ 古比尔·德·布依莱:《克尔凯郭尔、施泰因、利科的伦理学、差异性及真理》,第134页。

的那样,牟宗三的自律概念却与之相反,是以"心""情"以及终极的绝对的客观价值本源(可名之为:道、天、理等)加以规定。道德经验的纽带存在于这些不同向度的统一之中。意志之为主要的伦理动力或我们道德行为决定性因素的至高地位,便不存在。

> 他并未于自由自律的意志点出"心"字,他只视之为理性。他只于他所说的良心①与道德情感处说心,并不于自由意志处说心。(《现象与物自身》,第 71 页)

63 第二个引文是对第一个的补充,因为它比较了两个自由意志的观念:一个儒家的观念(即使我们已经指明它导致的疑难,也需对"儒家"与"自由意志"两个概念的联系加以小心对待),"心"是其中的核心,另一个是康德的理性至上所宣示的观念。牟宗三再一次在舍勒那里获得了回应,舍勒指责唯理论与先天论(apriorism)的关联是一个"根本的迷误,这对伦理学尤为有害"。② 另外,牟宗三在很大程度上会同意舍勒,当后者呼唤这样的一种必要性时,即"彻底地扬弃这一旧的成见,即'理性'和'感性'的对立便可以穷尽人的精神"。③ 如果这个成见是古代的,实际上它主要存在于西方。这样的配对,从没有在儒家的传统中被清晰地表达

---

① 康德视"良心"("Gewissen")为一个内在的特别法庭:"一个本源的理智和道德的倾向","为使我们的行为朝向上帝的主体的责任原则。"(牟宗三:《现象与物自身》,第 65 页)。这样的"良心",根据牟宗三,仅能够比作一个"感受的能力",尽管它没有被康德认为是感性的(意为由感性所决定的),而是作为"理智的"。(牟宗三:《现象与物自身》,第 65 页。)它可以召唤人去履行义务,但不能直接决定一个义务。因此,对于牟宗三来说,它仅仅是一个意志设准的无力的影子(牟宗三:《现象与物自身》,第 66 页)。也参见康德:《实践理性批判》(KPV),第 223 页。
② 舍勒:《伦理学中的形式主义与质料的价值的伦理学》,第 63 页。
③ 同上,第 64 页。译文参见舍勒著,倪梁康译:《伦理学中的形式主义与质料的价值的伦理学》,第 77 页。

过,那个传统通常将道德生活中的情感视为中心。的确,牟宗三通过宣示一个内在于道德情感的作用而延续了这一传统,这与舍勒在帕斯卡(Blaise Pasca)语义上的"一个先天的心的秩序"的诉求,有些相像:①

> 自由自律的意志就是"道德觉情"这个本心。它不但是理性,且亦是明觉。其自我立法②之理性一面(康德说纯粹而实践的理性自我立法)就是其明觉的作用。理性就是这"本心即理"之理性也,不是空说的只有形式意义的理性。(……)

> 明觉之自我立法,其立之,即是觉之,它是在觉中立。它立之,它即感受之,它是在立中感受。它觉,它感受,即在此觉与感受中,转出"智的直觉"。(《现象与物自身》,第77—78页) *64*

> 因此,一说自由自律的意志必函心理是一,这是一个分析的命题。③ 自由自律的意志是当下即明觉即法则的;而自由就是这实体性的觉情之自发自律,独立不依于任何外在的对象而即可给吾人决定一方向。实体性的觉情即函一智的直觉之可能,因此它自身必是一呈现。(《现象与物自身》,第71页)

最后两段引文提供了牟宗三关于自律意义的一个清晰表述:(自律是)通过道德情感呈现并在道德情感中结晶的具体经验,体现为"心即理"。④

在这个关于自律的儒家重构中,"理性"这个概念没有被拒斥

---

① 舍勒:《伦理学中的形式主义与质料的价值的伦理学》,第63、254页。
② 或者"在理性自身的能力中自我颁布原则"。
③ 与一个综合命题相反。
④ 关于此问题,参见郑家栋:《牟宗三》,《中国哲学》第33卷第1期,2006年,第187页。

（视之为无关的），但却以一种全新的方式被再诠释。① 这清楚地呈现在第一段引文中。在开始的时候，牟宗三一直将"理性"（以康德的方式理解的）与"明觉"的能力加以区分开，②在后边的段落中，情况便不再相同。"理性"不再是"只有形式的意义"，更确切地具有"明觉"义，这是表达"心"和"性"的关键。这个语义的转换，的确导致了对纯粹实践理性之立法功能意义的完全的重新诠释。

牟宗三认为，纯粹理性（意志的）立法能力不再存在于使人服从于一个形式的定言命令的能力之中，而在于获得对于"理"的明觉能力之中。意志的能力作为自我立法——换言之，将我们行动的准则同时作为宇宙法则的能力（这是康德自律的基础）③——在牟宗三这里，变成了一个对"理"的"觉（明觉）"和"感受"的能力。④ 在这个层次，我们触及了牟宗三哲学的核心。"本心"对"理"的"明觉"和"感受"的能力，将在接下的一章中获得讨论，这个讨论是围绕着"智的直觉""道德情感"以及"工夫"等问题开展的。这里所要强调的是，牟宗三的自律概念，受"正宗的"儒学所认定的事实的启发——不认为"理在主体（心）外"，"理"通过我们道德的情感和意愿能够当下"呈现"。⑤ 这里，没有给以思辨知识为模板而建立的一个有着先验论构造的形式主义留下空间。

---

① 这里我们坚持牟宗三一定理解康德的概念。这一创造性的转用是不可能通过对康德哲学的误解而进行的。陈荣灼强调牟宗三批评康德的理性诠释与心和情感相分离。陈荣灼：《牟宗三对康德哲学的转化》，第 131 页。

② 它不但是理性，且亦是明觉。

③ 康德：《道德形而上学原理》（GMS），第 74—75 页。

④ 有趣的是，这里还有另一个在康德的形式主义及道德法制与儒家的"理"之间的语意转换，这个转换是通过"法则"的概念实现的。牟宗三坚持使用康德的术语（法则、道德律等）。不过，他是在完全不同的意义上（儒家的"理"）加以规定的。

⑤ 许多学者已经强调牟宗三"智的直觉"概念对于重塑儒家关于"心即理"的经典洞见的重要性。例如，可参见周博裕：《新儒学对康德"智的直觉"之厘清与超越》，《当代新儒学论文集》，台北：文津出版社 1991 年版，第 340 页。

　　牟宗三的自律概念是对康德的形式主义的抵制。与此同时，对于他来说，这也是对另一个被视为歧出的程颐与朱熹的儒家学派的抵制。该学派的精神，在现代由著名的新儒家学者冯友兰所延续。[①] 牟宗三指责此学派提出了一套他律的道德概念。[②] 正如我们已看到的牟宗三的评述，程朱学派的"理"（作为道德的本源）首要地不是与"心"（这是陆象山所采取的立场）而是仅与"性"相关联。换言之，理并非内在于自我而被认为是活动的，因此也不会作为一个人必须自发回应的"必然"而呈现出来。[③] 这种对某

66

————————

① 参见杨儒宾：《儒家身体观》，台北："中央研究院"2003 年版，第 194 页。

② 其中的例子，可参见牟宗三：《心体与性体》（第 1 册），第 84 页。

③ 在这里，我们能够对牟宗三关于"理"这个贯穿儒家不同学派思想的概念的理解作一些补充说明。我们前已提及，为了解释"理"的观念，儒家（特别是宋明儒）经常使用"所以"或"所以然"的表达，字面的意思是"因而如此"或一个事物的如其所是。理体现于宇宙的创造性，赋予自然和道德以秩序。参见陈来：《宋明儒学的"道""理"概念及其诠释》，第 22—27 页。然而，牟宗三指出，对于中国思想的某些学派来说（代表的人物有荀子、告子或董仲舒），"所以然"仅指一个"自然义"或"描述义"的"理"，牟宗三也称其为"形构之理"或者"类"与"类的概念"。在这里，"理"被理解成一个纯然的认识论意义。"理"所描述、解答和详细说明的是一个实体的作用方式，或这个实体如何在特殊境域的真实存在中被独立地构造。［参见牟宗三：《心体与性体》（第 1 册），第 77 页。］相反，牟宗三的"理"概念，继承了被称之为"正宗"的儒家思想（如像陆象山这样的思想家的思想脉络），所指的是一个超越的存有之理或实现之理。"理"不再是描述的，正是因为它，实在才被真正地创生。换言之，"理"具有一个存有论的维度。"理"作为"所以"或"所以然"，可以在一个给定的境遇中，作为某种"活动的"东西而在我们的"心"中被直接地把握［参见牟宗三：《心体与性体》（第 1 册），第 80 页］。在牟宗三看来，程颐与朱熹的情况则不同。他认为"理"在这两位思想家那里仅指一种存在之理（与单单作为形式的理相对）。然而，它不能被认为是在"心"中的和活动的，因而不是内在于我们并能在一个给定的境域中直接地、自发地被把握。这个难题不但是理论的，而且对"工夫"领域有强烈的影响。我们已经说明，对于程颐和朱熹来说，"心"不是本源的纯然的，而是由"气"构成的："工夫"成为通往"气"之"纯洁化"的道路，以实现与"理"的一致。这样的方式要求一个以了解外在的实在为目的的努力（被称之为"格物"，或对事物的探察）。对于牟宗三来说，这意味着，在朱熹、程颐的思想中，理解存有之理首要地是要理解存有的形式之理。［牟宗三：《心体与性体》（第 1 册），第 95—96 页。］据牟宗三的理解，这样的一个道路整体地混合了概念的知识（朝向外在实在）和道德的知识（源于自我）。所有这些理念在"工夫"上也是复杂的，它们将在第六章中被彻底地讨论。

一境域之"必然"的当下的"觉",已具体呈现为已经自发反应的"道德的觉情"。如果我们借用孟子的著名例子,乍见孺子将入井而想去救之的必然性,是内在的"恻隐之情"的当下呈现。当然,相应于现实境域的多样,情感也会有多种。无论如何,这是一种持续的自发呈现,内在于我们并通过受必然性作用的情感表现出来。这里存在着自律的问题。道德情感问题在牟宗三哲学中的中心作用,是一个需要用专门的一章加以探讨的问题。不过,考虑到这一问题被归于其哲学体系中的"存有论的向度",①在回到道德情感问题之前,我们必须首先研究其基础存有论问题。出于同样的原因,在此之后我们才能完成对自律意义的探究。现在,我们将转向牟宗三与康德对话中起到关键作用并同时与自律问题密切相关的一个概念:智的直觉。

67

---

① 牟宗三对"存有的情感"的自我言说是为了说明"道德的觉情"。在最后的这段引文中,当道德情感与一个"实体性"相联系时,道德情感的存有论的向度被简要而间接地提及。

第二章　一个关键概念的挪用：

智的直觉

　　"智的直觉"①是牟宗三"后期"哲学系统的关键性概念，这个概念工具开发于 1970 年代，承担了超越康德主义(Kantism)的作用。当牟宗三将这个概念运用于中国思想时，依赖于所讨论的是儒学、佛学还是道家思想，而具有不同的意义层次。我们当下的讨论，主要从儒家的传统来看智的直觉。

　　从理论上说，智的直觉是牟宗三与康德对话中最为重要及颇具问题性的概念。这样的一个概念，使得第一章论及的那个思想脉络中的道德主体之真实自律的意义重构成为可能。简言之，它能够使牟宗三再思"正统儒学"的一个核心的洞见，即"心"有能力"在行为中"(通过情和意)实现客观必然性(理)，这个客观必然性在人之日常生活的历程中显露自身。如此，智的直觉为人类打开自我存在的无限向度、价值境域或由《大乘起信论》启发的"无执的存有论"。如果从编年史的视角检视牟宗三的著作，他在使用"智的直觉"这个概念之前，已经将自己的哲学表述为"道德的形

---

① 牟宗三将 Intellectual intuition 译为"智的直觉"，这个概念在康德哲学及一般的西方哲学翻译中常译为"智性直观"。本书有大量的牟宗三引文，我们在翻译中两种译名并用，并根据引文情况和使用习惯做具体选择。在本章中，作者对牟宗三"智的直觉"的概念翻译也有说明。

上学"（而非"道德底形上学"）。而这个后来使用的概念，最大限度地表明了牟宗三的论断，即肯定人能够通过自己的行为实现宇宙的形上维度。

在实践的意义上，智的直觉也是圣人或真人或佛的实在经验，这些经验被认为是每个人都可达到的。这个概念，能够使我们回到关于意义、本性和"经验"的可能性等古代问题，并同样引导我们对道德知识的含义重新发问。第六章将讨论智的直觉与自我修养或"工夫"的关系问题。而在这里，我们通过以下方面为这个概念提供介绍和语境说明：

（1）展示智的直觉如何标识牟宗三对儒家思想传统的再思；

（2）探寻儒家思想中关于一般知识和道德知识的论述谱系；

（3）凸显牟宗三对西方哲学中智的直觉之漫长概念史的沉默；

（4）最后介绍牟宗三将智的直觉规定为一个"存有的（创造的）实现"原则的意义。

智的直觉作为再思儒家思想的一个标识性概念

康德将一种核心作用赋予直观，即通过直观，知识能直接地关联于一个客体。[①] 他同时严格指出："我们的本性导致了，直观永远只能是感性的，也就是只包含我们为对象所刺激的那种方式。"[②]被

[①] 直观的作用也被海德格尔所强调："但与上面的立场相反，我们必须要坚持，直观构成了认识的真正本质，并且，在直观与思维的所有相互关系中，直观拥有着真正的分量。"海德格尔：《康德与形而上学疑难》（德文版）（KPM GV），法兰克福：维托里奥·克劳斯特曼出版社1998年版，第23页。中译文参见海德格尔著，王庆节译：《康德与形而上学疑难》，上海：上海译文出版社2018年版，第20页。

[②] 康德：《实践理性批判》（KPV），第97—98页（A51；B57）。中译文参见康德著，邓晓芒译、杨祖陶校：《纯粹理性批判》，北京：人民出版社2004年版，第52页。

刺激这个理念，强调了直观的接受性和被动性，最重要的是有限性。[①] 当我们的直观提供给概念时，我们才能获取知识，康德对此的表述是："无感性则不会有对象提供给我们，无知性则没有对象被思维。思维无内容是空的，直观无概念是盲的。"[②]正是在统觉的统一中，感性直观与自发性的智性概念的综合产生了知识，它必然是中介性的与辩解的。在此活动方式之外，没有什么知识是可能的。康德绝对拒斥将能直接把握客体存在的纯粹思维能力归于人类。依赖于感性的人类，不能拥有任何的"智性直观"，这种形式的直观是非接受性的（它不依赖于任何一个客体）和创造性的（使唤起一个"直观的"或"神性的"知性成为可能）。

　　我们被剥夺了任何智性直观的能力，意味着不能拥有超感性：我们不能把握一个非感性直观的或与非感性直观相关联的"客体"，康德在一个积极的意义上将其定义为"本体"（"noumenon"）。而唯一可能的知识，则是现象世界的知识。因此"本体"对于我们的意义仅在这样的范围，即在消极的意义上可以将其理解为一个问题性的和知识论的概念（在其所指中没有揭示任何关于"客体"的知识），是对人类经验之有限性的标识。[③]

─────────────

① 海德格尔解释说："因此，直观的有限性的性格是在其接受性中被发现。"海德格尔：《康德形而上学疑难》（德文版）（KPM GV），第 25—26 页；海德格尔：《康德与形而上学疑难》（英文版）（KPM EV），伯明顿与印第安纳波利斯：印第安纳大学出版社 1997 年版，第 18 页。

② 康德：《实践理性批判》（KRV），第 97—98 页（A51；B57）。海德格尔：《康德与形而上学疑难》（英文版）（KRV EV），第 86 页。中译文参见康德著，邓晓芒译、杨祖陶校：《纯粹理性批判》，第 52 页。

③ 康德解释说："如果我们把本体理解为一个这样的物，由于我们抽掉了我们直观它的方式，它不是我们感性直观的客体；那么，这就是一个消极地理解的本体。但如果我们把它理解为一个非感性的直观的客体，那么我们就假定了一种特殊的直观方式，即智性的直观方式，但它不是我们所具有的，我们甚至不能看出它的可能性，而这将会是积极的含义上的本体。"康德：《实践理性批判》（KRV），第 227 页（B307）。中译文参见康德著，邓晓芒译、杨祖陶校：《纯粹理性批判》，第 226 页。

就牟宗三而言,康德对智性直观的拒斥不是一个细枝末节的理论问题。实际上,牟宗三对这个概念的使用,是作为他重新诠释中国思想的基石和超越康德的工具。正如我们前面已经提到的,对于牟宗三来说,此概念代表了西方哲学的最高层级。[①] 这在《智的直觉与中国哲学》的一个著名段落中得到了清晰的表述:

> 如果吾人不承认人类这有限存在可有智的直觉,则依康德所说的这种直觉之意义与作用,不但全部中国哲学之不可能,即康德本人所讲的全部道德哲学亦全成空话。这非吾人之所能安。智的直觉之所以可能,须依中国哲学的传统建立。(《智的直觉与中国哲学》,第2页)

《现象与物自身》在同样的思想脉络中给出了另一段重要表述:

> 此中重要的关键即在智的直觉之有无。依康德智的直觉只属于上帝,吾人不能有之。我以为这影响太大。我反观中国的哲学,若以康德的词语衡之,我乃见出无论儒释或道,似乎都已肯定了吾人可有智的直觉,否则成圣成佛,乃至成真人,俱不可能。因此,智的直觉不能单划给上帝;人虽有限而可无限。有限是有限,无限是无限,这是西方人的传统。在此传统下,人不可能有智的直觉。但是中国的传统不必如

[①] 正是在出版牟宗三:《心体与性体》(1968—1969)之后,牟宗三开始认识到这一概念在他的哲学体系中所能发挥的核心作用。1971年,《智的直觉与中国哲学》出版。在"前言"中,牟宗三批评《心体与性体》的"导言"不充分,过于关注康德的《道德底形而上学之基本原则》,忽视了"智的直觉"的概念。(牟宗三:《智的直觉与中国哲学》,台北:学生书局2000年版,第3页。)即使这个概念没有在《心体与性体》中得到使用,它的"影子"已经是弥漫其中的,因为智的直觉最终指向"呈现"或"朗现"。王兴国强调,当牟宗三早期提出"神知"或"神智"观念时,他实际已经指向了智的直觉。王兴国:《牟宗三哲学思想研究》,北京:人民出版社2007年版,第625页。

此(⋯⋯)。如若真地人类不能有智的直觉,此全部中国哲学
必完全倒塌,以往几千年的心血必完全白费,只是妄想。
(《现象与物自身》,第3页)

牟宗三这里的评论令人惊异,与另一个被描述为对"智性直观"的
"优雅平和"的辩护,形成了鲜明的对照,那是费希特在《关于基础
哲学的私人沉思》中做出的。① 不过,就牟宗三来说,最重要的是
中国哲学的全部可能性处于危险之中。② 这样的立场(以及就这
个舶来概念争论性的具体表述),受到了强烈的批评。如林安悟
说,如果人们不接受这个观念,崩溃的不是中国哲学,而是牟宗三
的哲学体系。③ 此外,不承认智的直觉则全部康德的道德哲学亦
全成空话,这一断言更主要的是情感的表达而不是哲学的表述。
牟宗三在反传统的语境中阐述其哲学的纲脉,在试图以一种"现
代"方式重塑中国哲学的核心洞见(如"良知"的实在性以及人人
皆可成圣的能力)时,也充满着急迫感。前面已经说过,对此人们
可以理解。

在《纯粹理性批判》的"先验方法论"中,康德提出:"我们理性
的一切兴趣,无论是思辨的还是实践的,集中于下面三个问题: [74]

---

① 托马斯-福吉尔(Thomas-Fogiel):《表象的批判:费希特研究》,巴黎:弗林出版社
2000年版,第54—55页。托马斯-福吉尔指出,费希特在引入智性直观概念时优
雅平和的语调,证明了作者充分意识到了这一概念的新颖性。她解释说,费希特
的平和来源于这样的事实,即他的智性直观的使用是对莱因哈特(Reinhold)和梅
蒙(Maïmon)的借用。如果坚持这样的讨论路线,人们关于智性直观真正的可能
质疑是,牟宗三对这个概念在后康德哲学中的命运有多少了解(参见下文)。
② 人们可以在一定程度上接受这段论述中牟宗三过于戏剧化的表述方式。考虑这
个论述的具体语境是重要的。他写下这些话的时间是1969年(这部著作的出版
是在1971年)。当时中国正陷入文化大革命之中,流寓于香港的牟宗三正试图重
塑中国传统的核心价值,他相信这种价值已遭受厄运。
③ 引自梅约翰:《游魂:当代儒家话语中的儒学》,第177页。

(1)我能够知道什么?(2)我应当做什么?(3)我可以希望什么?"①在牟宗三看来,这三个问题的排列顺序,提供了知识优先的证明(因为知识的问题是第一个)。他认为,这样的优先性,不同于中国思想所倡导的优先性,在中国思想中德行总是超越于知识而具有优先性。② 因而,在《现象与物自身》中,他建议调整问题的次序并将知识问题分出两个次级问题:

(1)我应当做甚么?

(2)我可希望甚么?

(3)我能知道甚么?

    (a)我能以"识"识什么?

    (b)我能以"智"知什么?

(4)人是甚么?

(《现象与物自身》第 22 页)

从中国思想看,没有道德问题与神学问题的区分,前两个问题是统一的,而第二个问题所强调的是成圣的可能性。③ 寻求德性之知的能力,就是获得智的直觉的能力,这个能力是实现这种理想的工具。

75 牟宗三的智的直觉的思想,受到阅读海德格尔著作的强烈影响,特别是那部非常关键性的著作《康德与形而上学疑难》(KMP)。④ 在这部出版于 1929 年(后于《存在于时间》两年)的著作中,海德格尔根本化了(激进化了)人的有限性(Endlichkeit)问

---

① 康德:《实践理性批判》(KRV),第 677 页(B833;A805)。

② 牟宗三:《现象与物自身》,第 22 页。

③ 同上,第 23 页。

④ 牟宗三:《智的直觉与中国哲学》,第 4 页。

题。他指出,康德的前三个问题,最终都与第四个问题相关:人类理性对自身能力的追问(康德的第一个问题),人类理性对义务的根本兴趣(第二个问题),或者在人类理性所希望的当中什么是可允许的或不被承认的(第三个问题),所有这些构成要素,反映了一个存有因其有限性而必然具有的匮乏和缺失。① 海德格尔陈述说:"因为这三个问题都追问有限性问题,所以'它们才可以被关联于'第四个问题:人是什么?"②人的有限性的分析,对于海德格尔在康德《纯粹理性批判》基础上再思形而上学的奠基问题,极为重要。实际上,他提出为形而上学奠基是"将我们有限的知识分解(分析)为其要素"。③ 困难在于,如何理解什么决定了人,一个有限的存在自身。最基础的问题是"存有者的存有"("Being of the being",being 在小写的情况下关联于我们所讨论的人之有限性)的问题,换言之为那个被称之为"存有的问题"("die Seinsfrage")。④

牟宗三强烈反对海德格尔就康德思想所作的关于人之有限性的存有论诠释,并且出于同样的原因,反对海德格尔再思形而上学奠基问题的道路。在思辨的知识领域强调人的有限性没有给牟宗三带来任何特别的困难,然而他提出人因其道德的能力,

---

① 海德格尔:《康德与形而上学疑难》(德文版)(KPM GV),§36,§37,§38,特别是第206—207、214—217 页。海德格尔:《康德与形而上学疑难》(英文版)(KPM EV),第 145、150—152 页。(being 在海德格尔哲学的汉译中常译为"存在",牟宗三则译为"存有"。我们在翻译中随顺借用牟宗三的译法以方便呈现原书的引用与讨论。——译者注)

② 海德格尔:《康德与形而上学疑难》(德文版)(KPM GV),第 217 页。海德格尔:《康德与形而上学疑难》(英文版)(KPM EV),第 152 页。

③ 海德格尔:《康德与形而上学疑难》(德文版)(KPM GV),第 217—218 页。海德格尔:《康德与形而上学疑难》(英文版)(KPM EV),第 152 页。

④ 海德格尔:《康德与形而上学疑难》(德文版)(KPM GV),第 222—223 页。海德格尔:《康德与形而上学疑难》(英文版)(KPM EV),第 156 页。

虽有限而可无限。这个使我们的无限性维度得以敞开的工具，就是智的直觉，一种通过我们的行为实现一个"超越性"的规范（天、道、理等）以及我们真实之"性"的能力。因为"圣人"（"sage"）①的"道德创造性"（"moral creativity"）与宇宙之生生不息相参和，所以智的直觉上升为一个存有论的问题（牟宗三引出的本体—宇宙论问题）。这个存有论的概念，从人的方面看，指的是作为智慧的具体经验的基础，牟宗三称之为"无执的存有论"。在这里，牟宗三建立了与另一种类型存有论的清晰区分，那个存有论是关于现象世界的"执的存有论"。后面将会看到，对于牟宗三来说，对海德格尔的疑难问题的理解必须与"执的存有论"这个范畴联系起来。②

见闻之知与德性之知：中国思想中的一个古老问题

在康德的基础上，牟宗三将 intellectual intuition 翻译为"智的直觉"，使用"智"的观念作为表述的中心。"智"在古代中国，指一种基本美德或孟子所言的道德的"四端"之一，赋予每一个人且为个体通过"工夫"而长养。③ 更准确地说，"智"作为智慧的萌芽，指心能够有所好有所恶。④ 如此，"智"同时具有认识的和道德的意义，这双重意义在"智的直觉"的概念结构中获得回应。在德语"intellektuelle Anschauung"的表达中，这种情况几乎不会出现，"intellektuel"这个形容词主要有一个认识论的向度。

---

① 亦作"the saint"，对其界定，参见第六章。
② 存有论问题的细节讨论，见第四章。
③《孟子》第二篇，A，6。
④ 参见葛瑞汉（Graham）：《道的辩净：中国古代的哲学争论》，第 126 页。

牟宗三对"智"这个术语的使用，指向了一个从古代开始的对认识之知与道德之知加以区分的传统。让我们简单地引用《孟子·告子》中的一段：

> 孟子曰："耳目之官不思，而蔽于物，物交物，则引之而已矣。心之官则思，思则得之，不思则不得也。"[1]

人们会直接反对把"思"这个心的活动限制在道德的领域。[2] 不过，孟子所做的区分，即依赖于我们感性的对外部世界的感知与一个直接知识的形式（在上面的引文中由"思"所体现），为道德之知与感知的区分开辟了道路。这样的区分到后来特别是北宋时期，为张载所发展。牟宗三在《智的直觉与中国哲学》的一个关键章节中特别引用张载：⁷⁷

> 天之明莫大于日，故有目接之，不知其几万里之高也。天之声莫大于雷霆，故有耳目属之，莫知其几万里之远也。天之不御莫大于太虚，故心知廓之，莫究其极也。（《智的直觉与中国哲学》，第 184 页）

在评论这段引文时，牟宗三说明从张载的论述中可以区分出两种类型的直觉。"感触直觉"（"sensible intuition"），是接受性的并依赖于我们的感觉，为引文中"有目接之""有耳属之"所涉。"智的直觉"，是创造性的并与我们"心"的道德之知相关联，即引文中所说的"心知"。[3] 这个评论明显会带来一些疑难，因为这种受康德主义启发的二分法在宋代显然不会如此概念化。不过在此能够提醒的是，张载那个时候所做的区分，与康德"智性直观"与"感

---

[1] 《孟子》第六篇，A，15。

[2] 彭国翔：《中晚明阳明学的知识之辨》，《中国学术》2000 年第 2 期，第 246 页。

[3] 牟宗三：《智的直觉与中国哲学》，第 186 页。

性直观"的区别相比较,更接近于牟宗三"智的直觉"与"感触直觉"的区分。将西方哲学的语汇整合入当代中国思想,最关键的困难之一,是它产生了概念的意义上的普遍歧义。

不管怎样,通过引用张载,牟宗三说明了这位著名的宋明新儒家延续了区分两种类型知识的儒家传统。张载将宇宙理解成统一的实在(物质的和精神的),视其为"气"之聚散不已的创造历程。对于张载,此历程的源头是前面提到的"太虚"("Great Void"),实际指气在凝聚为可感的形式之前的本然之体(神,神体)。在此理路中,自我修养的意义是使心达至与"太虚"或"神"合一,与宇宙中运行一切的创造性合一。[1] 这样的状态相应地被称之为"大心",[2]通过当下的和直觉的知识(心知,上面引文提到)与世界相联系。张载也称之为"德性所知",而与"见闻之知"相对照。[3] 在之后的很长时间里,此区分享有众多的继承者,对此我们仅简要地加以提及。这个区分为二程(程颢和程颐)所采用,[4]为朱熹所

---

[1] 关于张载思想的简短的但是有用和准确的研究,参见程艾兰:《中国思想史》,第423—439 页。关于这些话题更深入的研究和讨论,参见葛艾儒(Kasoff):《张载(1020—1077)的思想》,剑桥:剑桥大学出版社 1984 年版,第 66—103 页。关于牟宗三的张载诠释,一个批判性的考察,参见何乏笔:《自我修养与创造性——对牟宗三与儒家气论之关系的反思》,第 150—175 页。也参见陈荣灼:《气与理:"唯气论新诠"》,杨儒宾、祝平次编:《儒学的气论与工夫论》,台北:台湾大学出版社 2005年版。第二篇文章的第一部分提供了对牟宗三与唐君毅关于张载思想中的"气"的诠释的有趣的比较。

[2] 《大心》是张载《正蒙》中的一篇,前面提到的牟宗三著作中的引言出于此篇。参见张载:《正蒙》,第 142—149 页。

[3] 同上,第 144 页。张载在《诚明》篇中,也区分了良知与闻见小知,参见《正蒙》第130 页。

[4] 对于程颐:"闻见之知,非德性之知。物交物则知之,非内也,今之所谓博物多能者是也。德性之知,不假闻见。"(程颐、程颢:《二程遗书》,第 374—375 页。)关于程颐与程颢对于两种类型知识认识的差别,参见戴琏璋:《德性之知与见闻之知》,《牟宗三先生的哲学与著作》,台北:台湾学生书局 1978 年版,第 682 页。

否定,①后又由一些学者如王阳明②和王龙溪③(王畿,1498—1583)加以重述。其他的一些学者有时以不同的表述也涉及这个区分。④

对于两种类型知识的区分,来自佛学的贡献也应该被及时地强调。透过对不同佛教宗派具体情形的分析,彭国翔在回顾其立场的极端多样性时也强调它们的一些共同性:"'智'不是主客能所对待格局下的认知心,它不是在时空和范畴的条件下发生作用,而是在一种直觉的状态下直接把握到事物的本性;'识'则指在主客能所对待格局之下对对象进行分析与了别。"⑤

综合不同的宗派,彭国翔将佛教的"智"定义为一种"观空的智慧",并且强调它没有被赋予道德的意义,或如儒家文本通常规定的那样强调"善"。⑥ 这里,不同学说思想空间的局限阻碍了对这个问题的综合把握。⑦ 此处,最重要的是理解牟宗三诠释康德"我们可以知道什么"问题时,他所使用的"智"与"识"的区分是对

---

① 参见彭国翔:《中晚明阳明学的知、识之辨》,第246—247页。

② 王阳明在区分两种类型的知识时同时坚持它们具有密切的关系:"故良知不滞于见闻,而亦不离于见闻。"(王阳明:《王阳明全集》第5卷,1.71)彭国翔解释说:"阳明反对脱离见闻酬酢,其意义指向基本上还是认为致良知的功夫不能离开日常的生活实践,所谓'事上磨炼'。"彭国翔:《中晚明阳明学的知、识之辨》,第247—248页。

③ 同上,第248页。也参见彭国翔对王龙溪的细致研究论著:《良知学的展开:王阳明与中晚明的阳明学》,台北:学生书局2003年版,第46—66页。

④ 戴琏璋:《德性之知与见闻之知》,第682—683页。

⑤ 彭国翔:《中晚明阳明学的知、识之辨》,第251页。

⑥ 同上,第251页。

⑦ 让我们仅附加地提一点。不仅佛教发展了自身的关于两种类型的知识的理论,而且在这方面也影响了宋明新儒学。同样的情况实际上也适用于道家。陈荣捷解释说:"受佛教'智'和'识'以及道家'大知'和'小知'两个区分的影响,宋明新儒学区别了'闻见之知'与'德性之知'。"陈荣捷:《中国形而上学中的综合》,查尔斯·摩尔(Charles A. Moore)主编:《中国的心灵、形上学与文化之特质》,火奴鲁鲁:夏威夷大学出版社1968年版,第142页。

80　一个悠久的中国传统的保存,这个传统的论题也是牟宗三从自己的老师熊十力①那里继承的。从这方面来说,"智的直觉"不仅是一个严格的康德概念,也是在一种全新的语境中(带有被西方哲学挑战的印记)并以新的概念工具,对一个原初存在的非常经典的问题的重新阐述。

在牟宗三开始提出智的直觉概念之前,另一类型知识的可能性问题已经深入其思想并成为基石,如我们能够从下面的引文中看到:

> 依宋、明儒说,知不只是"知性之知"(丽物之知、见闻之知),还有实践的德性之知。理解②不只是知识意义的理解,还有实践意义的理解。我们不只是思辨地讲理性之实践使用,还有实践地讲理性之实践使用。不只是外在的解悟,还有内在的证悟,乃至澈悟。③ 知性之知展开自然界,成功知识系统,如物理学等。实践的德性之知(证悟)展开价值界,
81
> 成功德性人格的发展,最高目标是成圣。[《心体与性体》(第1册),第145页]

在这里,我们获得了牟宗三讨论智的直觉的一个核心要素,更广泛地说也是其整个哲学体系的核心要素。我们运用于现象世界的认识能力——在这方面,康德的"知性"与中国哲学的"识"处于

---

① 熊十力区别了与"量智"相关联的"习心"和与"性智"相关联的"本心"。"习心"的表述有一个佛教禅宗的源头,可追溯至惠能(638—713)。姜允明:《讨论牟宗三先生的"智的直觉"说》,李明辉编:《当代新儒家人物论》,台北:文津出版社1994年版,第135—150、第136—137页。

② 为了与"知性"相区别,英文将"理解"翻译为 understanding,是指康德的概念 Vertand。

③ 文字上看,"澈悟"指完满的领悟(perfect understanding),我之所以这里使用一个音译词,是为了避免与后面出现的康德意义的"理解"("Understanding","Vertand")相混淆。

同一层次——对于全面地讨论知识问题来说是不充分的。超越
语言和概念，道德知识可以通过"实践"获得，达到一种彻底的内
在自觉或"澈悟"。在将现阶段关于这种经验的研究推进之前，我
们需要讨论的是：为什么牟宗三对西方哲学历史上的"智性直观"
概念几乎没有什么关注？

"智性直观"在西方哲学中的重要性与牟宗三"审慎的沉默"

　　如上一节说明的，当牟宗三讨论"智的直觉"时，他继承了一
个中国思想的古老问题并以一种新奇的方式加以重述。然而，
intellectual intuition（"智性直观"，牟宗三译"智的直觉"）这个概
念在西方哲学中也有其历史，其传统植根于古希腊和罗马思
想，[①]回响于基督教神学，[②]并在后康德哲学中得到丰富发展，特
别是在费希特和谢林的著作中。这里，细致地讨论如此复杂的历
史问题是不可能的。尽管如此，我将简要地提及一些这个概念讨

82

①　例如，尼古拉斯·布宁强调，康德的感性直观和智性直观的区分，是植根于亚里士
多德的思想（即《后分析篇》中的思想）。通过感性的接触，我们有关于一个客体的
"这个"（this）的知识。能使我们认知"这个"如其"自身"（a "this" as "such"）的知
识的，是智性的直觉而非感性的直观。布宁：《上帝之知与人之知：康德与牟宗三
论智的直觉》，第614页。

②　在13和14世纪中，一个完全的神秘主义运动（以诸如埃克哈特大师和尼古拉斯
等为代表）影响了德国思想并对某种意义上与智性直观相关的问题做出解决。贝
尔纳·布儒瓦解释说，对于埃克哈特来说，与上帝一体的神秘经验如何要求人类
摆脱"特定意向的爱及其知识的向度"，提示了"一个反思辨的埃克哈特式的沉
思"。贝尔纳·布儒瓦：《德国古典哲学》，巴黎：法国大学出版社1995年版，第
13—15页。我们这里的区分，提示了两种类型知识的区别实已贯穿于中国思想传
统中的不同学派。在后来的德国思想中，如雅各布·波墨（Jakob Böhme，1575—
1624），发展了某种与智性直观相关的理念。波墨实际对谢林产生了重要的影响。
格扎维埃·蒂利埃特（Xavier Tilliette）认为，后康德哲学中的智性直观之"热"
（fever），除却之前康德的禁用外，能够追溯至波墨的直觉。格扎维埃·蒂利埃特：
《智性直观：从康德到黑格尔》，巴黎：弗林出版社1995年版，第248页。

论的例证,即在古代西方哲学、中世纪早期以及后康德哲学中的例证。这将能够使读者获得智性直观在西方哲学中如何重要的洞察。考虑到牟宗三选择与西方哲学紧密交涉是为了重新阐明中国哲学的关键性洞见,他对智性直观在西方哲学中那些发展的"吊诡的沉默"("paradoxical silence"),至少是令人惊讶的。因此,人们会深思这个沉默的原因,并追问这种看起来的蓄意选择最终是否恰当。

皮埃尔·阿多在一篇关于否定神学和消极神学的文章中,提供了对智性直观在古代和中世纪早期思想中的重要性的洞察。① 阿多首先表明的是,直至公元 4 世纪,源于柏拉图的启发并经过诸多发展的词首抽取法[出自希腊语 *aphairesis*,"abstraction"(抽象)]如何变成"一个严格的定义和直观的方法,这个方法使得从感性的知识到智性的知识成为可能"。② 这样的一种哲学的和数学的方法,蕴含了"对附加于一个简单要素之物的去除和否定",③为不管是基督教还是异教的作者所讨论。例如,亚历山大时期的克莱门特(Clement)的目标是:"去除深度,像人触及事物表面那样触及'神'(God);去除宽度,像人触及一条线那样触及'神';去除延展,像人触及点那样触及'神'"。克莱门特还补充说:"去除空间的位置,像人触及单子那样触及'神'。"④阿多解释说,此后从普罗提诺(Plotin)开始,另一种"超智性的"("transintellectual")方法也被发展出来,以讨论某些超思想的经验。这标志着一种转向,为开始于 4 世纪作为基督教神学中枢的

---

① 皮埃尔·阿多:《精神修炼与古代哲学》,巴黎:阿尔班米歇尔出版社 2002 年版,第239—52 页。
② 同上,第 242 页。
③ 同上,第 241 页。
④ 同上,第 243 页。

所谓否定神学开辟了道路。① 在通过词首抽取法而达到的智性直观或"神秘的"经验基础上（阿多引申为"一个超语言的无名的把握"），否定神学成为一个讨论——但仅是否定地——超语言的 83 实在的方法。②

现在让我们跳过几个世纪来看第二个例子：后康德哲学，特别是德国的观念论。这一思潮赋予智性直观一个关键性作用。关于这一状况的详细说明，是由格扎维埃·蒂利埃特的开创性著作《智性直观：从康德到黑格尔》给出的。蒂利埃特超越了概念的具体的和技术的使用，提供了对整体脉络的深入观察，最终达至概念所体现的时代精神。众所周知，这不仅是在莱因哈特、迈蒙、费希特、席勒和谢林这些作者那里，也在很多伟大的时代心灵那里（如荷尔德林、施莱格尔、诺瓦利斯、施莱尔马赫等），"在非常短的时间内，智性直观从批判哲学的思想语境中脱开，转而成为一个'密码'（'password'）或'隐语'（'winged words'/'parole ailée'）"③。智性直观成为一个对半神秘经验所作的表述：一个从感性领域的挣脱，与自然的沟通，自我与世界的共生，对不朽的纯粹领悟，如此等等。换言之，智性直观变成了一个容器，容纳的是与狂飙突进运动和浪漫主义相伴随的敏感。④

谈论牟宗三对智性直观的一般脉络了解到何种程度是不可

---

① 皮埃尔·阿多：《精神修炼与古代哲学》，第247页。

② 同上，第250—251页。

③ 同上，第247页。也参见托马斯-福吉尔：《表象的批判：费希特研究》，第53—68页。

④ 同上，第54—55页。让我们从荷尔德林的《许佩里翁》中引一些段落："与万物齐一，这是神性的生活，人的天堂。与生生的万物齐一，在忘我的极乐中回归整个自然，这是思想与快乐的顶峰。……与生生的万物齐一！"

能的,无论是他所进行的写作,还是通过与康德对话以重述中国哲学核心义理的工作,都很少有与之共享的语境。不过超出这个概念,对于我们的论证最为重要的是,处于德国 19 世纪的思想转折中,特别是在莱因哈特、费希特、谢林和席勒这些哲学家那里,对智性直观的迷恋也深植于批判思潮及康德的思想中。因此人们可能会惊讶,牟宗三这个在形式上将自己放在后康德位置上的哲学家,为什么会无视这个后康德时代的丰富遗产呢?

值得注意的是,尽管人们可以认为牟宗三在很大程度上忽略了智性直观在西方的早期历史,不过他看起来已经清楚地意识到这个概念在后康德哲学中的重要性,这可以从他写给哲学家刘述先的一封信中看出。[①] 不过,能明显地看到牟宗三对费希特著作的涉及是极少的和片段的。[②] 从他对谢林的评论来看,可以说是同样如此,没有提及如莱因哈特和席勒等哲学家。就我所知,在牟宗三的著作中的确没有关于这些哲学家的真正讨论。如何解释这样的一个"审慎的沉默"("deliberate silence")呢?

第一个回答,可能与牟宗三对康德第三批判的相对缺乏关注有关,即使他翻译过这部著作并为之写过一个长的序言。由于坚持认为康德对智性直观的绝对禁止乃是后康德的哲学史编纂的结果,而在康德那里智性直观并非绝对不可能,格扎维埃·蒂利埃特强调了康德《判断力批判》的重要性,这个重要性在于"试图

---

① 牟宗三:《牟宗三先生论智的直觉函》,《中国文哲研究通讯》1999 年第 4 期,第 174 页。这封信的法语译文,参见毕游塞:《牟宗三(1909—1995)哲学中的智的直觉》,哲学博士学位论文,巴黎第七大学,2004 年,第 324—341 页。这封信是写给刘述先的,附于刘所写的稍后发表的论文之后,在这篇文章中,刘述先强调牟宗三如果在中国哲学架构中讨论智的直觉概念之前,先对后康德哲学中的这一概念做深入探索,将是具有意义的。刘述先:《牟先生论智的直觉与中国哲学》,第 751 页。
② 彭文本:《论牟宗三与费希特的智的直觉之理论》,李明辉、陈玮芬:《当代儒学与西方文化(哲学篇)》,台北:"中央研究院"文哲研究所 2004 年版,第 133 页脚注。

调和自然与自由、知识与道德,以及由此为知识的两枝探寻共同的根干"(换言之,即知性与直观的共同根源——想象力)。① 的确,正是在《判断力批判》中,智性直观的可能性隐秘地出现(没有如其所是地被指认),这归功于诸如"想象力"("imagination")、"情感"("feeling")这样在道德的运用中被归于审美判断力的概念。并且对我们来说最为重要的是,费希特、谢林或席勒转向了《判断力批判》,以便将自己的思想系定于智性直观。② 更具体地 85 说,在为恢复智性直观提供启发的第三批判的重要段落中,我们需要提到§59"美是道德的象征"③。蒂利埃特解释说,"'象征性的真实化'('symbolial hypotyposis')④概念的到来,为一个超感觉的领悟开辟了类似道路,即使这样的领悟不能被标识为'知识'"。"他认定,象征性的表现是直觉的一种类型",并且判断力的趣味或审美的判断力已非常接近于承认智性直观。⑤ 第三批判的其他一些段落

---

① 格扎维埃·蒂利埃特:《智性直观:从康德到黑格尔》,第 29 页。

② 同上,第 28—29 页。共同的根据是"先验的想象力"("die transzendentale Einbildungskraft"),关于此点——如我们下面讨论的——由海德格尔在其《康德与形而上学疑难》中所强调。

③ 参见康德:《判断力批判》(KU),伦敦:企鹅出版社 2007 年版,第 294—299 页(B25—260;A250—257)。

④ 牟宗三将 Die symbolishe Hypotypose 翻译为"象征性的或符式性的真实化"(牟宗三:《康德判断力之批判》,台北:学生书局 1992—1993 年版,第 429 页)。Hypotyposis 是一个感性的说明(一种行为,它能使事物成为感性的,eine Versinnlichung),或者为图式性的,或者为象征性的。在第一种情况下,当我们的知性去把握一个概念(如一个房子的概念),一个具有相应的先天直观被提供给它(一个图式,例如任何房子的一般的样子)。第二种情况则在当我们的理性思考一个没有任何直观与之相适合的概念时发生。然而,在这种情况下,为之提供一个不是图式的而是象征的直观就是可能的。康德给出了一个手推磨的例子,以作为专制国家的象征:"在一个专制国家和一个手推磨之间虽然没有任何类似之处。但在对两者及其原因性作反思的规则之间却的确有类似之处。"(中译文参见康德著,邓晓芒译、杨祖陶校:《判断力批判》,第 200—201 页。)在当前的讨论中,美成为道德的象征性的生动描绘。

⑤ 格扎维埃·蒂利埃特:《智性直观:从康德到黑格尔》,第 31、246 页。

也启发了德国的后康德哲学家对智性直观的恢复,包括康德在§76和§77中关于目的论判断力的反思(对于谢林特别重要)。① 在这些段落中,康德比较了我们作用于感性直观的推理的知性[Vestand,也叫作"模仿的智性"("intellectus ectypus")]与直观的知性["原型的智性"("intellectus arhetypus"),是智性直观的另一种指称方式]。由于不能把握自然及其法则的终极实在,我们有限的知性因此需要假定存在着一个在自然中发挥作用的终极性(目的论判断)。这样的情况,则需要将有限的知性与一个直观的或本源的知性加以比较,后者是作为实在的因果性而直接行动的。蒂利埃特以一个富有启发性的公式总结了最紧要的东西:"目的论判断力出于刺破自然之谜的不可能性,亦出于对此予以补偿的坚不可摧的需要。"②

86   牟宗三没有跟随德国的后康德哲学家,也没有将他的智的直觉理论建立在康德第三批判给出的可能性之上。可以更一般地补充的是,他的著作中很少提及《判断力批判》。如同我们先前提到的,考虑到牟宗三自己就是康德三大批判的翻译者,这种情况似乎很矛盾。不过,牟宗三翻译出版第三批判是在他垂暮之期的 1992 年,在此之前他可能已经非常彻底地思考过智的直觉的意义。因而,这里有一个时间次序的因素可以考虑,至少在一定程度上能够解释为什么在 1971 年出版的《智的直觉与中国哲学》中,牟宗三对《判断力批判》的讨论是如此有限。③

然而,在解释牟宗三何以对《判断力批判》仅具外在兴趣的问

---

① 康德:《判断力批判》§76,第 353—358 页(B339—344,A335—340);§77,第 358—364 页(B345—353,A341—349)。
② 格扎维埃·蒂利埃特:《智性直观:从康德到黑格尔》,第 32 页。
③ 在《智的直觉与中国哲学》中,牟宗三仅边缘地考虑到第三批判,例如,当他申发道家的智的直觉时。参见该书第十九章,第 203—215 页。

题上，时间次序的考虑是不充分的；他对于这部著作的智性理解需要更好地被领会。牟宗三1992年的译本附有一些注释和一篇很长的"商榷"文章。① 在译文的主体中，牟宗三很少评论那些被德国的后康德哲学家视为关键的段落，也不像他通常的翻译那样切近地为读者提供自己的洞见。② 关于"商榷"，这篇文章主要揭示了他与康德的分歧，特别是道德与美的关联。冒着对相关论证作出化约的危险，我们可以说，当涉及道德时，牟宗三从根本上拒绝赋予知性以任何的作用，而相反的情况存在于康德，例如他对"象征"的援引（即美是道德的象征）。因而，牟宗三不仅反对康德的推理路线，而且也与费希特、谢林和席勒相悖，他大概也拒绝踏入由康德在其《判断力批判》中所打开的缺口，以及以这样的视角进入一个关于智性直观的实质性讨论。在此至少有两个理由能够让我们为之感到遗憾（某种程度上后面将要看到）：首先，一些后康德的唯心论哲学家（例如谢林）与牟宗三有一些共享的关切，因而本可成为真正的"对话伙伴"；其次，因为牟宗三在《智的直觉与中国哲学》中赋予海德格尔《康德与形而上学疑难》简称"《康德

87

---

① 牟宗三：《康德判断力之批判》（第1卷），台北：学生书局1992—1993年版，第1—91页。

② 牟宗三在康德三大批判的汉译中为许多的翻译段落提供了丰富的评论，这些评论也通过他自己的论著以充分地补充。然而，如果我们去看一些《判断力批判》中的重要论断，情况便非如此。在翻译§59关于"美是道德的象征"时，这里并没有任何的评论。参见牟宗三：《康德判断力之批判》（第1卷），第418—24页。关于§76以及§77，评论主要关涉一些技术性的问题。有一个例子，尽管他对康德关于人类的知性运用方式（从一个总体的—分析的——即概念到特殊），相对于一个智性的理解（其运用是从总体的—综合的，即从一个总体的直观到特殊）的解释，加以批评。《判断力批判》，第361页（B349，A345）。然而，这里既没有间接提到谢林或其他人关于这个论断的评论，也没有在此脉络上的可能的评论。牟宗三仅仅提示，在中国传统（儒释道三教）的观照下，康德的"玄言"并非是"虚"的（因此，他关于智的直觉的诠释是建立在这三个传统的基础上的）。康德：《康德判断力之批判》（第1卷），第2、93页。

书》"以重要性,而《康德书》与第三批判共同强调了先验的想象力的作用。①

在牟宗三《判断力批判》的理解之外,其他的因素对解释牟宗三对待后康德哲学的"审慎的沉默"也有帮助。在前述那封致刘述先的论智的直觉的信中,牟宗三表示,在他看来,康德在西方没有"善绍者"。如费希特和黑格尔等人,不仅没有延续康德的思想,还背弃了他,②因为他们的思考已转向了其他的方向。这一论述,某种程度上被彭文本的著作所证明。彭文本分析了牟宗三对费希特缺乏兴趣背后的原因,辩称就牟宗三而言,智性直观在中国哲学中(扩大开来,也在他自己的哲学系统中)所获得的理解,与费希特的思想没有任何的关系。③

总而言之,根据这条争论线索(也反映牟宗三自己立场的线索),后康德哲学所讨论的智性直观(智的直觉)概念最终与中国哲学的核心洞见,极少有可以共享之处,因而与前者开展进一步的讨论便没有什么必要。④ 我们已经说过,牟宗三思想与后康德德国观念论的某些思想之间的形式上的相似性,有时很引人注

88

---

① 参见第四章。在海德格尔的《康德书》的附录 1 中,有一个来自作者的有趣评论,所评论的是作者在自己的著作中思考《判断力批判》的方法:"要想看出它并不矛盾,惟有将界限放开,但目前对这一阐释的最高明证,参见 §59……明智! 在此之上,鉴赏力(反思—想象力)看出去(进入自己本身)。"海德格尔:《康德与形而上学疑难》,第 250 页(这里的中译文参见海德格尔著,王庆节译:《康德与形而上学疑难》,第 239 页)。换言之,海德格尔在第三批判(特别是在 §76 这一对后康德主义者非常关键的段落中),发现了能够证实自己关于第一批判及基础存有论的新诠释的因素。

② 牟宗三:《牟宗三先生论智的直觉函》。

③ 彭文本:《论牟宗三与费希特智的直觉的理论》,第 133 页。

④ 然而有一些学者强调,牟宗三关于智的直觉的洞见接近于费希特的智性直观。彭文本也是如此,我相信他有说服力的结论是,牟宗三与费希特在这个问题上最终没有可共享之处。彭文本:《论牟宗三与费希特智的直觉的理论》,第 131—169 页,特别是第 69 页论述的分析。也参见李明辉:《儒家与康德》,台北:联经出版公司 1997 年版,第 103 页,脚注 49。

目。在一篇具有高度启发性的论中国现代儒学思想中的智性直
观(智的直觉)的文章中,杜瑞乐比较了谢林和牟宗三对这一概念
的使用。① 他强调"牟宗三所关心的是调和有限与无限,这也是
谢林萦绕于心的"。② 此外,谢林的一个最原初的洞见是将智性
直观不仅定位为一个自我(I/Ich)的作用,而且定位为在自然中
发挥作用的"生成性"("productiveness"):"自然必须被认为是一
种活动而非一种结果,是一种生产而非一个产品";"由于被看作
是一种生成性,自然和自我都是'主体—客体'。不同之处在于,
自然的生成性是无意识的,而人类的心灵是有意识的。"③在此基
础上,杜瑞乐强调谢林的洞见如何回应(儒家的)生生不息的宇宙
作用,这正是牟宗三所倡言的终极实在和圣人之自我修养的基
础。当然,祈求一个"回应",并不能为这样的设定提供一个充分
的基础,即当两位哲学家指称"智性直观(智的直觉)"时,④其所
暗示的具体经验中,存在着真正的(不仅仅是形式的)相似性与共
同性。毫无疑问的是,一个更为深入的研究或许能够揭示牟宗三
的圣人理想很少与谢林对绝对的零星体验有共同之处。无论如
何,杜瑞乐提供了一个令人印象深刻的例证,说明牟宗三选择诉
诸智的直觉(智性直观)作为确认中西关于有限性和无限性差异
的概念(即使不是最关键的,也是其中之一),⑤为什么是有严重
问题的。假如牟宗三更深入地挖掘后康德的观念论,他会对智性
直观的这个作用——即超越康德而为一个道德的形上学奠

---

① 杜瑞乐:《当代新儒家哲学的智的直觉问题》,《中国展望》第 71 期,200 年 5—6 月,
　第 231—245 页。
② 同上,第 239 页。
③ 同上。
④ 同上,第 241 页。杜瑞乐清楚地说明,对此加以比较不是他的意图。
⑤ 参见本章开始的牟宗三引文。

基——有更细致入微的理解。

虽然说通过与费希特和谢林的对话可以获得富有成效的比较视域,我认为牟宗三的兴趣在于圣人(佛或真人),在于自我修养和自我转化,最后是在世界中如何不被"执"的意向和思想所限定而运转,这与后康德观念论的智性规划(intellectual projects)极少有共同之处。从这个角度看,牟宗三决定忽视那些规划绝非不合逻辑。① 不过在这里,我们可能要面对与那些具有多层意义的概念相关联的莫衷一是。如果我们将智性直观看作是从康德那里袭用的西方概念,它在牟宗三的著作中就是脱离语境的和非历史的。在与西方哲学的对话框架中将关键性归于这个概念,同时又对其传统中最具标志性的叙述保持"审慎的沉默",即使是在最低限度上也会导致某种困惑与疑虑。但与此同时,人们不应忘记,智的直觉在牟宗三的哲学系统中也是一个高度语境化的概念,呼应着来自中国智性传统的诸多其他观念。如此,智的直觉所表达的洞见,肯定可以带到与西方哲学特别是与康德哲学的对话中,取得成果。总之,当牟宗三单纯使用智的直觉这个概念来哲学地、批判性地评论康德的著作时,我相信牟宗三对于西方智性直观概念史的"审慎的沉默",问题并不是那么大(尽管还是令人遗憾的)。但是,考虑到智性直观被赋予一种"伟大的作用",即被认为是第一哲学领域里中国—西方根本差别的某种缩影,这个"沉默"就变得问题重重。

---

① 这里我仅仅讨论后康德观念论中智性直观的情况。牟宗三在其他领域与后康德观念论,例如与黑格尔的对话,是众所周知的。

智的直觉作为一个"存有论的创造性的实现"原则

我们已经看到牟宗三如何从康德那里借用智性直观的概念,将之与中国古代思想的区分①相联系而没有对这个概念在后康德哲学中的命运给予过多的关注。现在,我们需要进一步揭示什么才是牟宗三通过智的直觉所表达的根本意义。

> 直觉,就概念的思想说,它是具体化原则(principle of concretion);就事物之存在说,如果它是感触的直觉,则它是认知的呈现原则(principle of cognitive presentation),(此时它是接受的,不是创造的,亦须有思想之统一,而统一须假乎概念)如果它是智的直觉,则它是存有论的(创造的)实现原则[principle of ontological (creative) actualization](《智的直觉与中国哲学》,第 184 页)

我们前面提到牟宗三对康德的基本问题做出重新诠释,将"我能够知道什么"划分为两个次级的问题:"我能以'识'识什么?"和"我能以'智'知什么?"。正是就这两个知识领域,引文对直觉作为认知的呈现原则与存有论的创造的实现原则的区分,才得以施用。

关于感触的直觉,这里就已经所述没有太多的补充:它是一个为认识提供内容(这个内容是接受性的)以使思想不为空的呈现原则。这一讨论的路线不会引起任何特别的困难。较能引发

---

① 指"德性之知"与"见闻之知"的区分。——译者注

兴趣的是存有论的创造的实现原则这个问题。① 我们已经提到，在康德哲学中，智性直观是属神的能力（或至少是一个人类所不能达到的能力）。② 上帝作为一个纯粹的无限的存在，其行与知是一，其创造性施予任何可能的实在（让我们简单地引用《旧约·创世纪》（1:3）："上帝说'要有光'，于是就有了光"）并将其作为一个物自身（thing-in-itself）来知（为上帝所创造的是一个以其本来面目而存在的实在，独立于人的感性）。③ 这明显与牟宗三思想中的情形不同。牟宗三关于人类之有限性和无限性的观点，可以如此解读：虽然人类有智的直觉因而是无限的，他们仍保持着有限性。正是这个有限性，对评估由儒家所启发的智的直觉所适用的领域做出了限制。换言之，智的直觉不是一个上帝式的包罗一切的创造性；它根本上是一个关于终极实在（本体）的存有论的实现原则，这个终极的实在（本体）为宇宙和人之性所共享。在此范围内，这一原则是创造性的，即通过智的直觉，人创造性地参与

---

① 在这个重要的引文中，牟宗三对比了认知的呈现原则与存有论的（创造的）实现原则。差异在于两种类型的直观（直觉），感触的和智性的。在这方面，我强调不存在"呈现"与"实现"两个术语的对立，仿佛前者与感触直观相关联而后者与智的直觉相关联。在许多文本中，牟宗三使用"呈现"这个概念以援引智性直观，以我们的心之呈现与一个自由意志的简单的设准相对照。例如，可参见牟宗三：《中国哲学十九讲》，第 90 页，在那里牟宗三直接提及两种类型的"呈现"。

② 格扎维埃·蒂利埃特提出了天使的地位和他们可能具有的智性直观能力的问题，并指出这个问题并没有在康德的思想中缺席，虽然他是勉强地阐释它："天使被赋予智性的理解力，但这样的一种理解力不是创造性的，不是通过实现而是通过参与而知。当康德唤起一种原型的理解力和智性直观，他想到的确实是神智，但并非总是如此，也并非是排他的。"格扎维埃·蒂利埃特：《智性直观：从康德到黑格尔》，第 25—26 页。

③ 关于此点，参见郑家栋：《断裂中的传统》，北京：中国社会科学出版社 2001 年版，第 110 页。

(通过他们的道德情感、意愿等)一个更大的宇宙创造历程。①

　　一旦智的直觉被规定为一个存有论的(创造性的实现)原则,或作为对一个更大的创造性历程的参赞,就会留下一个核心的但难以解答的问题:这一原则或这样的参赞,如何产生知识,即使我们已经理解这个危机重重的知识不是认识的而是道德的知识(牟宗三通过对"知"的再划分,将其区分为"识"和"智")? 需要强调的是知与行(广义地说,"实现"或"参赞"指的是"行","行"这个概念贯穿道德情感、意愿以及具体的道德选择)的关系问题。费希 92特的讨论回应了这样的问题,在他看来,通过智性直观所获得的"知"是一种不对客体产生表象的知识的形式,是在将我们的注意力集中于理解客体的行为而非被理解的客体时获得的。② 费希特设定,我通过智性直观而"认知某物是因为我在实行这一知",③在智性直观中,某物最终在理解的反思性活动中被把握为自我。即使这两位哲学家所描述的经验是不同的——牟宗三终极关怀的视域是圣人,要求将智的直觉与道德的自我修养联系起来,这肯定不同于托马斯-福吉尔对费希特的描述,费希特的关怀主要是一种"哲学的态度"④——但他们享有同样的洞见:存在着一个内在地系于行动(action)的效用(efficacy),⑤即能产生一个当下的自我意识的效用(虽然他们的自我概念也不同)。在第六章对儒家"逆觉体证"的"工夫"实践的专门研究中,我将以一种准

---

① 这也可以解释何以牟宗三对康德的第三批判以及其试图沟通自然秩序和道德秩序没有太多的兴趣。在儒家的传统中,存在着一个在宇宙的创造性与圣人的道德生活之间的连续性。参见李淳玲:《康德美感判断的思索》,《鹅湖学志》第 19 卷,1997 年 12 月,第 88 页。

② 参见托马斯-福吉尔:《表象的批判:费希特研究》,第 65 页。

③ 同上,第 66 页。

④ 同上,第 63—66 页。托马斯-福吉尔也将智性直观与一个心灵的状态相联系。

⑤ 在费希特,这是"本原行动"("Tathandlung")这个观念的意义。

现象学的方法尽可能细致地描述这个"具有效用的行动"以及它对自我的作用。现在,是转向与智性直观相关联的"物自身"这一概念的时候了,这个概念被牟宗三以一种新奇的方式挪用,以服务于自己的道德形上学体系。

第三章　智的直觉与物自身：保存 "超绝形而上学"的可能性

　　第二章概括地说明了牟宗三对智性直观概念的挪用，对于牟宗三来说，这个概念是中国精神传统的缩影，它强调了关于宇宙终极实在的一个直接知识的可能性。不过，如果"智性直观"担负着与康德对话的目的，这个概念是不能单独挪用的。"智性直观"被嵌入康德其他概念所构成的语义域中，牟宗三也需要对此加以考虑。在其他那些概念中，最重要的是"物自身"（"thing-in-itself"），这个概念与智性直观相互依赖。物自身之于智性直观，在某种意义上等于"客体"在"普通"的"知识"领域中之于感性直观（这个"知识"的可能性依赖于感性直观，对于康德这是唯一的知识）。在本章中，我们将探讨牟宗三智性直观的挪用如何转换为"物自身"意义的重新诠释。为此，我们还需要理解牟宗三何以努力地将物自身与另外一个概念区分开来，这就是出自康德但被海德格尔首先讨论的概念："超越的对象 X"（"transcendental object X"）。就牟宗三来说，这场讨论最为紧要之处乃是这种可能性，即建立一个被理解为"超绝形上学"（"transcendent metaphysics"）的道德形上学，并与海德格尔的"内在形上学"（"immanent metaphysics"）截然区分开来。①

---

① 在牟宗三的康德翻译中，transcendent 被译为"超绝的"，"超绝形上学"是牟宗三对 transcendent metaphysics 的翻译，与"内在形上学"（immanent metaphysics）（转下页）

康德将两个方面对立起来,一方面是由于综合而在感性直观与自发的知性概念的统一以及统觉的统一中被看作知识对象的现象,一方面则是物自身或本体("noumen")——这两个概念在某种程度上有重叠。物自身作为一个实在,被认为独立于知识行为(例如:一个我们面前桌子的在其自身,独立于我们通过时空的感知方式对其所知)。本体是"理解"("Verstand")的可知对象。消极地说,本体仅仅是一个"限制性的概念",反映的是我们依赖于感性直观之认识能力的有限。积极地说,本体关联于一个非感性的直观(智性直观,直觉的解悟),在康德的观念中,这种能力对于我们来说是被剥夺的。原则上,我们不能直接通达本体,因而实践理性的所谓设准(自由意志、上帝存在等)成为必要。① 康德有时混同物自身与本体(特别是在消极的意义上),有时也对它们加以区分。对于牟宗三,稍后我们将看到,他转化了康德给予的物自身的意义并且赋予了一个价值的维度。这个他所归于物自身的积极意义,成为他的"道德形上学"体系的一个关键要素。

为了理解牟宗三与康德的关系,特别是在 20 世纪 70 年代以后,人们应该意识到他的康德阅读深受海德格尔对《纯粹理性批评》诠释的影响。人们甚至会惊讶,在牟宗三的核心著作

(接上页)相对。在《智的直觉与中国哲学》的"序"中,牟宗三说:"我读他(海德格尔——译者注)《康德与形上学问题》一书,我见出他是把所谓'基本存有论'放在康德所谓'内在形上学'范围内来讲的,因此,我始知他何以名其大著曰《实有与时间》而特别重视时间之故。但依康德的意向,真正的形上学仍在他所谓'超绝形上学'之范围。……我此书仍归于康德,顺他的'超绝形上学'之领域以开'道德的形上学',完成其所向往而未真能充分建立起者。能否充分建立起底关键是在'智的直觉'之有无。"参见牟宗三:《智的直觉与中国哲学》,第 4 页。(本书的翻译,为方便故,仍采用牟宗三的译法。——译者注)

① 尽管如此,我们在前面的讨论中已经介绍,无论是第一章中的理性的事实与设准,抑或第二章对第三批判的引介,人们能够在康德思想中发现一些要素,这些要素可援之以直接通向那种可知性。接下来的发展将强化这种观念。

《智的直觉与中国哲学》中,海德尔格是否才是牟宗三的真正对
话者。我们所称的"海德格尔的挑战"出于这样的事实:一方
面,像牟宗三一样,海德格尔也将形而上学或存有论与实践哲
学直接联系起来;①另一方面,海德格尔在其《康德形而上学疑
难》中将这种联系建立在对康德第一批判的重新诠释的基础
上。海德尔格关于超越性(transcendence)、实践理性或者基础
存有论的诠释,从根基处动摇了牟宗三对于康德哲学的挪用与
创造性阐述。简言之,如果海德格尔的康德诠释是正当的,牟
宗三的哲学规划便受到了威胁。这一论证线索,将通过本章关
于"超越的对象 X"这个概念和第四章的基础存有论的讨论框
架加以展开。

　　超越的对象 X,是康德《纯粹理性批判》第 1 版中曾简要讨论 ⁹⁵
的一个概念,海德格尔在《康德形而上学疑难》中做了详细阐述。
牟宗三对该概念投入了非常多的关注,目的是将其与物自身区别
开来。直接将一种积极意义赋予物自身,这个转换对于牟宗三护
卫自己的"人有智的直觉"的理论立场有特殊的重要性。康德关
于超越的对象 X 和物自身的阐述有时缺乏清晰性,因此存在着
混淆这两个概念的风险。这里提到的难题不仅是理论性的,牟宗
三有关主体自律的重构也是建立在智的直觉的基础上,这一概念

---

① 有两点是确切的:(1)这个直接的联系在康德哲学中是不可能的(由此,有其先验
的施设:设准、理性的事实等),除非是以海德格尔的方式重新诠释;(2)在海德格
尔和牟宗三之间摹画出一种相似是可能的,如果尊重这个直接的联系而不顾及他
们之间在形上学(对于牟宗三,海德格尔的形上学被认为是"内在的"而他要重建
的是"超绝的"形上学)和存有论(牟宗三认为海德格尔的存有论是"执的"而他的
基础存有论是"无执的")概念上的巨大差异。这些问题将在第四章中处理。

成为他的实践哲学的基石。① 即使不是模棱两可,对超越的对象
X这一概念意义的误解,会导致使智的直觉之特别经验及其道德
的向度陷入混沌不清的风险。牟宗三这里需要厘清和勾画超越
的对象 X 的意义,以护卫他对物自身的诠释以及道德形上学的
整体概念系统。然而,当讨论超越的对象 X 时,在对康德立场的
必要澄清外,对他来说真正的挑战是海德格尔。海德格尔对超越
的对象 X 的阐述,是为了将实践哲学纳入他的基础存有论的领
域,对牟宗三来说这个存有论不过是一个现象界的存有论。与之
相反,牟宗三所描述的道德经验以及物自身的作用,则与一个"本
体界的存有论"相关。这里必须介绍基础存有论的问题,这个问
题将在第四章中获得全面讨论。在此,关于超越的对象 X 的意
义诠释成为关键问题,这远远超出康德一开始赋予此观念的朴素
的作用。不过,在处理这个问题之前,我们首先需要集中讨论牟
宗三哲学中的物自身的含义。

<small>96</small>

牟宗三哲学中"物自身"概念的含义

为了厘清牟宗三哲学中物自身的含义,可以分成以下三个步
骤:牟宗三对康德关于物自身立场的批判性分析;牟宗三在康德
的架构中赋予物自身以"价值意味"的创造性挪用;以及牟宗三从
中国哲学视角出发将"物自身"诠释为一个价值性的概念。

---

① 我们在第一章中已经了解道德自律是在《心体与性体》中得到充分讨论的,该著作
写作于智性直观概念被正式地引入牟宗三的体系之前。当然这里已无疑问的是,这
个体系本身也只是后来出现的。

一、牟宗三对康德物自身概念的分析

牟宗三对物自身的挪用,始于对这个概念在康德哲学中作用的一般诠释的考虑(在他看来即使不是错误的,也是深受局限的),在那里这个概念常常被(一些注释家)看作主要具有认识论的向度。① 在这方面,物自身被看成是"事实之原样",一个由于人的知识限制而不能把握的原初方面。这一类分析指向了"人类知识的一个程度问题"②。假如我们的知识能力能够拓展,认识物自身才是可能的。简言之,物自身概念在根本上表示的是一种限制。

然而这样的诠释并不令牟宗三满意,这个诠释乃是康德不承认人可以有智的直觉能力的结果。我们的感性和知性,的确不能把握物自身甚至"去接近之"③。郑家栋解释说,这不是一个技术性的问题,而是原则性的问题。④ 物自身无论如何无法成为知识的"对象"。换言之,这个问题并非与我们知识能力的缺陷有关(如上文所提到的程度问题),而与物自身问题是一个"超越的问题"这个事实有关。⑤ 在康德哲学中,就此问题有多方论证,牟宗三特别提到由海德尔格尔的第一批判诠释所强调的一些可信服的内容: ⁹⁷

> 海德格就"对象"与"自相"(e-ject)之分进而言及"现象"与"物自身"(物之在其自己)之分,其所说者全对。"物自身"

---

① 李明辉:《当代儒学的自我转化》,北京:中国社会科学出版社 2001 年版,第 28 页。
② 牟宗三:《现象与物自身》,第 7 页。
③ 同上。
④ 郑家栋:《断裂中的传统》,第 106 页。
⑤ 在《现象与物自身》的同一段落中,牟宗三将物自身作为"超绝的概念"加以讨论。

> 一词是如海德格之所理解。康德本人已明言："物自身[与现
> 象]之概念间的区别不是客观的,但只是主观的。物自身不
> 是另一对象,但只是关于同一对象之表象的另一面目"①。
> 吾平常亦说物自身与现象之分是批判方法上的观念,可以到
> 处应用,任何东西(只要是实法,不是虚法)皆可以此两观念
> 观之,即上帝,意志,灵魂亦可如此观之。(《智的直觉与中国
> 哲学》,第 39 页)

此处最重要的内容,是引用康德:"物自身与现象之概念间的区别
不是客观的,但只是主观的。物自身不是另一对象,但只是关于
同一对象之表象的另一面目。"这个对"主观的差别"的援引,归结
起来是强调物自身可以超出知识领域且其所指并非只是认识论
之界限。因此,能够对物自身加以把握的主体,便非一个认知的
主体。但是由于康德哲学剥夺了人的智性直观的能力,牟宗三指
出物自身的概念在康德的思想中是不稳定的。②

　　海德格尔《康德与形而上学疑难》中"对象"("Gegen-stand"/
"o-bject")或"自相"("Ent-stand"/"e-ject")的二分,给牟宗三提
供了一个方便的技术框架来说明物自身如何与直觉的解悟
(intuitive understanding)或智的直觉相关联。鉴于 Gegen-stand
(字面意义是"站在对面")清楚地反映了有限的知识在面对一个
已经存在的对象的臣服(相应地是一种觌面而对的关系),无限之
"知"与一个 Ent-stand(自相)的关系,便不是对一个已存实体加
以把握的关系。相反,Ent-stand 所严格表达的——甚至比"物自
身"要严格得多——是这样的一种事物涌现的方式,是在一个无

① 引自《康德遗著》(*Opus Postumum*),为牟宗三在阅读海德格尔《康德书》所发现。
　牟宗三:《智的直觉与中国哲学》,第 37 页。
② 牟宗三:《现象与物自身》,第 7 页。

限之知中被创造时的"站出"（由相反于前缀-gegen 的-ent 所表达的观念）。① 牟宗三在中国哲学领域，特别是儒学中挪用了这个观念，从而获得了一个与无限的道德之知（智的直觉）相联系的新的相关性。牟宗三引用宋代思想家程明道的"万物静观皆自得"，他解释说这个"静观自得"可以被准确地理解为"自相"。② 在程明道的思想脉络中，这里的万物主要指一种具体情境，我们置身其中譬如与他人相处的情景。③ "自得"意为当万物涌现、站出时，在道德自我的心（本体，性体）中——在情或意的形式下而非作为认知④知识的客体——获得一个道德的维度。⑤ 我们会回到牟宗三赋予物自身（以及自相）的这个道德维度。当下我们要强调，虽然牟宗三从海德格尔那里借用了 Ent-stand 这个概念，并确认这个概念可以为物自身而并非仅作为认识论概念的讨论提供帮助，但牟宗三深刻地改变了海德格尔在《康德书》中赋予它的 *99* 意义。⑥

———————————

① 整个论证为阿尔丰思·德·威尔汉斯（A. de Waelhens，一位海德格尔的法国学生）和比梅尔（W. Biemel）在他们关于《康德书》的法语版中以非常清晰的方式加以介绍。参见海德格尔：《康德与形而上学疑难》（法文版）（KPM FV），巴黎：加利马尔出版社 1998 年版，第 21 页。

② 牟宗三：《智的直觉与中国哲学》，第 36 页。

③ 这种经验并不局限于人类。它可以扩展至动物、植物等实际上的任何实在。这只要引用儒家传统中的象征性文本，如张载宣称万物一体的《西铭》，就足以说明。

④ 牟宗三提出了一种避免认知决定的关系：无知相。牟宗三：《智的直觉与中国哲学》，第 35 页。

⑤ 牟宗三：《智的直觉与中国哲学》，第 36 页。牟宗三将"静观"描述为智的直觉的运用，这样的一种应用成为与"站出"（e-ject）同一的事情。

⑥ 海德格尔强调人类的有限性，一定会强烈反对牟宗三对一个无限的道德主体的肯定。对此要说的是，超出那些核心分歧，后面我们将会看到两位哲学家的思想之间还存在着的诸多响应。在这点上，说海德格尔自己试图恢复物自身的一个积极的向度便足够了。他所采取的方式在根本上明显不同于牟宗三的规划，既不将物自身与我们生存的一个无限维度相关联，也不将物自身系于基础存有论的架构之中，他的基础存有论对于牟宗三来说不过是一个"执的存有论"。

二、牟宗三赋予物自身的价值意味

现在我们已经看到,对牟宗三来说,康德对现象与物自身的区分是主观的,这个区分与一个超越的问题相关而非仅仅关联于一个认识论的问题。但是康德对人类具有智性直观的能力的拒绝,在牟宗三看来使得稳定物自身以及扭转其消极意义的想法,成为不可能:

> 我与康德的差别,只在他不承认人有智的直觉,因而只能承认"物自身"一词之消极的意义,而我则承认人可有智的直觉,因而亦承认"物自身"一词之积极的意义。(《智的直觉与中国哲学》,第123页)

然而对牟宗三来说,"稳住"物自身概念指的是什么呢? 实际上,是指使物自身能够被赋予一个价值的意味。

100

> 同一物也,对有限心而言为现象,对无限心而言为物自身,这是很有意义的一个观念,可是康德不能充分证成之。我们如想稳住这个有价值意味的物自身,我们必须在我们身上即可展露一主体,它自身即具有智的直觉,它能使有价值意味的物自身具体地朗现在吾人的眼前。吾人能清楚而明确地把这有价值意味的物自身之具体而真实的意义表现出来。我们不要把无限心只移置于上帝那里,即在我们人类身上即可展露出。(《现象与物自身》,第16页)

牟宗三对康德思想中物自身的诠释,成为讨论和争议的对象。郑家栋认为,"此说与其说是对康德物自身概念的诠释,不如说是对它的扭转,因为康德的物自身概念尽管含义复杂,却明显地具有实在论的倾向,他多是从认知方面讲物自身".① 中国台湾哲学家李明辉的看法则不同。他通过对康德哲学中智性直观问题的敏锐分析,强调价值的意味正植根于康德哲学:"正如康德在《纯粹理性批判》中赋予'自由'概念一项知识论意义(消极意义),是为了进一步说明其伦理学意义(积极意义),我们也有理由假定:'物自身'概念的知识论意义并非其究竟意义,其提出仅是为了进一步衬托出其伦理学意义。"②然而李明辉的论证,虽然是在牟宗三的脉络中,集中于康德著作中对智性直观之可能性加以承认的段落予以进一步的详细说明,但这其中的意义有时几乎是清晰的,有时仅是含蓄的。③ 与这一立场相对照,牟宗三倾向于贬低康德著作中那些能够引发我们与超感性相关联的那些论断。事实是,他重视实践理性的设准远基于"理性的事实"(李明辉在他的著作④中对此有深入的探讨),以及不知何故忽视了康德第三批判中被后康德遗产视为至关重要的引述,那些引述能够给他的歧见(bias)提供有用的证据(这个歧见或许可由其重建儒家的形而上学体系的目标来更好地解释)。在这方面,李明辉对康德思想的巧妙诠释,在将讨论的复杂性提升到一个新的程度的同时,为牟宗三的一些关键洞见提供了正当性,这些洞见是对康德主义

101

---

① 郑家栋:《断裂中的传统》,第110页。郑家栋还指出,牟宗三与康德的区别,在于他是在实践哲学的领域而非知识的领域思考智的直觉问题。

② 李明辉:《当代儒学的自我转化》,第44页。李明辉解释说一些学者如克隆纳(Richard Kröner)或卡西尔(Ernst Cassirer)已经注意到这一点。

③ 同上,第37页。在海因茨·海姆索斯(Heinz Heimsoeth)的思路里,被李明辉所强调的是年轻康德(1760年代末至1770年代初)在一些文献中对智性直观的间接提示。谈及理性事实,李明辉也将其与智性直观联系起来。

④ 例如,可参见李明辉:《康德伦理学发展中的道德情感问题》《康德伦理学与孟子道德思考之重建》。为补充说明牟宗三相较于"理性事实"更为关注实践理性设准这个事实,我们可以回想,即使在他关于设准的讨论中,人们仍能够对他在何种程度上考虑设准的那个被称之为准存有论的特性感到疑惑。参见本书第一章。

的批判性挪用。

前面的那段牟宗三引文,强调了一些有趣的观点。引文强调,依赖于主体把握它的方式,同一物可以作为现象也可以作为物自身。在此方面,对知性主体或道德主体(智的直觉)、现象或物自身、有限性或无限性的区分,直接与佛教《大乘起信论》表述的"一心开二门"观念相应。换言之,所有这些区分都指向与世界相关联的两种不同方式,两个紧密相连的经验领域。同一事物(例如:人伦关系中的一个具体的事或情境),对于我来说可以既是现象(我感知、分析,对其加以决定等),也可以是一个能够"朗现于吾之前"的物自身。这种呈现或朗现(牟宗三经常使用这两个词语来表达),是一个当下的经验(既因为它是突然的,也因为它无须中介而与知性及其范畴无关),是一种道德的直觉或道德能力的运用。"道德"在其词源学的意义上,含有一种绝对的"道德"之义,在这里"道"意为"道路"(Way),"德"指一种禀赋、一种能力。从字面加以理解,这样的道德直觉,包含着把握道的能力,换言之,即一个具体情境中的价值把握。这些价值,既是道德的也是"形而上的",它们虽然是通过情感来表现的,但与哲学家如马克斯·舍勒的一些分析,有着很大的差异。① 现在让我们转向这些价值与行为的关系,这能够使我们更好地理解这些价值的意义。

① 舍勒所描述的价值领域,比儒学主张的道德价值宽广得多。"我们也反对任何持有价值能够被还原为'先验的应当'的所有理论,或者还原为一种内在的感受的必然性,也反对道德的价值能够被还原为什么'良心'来告诉我们。"舍勒:《伦理学中的形式主义与质料的价值伦理学》,第266页。虽然牟宗三和舍勒享有同样的对康德形式主义的批判,但他由儒学所激发的哲学,在价值的欣趣上,相对于舍勒而更为确定地接近康德。在《中国哲学十九讲》(第289页)中,牟宗三表明,他自称的是关于一个价值的意味而非直接的价值,以将自己的观点与有关价值的思想学派所讨论的价值概念区别开来。

三、物自身概念的不同向度

> 康德把自由意志当作原因（属于智思界的一个"智思
> 物"），把行为（或行动）当作结果。这种因果性，康德称之
> 为"特种因果性"（special causality），亦叫"自由的因果性"
> （causality of freedom），与"自然因果性"（causality of
> nature）是完全不同的。在特种因果性中，原因属于智思
> 界，而结果则属于感触界。因此，作为结果的行动本身，只
> 有现象义，而无物自身的意义。（《中国哲学十九讲》，第
> 283 页）

通过这段引文中"行动"的观念，我们能更好地描述牟宗三物自
身的意义。牟宗三的论证是，在康德这里存在着自由意志与具
体行动之间的分离，自由意志与一个假设的智性世界相关，而
行动是以自由意志为原因的"特种因果性"的感性结果。对于
康德来说，这一立场出于这样的事实，即道德经验的重心存在
于能够自我克制且服从绝对命令的意志这一边。这个偏向反
映了这样的考量，即一种虽与义务一致但不为义务所决定的行
为不是一个道德的行为。① 对于康德，意愿是关键的，但它首
先关联于意志以及正确选择的理念。不过我们还是要坚持这
个事实，强调意志或选择或意愿绝不意味着行为自身的实现
是不重要的。恰恰相反，在对道德意志的强调之外，康德还强
调道德行为的践行是怎样重要。善良的意愿与一厢情愿无

---

① 这个观念在《道德形而上学原理》第二章中得到论述。

关,它关联于一个为了实践和结果所做的要求。① 但是一个给定的环境中的行为或具体的行动,主要表现为道德意志或意愿的结果(或效果),此外,它们的模式不再与严格意义上理解的道德哲学有关。② 从这个角度看,上述牟宗三对康德"行动"概念正当性的评论(将其描述为一种镶嵌于感性世界的现象)是有着坚实基础的,也提供了与他自己对物自身所作理解的鲜明对照。在此,具体说明牟宗三援引物自身概念时所涉之意义域就是必要的。实际上,物自身对于牟宗三来说有三个关联要素,这些要素在道德经验的过程中紧密地结合在一起:

1. 我们的"心"(heart/mind)或"良知"(innate knowledge)之自身(作为一种"体");

2. 通过其行动(作为一种"用")而被体认的我们的"心"。它的用,可以通过"意"③或"存有论的道德觉情"(与康德的被描述成"主体的"单一的道德情感相对,此点将在第五章中讨论)呈现出来。"意"和"存有论的道德觉情",被认为没有任何感性的因素。"心"的这样一种"用",在更广泛的

---

① 关于这个论题,参见梅乐康(Mai Lequan)在《康德的道德哲学》第343—349页中的著名论证。她说明康德哲学中的道德功绩归于一个后来能转换成具体效用的纯粹意愿相关(第347页)。她还回顾康德第三批判所指出的,人的价值既存在于道德的意愿也存在于道德的行动之中。同上,第345页。吉尔・德勒兹(Cilles Deleuze)也说,"考虑到《实践理性批判》的整体,一个简单的错误诠释是危险的,即:相信康德的道德无差别地保存于它们的实现之中。在实在中,感性与'超感性'领域之间鸿沟的存在,正是为了被沟通"。德勒兹:《康德的批判哲学》,巴黎:法国大学出版社1998年版,第57页。

② 牟宗三:《康德的道德哲学》(KDDZZ),第347页。

③ 这里我所指的"意",被王畿(王龙溪)吊诡地称之为"无意之意",牟宗三以佛教的方式将之描述为"无意相",这是超出感性世界的。参见牟宗三:《圆善论》,第316—318页。在接下来的讨论中,我将回到王畿的这个思想。

意义上已经被归入"行为"这个范畴中（就术语而言，前面所引的引文清楚地将"行为"与"行动"混同）。

3. 人在经验中遭遇的并与人相互作用的事或存有（即具体的境遇）。在行动的过程中，它们获得一种价值的意味。

当然，因为最终都与道德经验的统一性相关联，上述区分中有些东西是暂时的。

> 当自由无限心呈现时，我自身即是一目的，我观一切物其自身皆是一目的。一草一木其自身即是一目的，这目的是草木底一个价值意味。（《现象与物自身》，第18页）

> 以"一心开二门"的格局而言，行动本身不只是现象。行动若直接由良知、本心或自性清净心①发动，则在良知、本心与自性清净心面前，它就不是现象的身份，它本身即是物自身的身份。（《中国哲学十九讲》，第287页）

> 在自由自律的无限心之圆觉圆照下，或在知体明觉之神感神应下，一切存在皆是"在其自己"之存在。圆觉圆照无时空性，无生灭相，"在其自己"之存在当然亦无时空性，无流变相，它们是内生的自在相，即如相：如相一相，所谓无相，即是实相。② 无时空相，它们不能是有限（决定的有限）；但我们亦不能说它们就像"无限心体"那样的无限，它们是因着无限心体之在它们处著见而取得解脱与自在，因此取得一无限性

---

① 感谢柯文杰对"innately pure mind"翻译的建议。
② 在这里，牟宗三稍微调整了对《般若经》的"实相一相，所谓无相，即是如相"的引用。参见牟宗三：《中国哲学十九讲》，第288页。不过，没有什么真正的差别在这两个引用中。

的意义。当我们说"一色一香无非中道"时,此时我们并不是把色香看成是一个现实的物体存在(事实概念的物体存在),而把它们看成即是"中道",这是一个价值意味的存在。(《现象与物自身》,第112—113页)

这三段引文,表明物自身的意义和应用范围横跨了多种语义域(康德哲学的,儒学的,佛学的)。牟宗三哲学中一些用心深远的范例提醒我们,如果不将其作为一个有着多种语义层次的话语加以考虑的话,讨论诸如物自身这样的概念挪用便是不可能的,事实是:牟宗三对康德概念的再诠释,最终还涉及中国思想的核心洞见。

在上述引文中,有多种概念来表达相似的观念。为了唤起赋有智的直觉能力的道德主体,牟宗三使用了自己的概念"自由无限心"("free infinite mind")或"自由自律的无限心"("free and autonomous infinite mind"),不过他也诉及"良知""本心"("constitutive mind")、王阳明的"知体明觉"("enlightened moral knowing")或佛教的"自性清净心"。当牟宗三讨论道德主体的活动(或另一个词"智的直觉",即从"心"之功能看的"用"而不是"体")而指心之"呈现"时,也使用从佛教来的语汇(圆觉圆照)[1]或一个儒家的语汇(神感神应)。[2] 并且为了显明我们与"事"的觌面相照,牟宗三也述诸"目的"(带有对康德目的王国隐喻的强调)以及一些完全的佛教概念"自在相"[3]"如相"[4]"实

---

[1] "圆觉"所示的是遍及每一存在的圆满的觉悟。"圆照"字面的意义是"完全的观照"。牟宗三这里将些佛教的表述运用于无限的道德之心的作用,可以看作是从一个超出纯粹佛教视角的更宽广的视界出发的。

[2] 此典故出于王龙溪。参见牟宗三:《圆善论》,第323页。

[3] 这是佛教的表述,缘于对庄子"自在"的借用。参见牟宗三:《中国哲学十九讲》,第289页。

[4] "如相",即被视为如其自身的而非被决定的。

相①"中道"②等。牟宗三不仅挪用和重释了康德的"物自身"，也将"现象或物自身（本体）"的区分与"一心开二门"相关联，后者被他当作是由中国思想三大主流派别共同分享的核心洞见。

参考《大乘起信论》是重要的。如前面提到的，牟宗三赋予这个文本一种超出单纯佛教传统的方法论角色。③ 实际上，在前述的引文中，"一心开二门"的原型被无分别地运用于儒家的良知或佛教的自性清净心。这显然并不是说牟宗三假定良知与自性清净心是相等的（每一个概念应该在自身传统的脉络中被诠释），而是说他认定东方哲学必须肯定"一心开二门"的结构，④这个结构也关联着同康德的对话。

一方面，是佛教传统中所称的圣与凡（体现于"一心开二门"之中）；另一方面，则是康德的本体与现象的先验区分，二者之间的融通为一些评述者所批评。在这些评述中，汉斯·鲁道夫·康特对牟宗三与天台佛学的关系有着透彻和深刻的分析。康特在文本中指出，在诸多方面，佛教的圣凡之间的辩证以及执与无执

① 实相，事物的真实（实）相状（相），没有任何的外在规定性。
② "中道"在佛教中是一个具有悠久历史和多样释义的概念，这里明显不能追述。只要说明它常与中观学派和天台宗相关联就够了。冒着过分简化的风险，我们聚焦于天台佛学的"三观"，依据它任何事物（万法）都可以从三个方面认识：(1)"空"，因因缘而无任何的自性；(2)"假"，能够通过感觉暂时地和有条件地获得对它的把握；(3)"中道"，对"中道"的冥想意味着既把握又超越"空性"和"假有"。对此，参阅吴汝钧(Ng Yu-Kwan)：《天台佛学与早期中观学派》,《天台佛学与早期中观学派》,火奴鲁鲁：夏威夷大学出版社 1993 年版，第 124—152 页。牟宗三将"中道"与一个价值意味联系起来，被我们的心所把握的事物，既非空也非假：不再从一个主位性与客体性的视角，而是如其自身地从其内在的价值或遭遇去看待它。在第四和第五章中，我们将这一类型的"遭遇"与伊曼努尔·列维纳斯和马丁·布伯的核心洞见相比较。
③ 牟宗三：《中国哲学十九讲》，第 281 页。在前面提到的引文中，当牟宗三讨论"一心开二门"时，他援用了"良知"或"本心"。
④ 牟宗三：《中国哲学十九讲》，第 290 页。这些总体性的评论明显地会引发大量的批评，但目前的论证并不需要我们卷入这样的讨论。

的救赎概念与康德的先验区分没有任何关联,后者首先是作为认识论的概念(本体与现象指向不同的认知领域)被诠释的。① 我部分同意这样的诠释,但当我们讨论的目标是牟宗三哲学时,也发现这会带来很多困难。首先,康特的出发点基于一种对康德所作的典型诠释(首要地强调现象与物自身超越区分的认识论面相,②对纯粹的理论理性与纯粹的实践理性予以严格区隔),③这并非是没有争议的。这里提到的如下方面即可说明,一是我们前面已介绍过的讨论(如李明辉的分析和后康德哲学的论证),另外则是海德格尔的康德诠释,以及他通过对先验想象力的分析连接纯粹理论理性和纯粹实践理性(这一点是激发牟宗三的重要源头,即使牟宗三以对此立场的激烈批评作为结束)。④ 总之,康特谈论了牟宗三面对康德时的暧昧态度,⑤甚至发现了其诠释的"不融贯"("inconsistent"),不过,康德自己的著作中也存在着歧义(这些歧义已经被从费希特到海德格尔的一系列哲学家所确认和运用)。其次,康特关于这个问题的论证,其攸关所在,乃是倾向于更多关注传统诠释下的康德哲学与佛学之间的关系(包括差异),而非牟宗三对康德哲学、佛学的再诠释。这样的论证路线,

---

① 康特:《存有的不确定性与救赎的相关性:牟宗三的天台佛学诠释评价》,《东西方哲学》第 56 卷第 1 期,2006 年 1 月,第 34—36 页。天台佛学强调圣凡之间的相互关联。康特非常清楚地解释了对于智顗来说,"凡俗"如何可以具有一种"指导的价值",以及实际上后者何以是"万法的真实本性"。同上,第 31—34 页。"凡俗"的指导价值体现于智顗著名的格言"善即恶"。
② 同上,第 34—36 页。
③ 同上,第 28 页。
④ 康特解释说,在康德哲学中,"理论的纯粹理性和实践的纯粹理性——自发性和自律性——不能互相推出"。然而,海德格尔关于康德第一批判的诠释及其对先验想象力的作用的强调,将实践的纯粹理性引入了理论的纯粹理性中。参见第四章和毕游塞:《牟宗三与海德格尔的康德诠释问题》,《中国哲学》第 33 卷第 2 期,2006 年 6 月。
⑤ 同上,第 19 页。

也可由他对牟宗三的诠释"不融贯"的指责中直接引出。这里再次说明的是，即便是在"方便"（"provisory way"）的意义上，将牟宗三的康德挪用考虑为一种哲学的可能性，而非坚持一个关于康德的传统诠释（基于康特融通康德思想与佛学是困难的认识，我相信这是对的），以理解何者才是牟宗三的真实意义以及经验所是，这难道不会富有成效吗？从这个角度看，被赋予物自身的那个价值意味，真正指向了普通的、现实的凡俗世界与价值的圣域之间的相互关系。道德创造性在人类生活中的安顿——即人对于实在之不已的（unceasing）创造性过程及其实现的贡献——在极为琐碎的现实历程中是可能的，而且这种安顿反过来贡献于实在的转化。

以上说明牟宗三物自身概念涉及了三个不同要素。

即使牟宗三无疑已经越出了康德的思想，道德的自我与物自身的联系也并不难理解，而对于康德来说，完全肯定主体的本体向度会遭遇一个明确的认识论障碍。

如果我们考虑牟宗三持守的"体""用"传统，至少在逻辑上，¹⁰⁹对于道德自我的自发活动——感性与道德感情——的诠释，也是容易获得深入理解的，体与功能（在当下一方面是心，另一方面是心的活动）关联于同样的事情，它们仅是观照同一实在的两个视角。

前述引文中存在的主要困难，是将物自身的向度——同时还有价值的向度——赋予我们日常活动中所遭遇的具体事物和情境。较难理解的是，那个"潜在的物之在其自身"的领域（the realm of "would-be thing-in-itself"）看起来是遍在一切的，甚至包括草木。在这方面，牟宗三继承了两个传统。他坚持了大乘佛教无限慈悲的理念（佛性遍满一切），也坚持儒家仁爱万物的观念,如张载的作品(即《西铭》)或王阳明所颂扬的,王阳明甚至暗示人的情感可以投射到植物甚至石头上。① 在第五章中,我们将回到一切存在"相互依存"的问题并将其与西方思想中关于"他性"("otherness")的一些反思相对照。

牟宗三援引物自身概念的大致框架现在已经介绍过了。在结束的地方,对物自身的三个不同向度还是应当强调(心之自身,通过"用"而被把握的心,心之活动历程中的事与存在),这一切都指向我们投入"自我转化"("工夫")历程时应对世界的一种方式。因此,关于"感应"("inter-affection")与自我修养,这里先作介绍,我们将通过对道德情感问题的探讨再做补充。这里仍然存在着一些需要澄清的工作,以区分物自身与继承于康德并被牟宗三深入讨论的概念:超越的对象 X。

问题性的"超越的对象 X"

受海德格尔《康德与形而上学疑难》的影响,牟宗三在《智的直觉与中国哲学》②中用大量的篇幅阐明从康德那里传承的概念:超越的对象 X。③ 这个概念最初使用于《纯粹理性批判》第 1版,在第 2 版中被舍弃。牟宗三如此关注它,看起来似乎令人惊讶。我认为,至少有两个因素可作解释。

① 参见程艾兰:《中国思想史》。
② 该书从第七到第十五章(大约占全书三分之一篇幅)用来全部或部分阐述这个概念。牟宗三:《智的直觉与中国哲学》,第 24—130 页。
③ 康德哲学中 Transcendental 这个词,牟宗三翻译为"超越的",中国大陆学界通常译为"先验的",在海德格尔哲学的翻译中,也多沿用此译法,同时还有"超越论的"译名,如王庆节在《康德与形而上学疑难》中的翻译。为了方便对牟宗三思想的引用和讨论,这里随顺牟宗三及本书作者的译法,将 Transcendental Object X 译为"超越的对象 X"。——译者注

首先,核心的一个问题源于海德格尔在其超越的和基础的存有论理解中赋予"超越的对象 X"的作用。的确,海德格尔将这个概念与两种经验联系起来,一种是"认知主体"("knowing subject")的,另一种是"实践主体"("practical subject")的。下面我将说明为什么牟宗三不接受这样的定位。这也为第四章进一步反思存有论问题做准备。

第二个困难来自这样的事实,根据牟宗三,康德在谈到超越的对象 X 时并非足够清楚,因而与物自身的某种混淆便为可能。在康德的脉络中,只要人对超感性的直接契入是被否定的,这种可能混淆的影响便停留在理论上且为有限。然而,对于一些如牟宗三那样设定人具有智的直觉人来说,事情便变得不同:圣人经验的真正意义将岌岌可危。

虽然康德希望以一个"先验的哲学"去替换那个"存有论的骄傲的称号",[①]但海德格尔和牟宗三都是通过援引"存有论"(虽然以完全不同的方式)来分析他的思想。牟宗三通过赋予物自身概念以价值的意味,将其处理为人之生命中超越性的可能的与具体的表现,换言之,朝向一个"无执的存有论"(本体界的存有论)与人之存在的无限向度的经验的开放。与之相反,海德格尔基于对超越的对象 X 的理解,关注一个涉及"有限性本质的必然结构"的存有论。[②] 事实上,康德的思想以某种方式被牟宗三和海德格尔向两个完全不同的方向上"拉扯"("pulled"),其张力体现在"超越的对象 X"与"物自身"这两个概念之中。

[①]　海德格尔:《康德与形而上学疑难》(德文版)(KPM GV),第 124 页;康德:《纯粹理性批判》第 1 版,第 275 页(A247)。

[②]　海德格尔:《康德与形而上学疑难》(德文版)(KPM GV),第 124 页。

一、"超越的对象 X"与思辨的知识:牟宗三如何接受海德格尔的
　　康德思想诠释

在深入一个较为复杂的问题之前,我们要首先在一个思想的历程中对超越的对象 X 的意义做出回顾。我因此将基于牟宗三的评论来直接介绍海德格尔的诠释:一方面,海德格尔的诠释相较于康德的文本更为清晰;另一方面,牟宗三在很大程度上赞同他的诠释。

在《智的直觉与中国哲学》第八章和第九章,牟宗三翻译并评论了海德格尔《康德与形而上学疑难》§16。海德格尔的出发点是人的有限性。有限性直接关联于我们的认识能力,这个认识能力由从属于单纯的接受性直观的知性所规定。我们的知不能像上帝之知一样创造任何存在。事实上,所遭遇的存在已经存在,我们仅需要让它们自己呈现于我们:这就是海德格尔所命名的"entgegenstehen/engegenstehenlassen"(牟宗三译为"对象化"或"让其成为自己")。① 作为有限的生命体,我们因而需要"一个朝向某某(tunning-toward)的基本能力",或换言之,"给予一个游戏的空间(Spielraum)",在此之中,一个存在能够向我们展露自己。② 因而有了"根源性的朝向活动"这个观念。③ 海德格尔认

---

① 牟宗三:《智的直觉与中国哲学》,第 32 页。海德格尔:《康德与形而上学疑难》(德文版),第 70—73 页。理查德・塔夫特(Richard Taft)翻译 entgegenstehen lassen 这个观念为"let-(something)-stand-in-opposition"或"the letting-stand-against"。对于这个术语,牟宗三自己也给出了英语翻译("letting become an object"和"act of ob-jectification")。我们偏向坚持他的选择。他的两个选择中的第一个更接近法语的翻译"laisser s'ob-jeter",参见《康德与形而上学疑难》(法文版)(KPM FV),第 129 页,脚注 1。
② 海德格尔:《康德与形而上学疑难》(德文版)(KPM GV),第 71 页。
③ 牟宗三:《智的直觉与中国哲学》,第 24 页。

为,"事先就处在游戏空间中源初性地育成它的东西,不是别的,只是超越"。① 牟宗三解释说,海德格尔意在强调超越层的实有或存有的结构,由此存在的客体化(ob-jectification)成为可能。② 这就是德国哲学家所称的存有论的或先存有论的(pre-ontological)知识。

我们能够对(经验的)存在加以接受的这一可能性,要求我们 *112* 对一个客体(objectivation)的原初能力加以处置。这个错综复杂的问题,在海德格尔那里与先验图式与时间的分析联系起来(从§19 到§23)。在对对象化问题的沉思中,这位德国哲学家提出了一个特殊的超越性观念,指的是这样的行为,在其中我们"先天"构造出一个使客体得以显现的境域(horizon)。在此阶段,我们需要完整地理解的是存有论知识之超越对象(transcendental object)的意义,或换言之,是先于其经验的对象化而在超越的形式中站出的那个对象的意义。在《纯粹理性批判》第1 版中,③康德名之为"超越的对象 X",海德格尔将其视为"无"("ein Nichts"/"Nothing"),并告诉我们:"无意味着:不是一个存在物,但仍然还是'某物'。"④他还强调:"这个 X 就是'对象一般',这并不意味一个普遍的、尚未规定的、站在对面的存在物。相反,这一

---

① 海德格尔:《康德与形而上学疑难》(德文版)(KPM GV),第 71 页。中译文参见王庆节译本,第 65 页。

② 牟宗三:《智的直觉与中国哲学》,第 31 页。

③ 超越对象 X 仅以此名(Ein Etwas=X)出现于《纯粹理性批判》第 1 版。《纯粹理性批判》(第 1 版),第 280 页(A250,251);第 165—70 页(A103—110)名为"概念中认定的综合"的一节中。然而,牟宗三指出这个概念在第 2 版中没有如此出现,但康德的意思仍然同样地保留了下来(牟宗三:《智的直觉与中国哲学》,第 42 页)。我们在第 2 版中发现"对象 X"被称为"超越的对象"(transedndental object)("so ist der Gegenstand bloß transzendental,"牟宗三:《纯粹理性批判》(KPV),第 275 页)。

④ 海德格尔:《康德与形而上学疑难》(德文版)(KPM GV),第 73,122 页。中译文参见王庆节译本,第 117 页。

说法指的是那个东西,它事先成就一切可能的站在对面的对象的模糊梗概,事先成就着一个站在对面的东西的境域。"[1]在这个阶段,牟宗三赞同海德格尔论证的主要路线:

> 超越对象所以对于我们是"无",如海德格所说,是因为他不是一"存在物"(essent),不是一对题的对象。不是存在物,就是无——无物;[2]但它又是"某物",不是绝对的虚无,它是对象成为对象底超越根据,是对象底道理(认知地物物之原则)。它所以不能被我们所直觉,也正因它是一个道理,一个原则,是**范畴**底统一所表现的最普遍的性相,并不是具体的现象(存在物),所以这是可思而不可感的。在这里,亦不能说它可以为纯智的直觉所给予,因为他不是一个实物(有实义的自在物),它是统觉底统一之所施设。(《智的直觉与中国哲学》,第 95 页)

我们不需要进一步涉入诸细节。重要的仅是注意,"超越的对象 X"如果被当作存在物的对象化的超越根据(或者作为对象化的境遇,抑或对象的一个原则)加以理解,便不会对牟宗三造成任何的困难。我们仍停留在一个知识的理论及其可能性条件的框架之中。由此而来的存有论,是一个关于存在物的存有论,可以作为对象被认知与把握。这与牟宗三称之为"执的存有论"的现象界的存有论在某种意义上相符合。

在前述所引段落的结尾,牟宗三说明"超越的对象 X"被剥夺了实在性,因其存在仅为一个统觉的施设,也正因为如此,它不能

---

[1] 海德格尔:《康德与形而上学疑难》(德文版)(KPM GV),第 123 页。中译文参见王庆节译本,第 117 页。

[2] 在法语中为"un exisant néantisé"。

在一个智的直觉中被直接把握。在回到"超越的对象 X"与海德格尔实践哲学相关概念的关系之前,我们首先必须讨论牟宗三对康德立场的批判性分析。他的目标是厘清"超越的对象 X"与物自身的区别,以避免对被赋予智的直觉之意义(即一种成圣经验)的任何混淆。

二、"超越的对象 X"绝不能通过智性直观把握之康德立场的厘清

牟宗三关于康德哲学"超越的对象 X"的问题之一,是他相信这个概念没有被充分精确地定义从而为错误的诠释开启了大门。即使牟宗三没有在他的意见中将事情说得那么直白,在我看来,康德哲学的阅读者仍会面对两个障碍:(1)如果他接受我们已介绍的海德格尔的那个清晰诠释(即将"超越的对象 X"始终置于知识理论和现象界存有论的领域),他将冒着成为受害者的风险,这个风险是牟宗三认定的海德格尔将康德《纯粹理性批判》错误地引入实践领域的风险。的确,稍后我们将看到,海德格尔的康德诠释对一个如牟宗三所理解的本体界存有论的可能性,是一个毁灭。(2)如果康德哲学的读者没有领会海德格尔的诠释,另一个困难便出现了:由于康德的文本存在着一些模糊使得误解成为可能,这会引发"超越的对象 X"与物自身的混淆,如此也会把智的直觉概念归入错误的运用领域。这将接着影响到牟宗三赋予智的直觉概念的那个成圣体验的意义。这两套理由及困难,可能是牟宗三试图厘清"超越的对象 X"意义的真正的背后动因。

引文 1

在下述引文中,康德谈到"超越的对象 X":

一切我们的表象实是因知性而涉及某一对象;而因为现

象不过是表象，所以知性把它们关涉到"某物"上去，以此某物作为感触直觉底对象。但此某物，如此思之，只是这"超越的对象"；其意是"某物＝X"，关于此某物 X，我们不知道什么，而以我们的知性之现有的构造言，我们对之也不能知道点什么，但是若当作统觉底统一之一"相关者"看，它只能为感触直觉中的杂多之统一而服务。因着这种统一，知性把杂多结合于"一个对象之概念"上去。［康德：《纯粹理性批判》，第 280 页（A250—251）；牟宗三：《智的直觉与中国哲学》，第 86 页所引］①②

引文 2

在下述引文中，康德当下关注的是"物自身"：

（"现象"）一词必须被视为早已指示一"对于某物之关系"（关联于某物），对于此"某物"之直接表现自是感触的，但它即使离开我们的感性之构造（我们的直觉之形式即基于此感性之构造上），其自身也必须是"某物"，即是说，是一独立不依于感性的"对象"。［康德：《纯粹理性批判》，第 281 页（A252—253）；牟宗三：《智的直觉与中国哲学》，第 88 页所引］③

牟宗三作了如下评论：

然则如果超越的对象不即是"物自体"（noumenon），则说超越对象的"某物"与说物自体的"某物"如何区别呢？康

---

① 我使用的英文翻译见康德：《纯粹理性批判》（英文版），第 684 页。
② 因本节关于康德《纯粹理性批判》"超越的对象 X"的讨论，其相关文本基本出自牟宗三的引用，所讨论的问题主要针对牟宗三的研究，为便于还原相关讨论及避免在翻译过程中概念使用的淆乱，这里直接使用牟宗三的译文。——译者注
③ 英文翻译见康德：《纯粹理性批判》（英文版），第 685 页。

德对此未曾有一语简别的话,这就使人限于迷乱。(《智的直
觉与中国哲学》,第 88 页)

　　然则,超越的对象(一对象一般 X)是否即是这纯智界底
纯智物①而单可由吾人所不能有的纯智的直觉来给予呢?
当然不是……物自体是纯智直觉底一个对象,而超越对象却
可以不是一个对象。(《智的直觉与中国哲学》,第 89 页)

牟宗三首先强调,康德的文本中存在着混淆对象 X 与本体(或物
自身)的风险。一方面(引文 2),我们有一个现象(phenomenon)
以传统的方式与某物(something)即一个物自身的关联。另一方
面(引文 1),同样的现象也被我们的知性关联于与前者根本不同
的另一个某物,这个某物仅被认为是一种服务于杂多之统一的机
能,或作为一种使对象化行为能够实现的机能。换言之,现象被 *116*
关联于对象 X,以至于对象 X 能够对我们作为一个对象而出现。
X 是一个某物,一个总体的对象,并且不是一个通过智性直观被
创造的纯智物,在康德的论述中智性直观与之完全不相关,他没
有将这种能力赋予人而给出。根据牟宗三,康德言及"某物"每次
都是处理不同的问题,这带来了某种区分上的混乱,即对一个消
极意义(作为我们认知能力的限制)的本体(noumenon)与这个著
名的 X 之间的混淆,后者被思为客体化的先验基础和我们认知
机能的先验基础。我相信,牟宗三夸大了这个混淆的风险,因为
在康德著作的德语文本中,这里有清楚的区分,"某物"在指超越
的对象 X 时,被以大写字母写成,而第二个作为物自身标识的
"某物",则非如此。康德的文本事实上非常清楚。那么,为什么

---

① 照字面翻译为:"纯智界底纯智物"("the intelligible of an intelligible world")。

牟宗三对实际上看起来如此细微的技术性问题如此关注呢？真正有趣的是,牟宗三发现它对厘清一个问题非常重要,换言之,他关于这个问题的敏感,是因为它异乎寻常地揭示了他的哲学与海德格尔哲学的不相容性(incompatibility)。如果牟宗三没有将一个价值的意味赋予康德的物自身,两个"某物"的这一区分问题将仍然被限制于知识及其可能性条件的领域。随着物自身具有价值的意味而使我们得以进入实践哲学的领地,问题便变得非常复杂。根据牟宗三的理论,圣人或圣人的道德实践被理解为一个无限心的创造活动。正如本章第一部分所提到的,物自身这个概念可以运用于(a)无限的心体;(b)通过其活动而被体认的心;(c)心之活动历程中所感应的事与物。因此,混淆物自身与对象 X,将导致这些各种要素与思辨知识的可能性条件两方面之间的混同。对此,我们在下一节中将接着讨论。所以牟宗三选择谨慎地区分这两个概念,他甚至进而主张将(在价值意味上加以理解的)物自身命名为一个"超绝的对象"("transcendent object"),以与一个"超越的对象 X"相对:

> 假定(noumenon/thing-in-itself)①"是一独立不依于感性的对象",很自然地也可以说成是"超越的对象"(transcendental object)。其实,在此不当用"transcendental",用"transcendent"

---

① 括号中的插入语 noumenon/thing-in-itself 是本书作者在英译版中加入的。关于 thing-in-itself,作者注曰:该词在牟宗三那里指"物自己","物自己"也用作对 noumenon 的翻译。牟宗三混用"物自己""物在其自己""物自身"(后者被用来正式翻译 thing-in-itself)。在 1999 年发表的牟宗三写给刘述先的信中,牟宗三解释对"物自己"这个词的误用,心中所指的却是"物自身"这一理念。牟宗三:《牟宗三先生论智的直觉函》。法语译文可见毕游塞:《牟宗三(1909—1995)哲学中的智的直觉》,第 324—341 页。关于"物自身""物自己""物在其自己"和"智思物"(intelligible entities)的分疏,参见刘述先:《牟宗三先生论智的直觉与中国哲学》。——译者注

一词是否较好呢？假定可说是"对象"，则"transcent-object"依 *117*
中文当该是"超绝对象"，而不是"超越的对象"。"超绝"者超
乎经验而又隔绝乎经验(独立不依于感性)之谓。(《智的直觉
与中国哲学》,第88、89页)

这里我们触及牟宗三哲学的一个要点。对于康德,物自身仅是一
个超越(transcendental)的概念;当然,人们从其积极的意义上
(即自由意志,灵魂不朽,上帝存在)将其指认为本体,它可以被当
作一个"超绝的概念"("transcendent concept")。但是人们应该
立刻就补充道,一个关注超绝概念的超绝形上学对于康德来说不
可能是一门科学。① 因而,在实践哲学领域引入超越论
(transcendentalism),例如自由意志,对于康德来说仅是一个实
践理性的设准。不过,问题的症结是,牟宗三拒绝在实践哲学的
领域中依赖超越论,他的道德形上学可以归为在中国思想的基础
上恢复超绝形上学的一个尝试。所以在上述引文中(并非总是如
此),强调了超绝的对象与"超越的对象"的明确区分。② 但是,
"超绝对象"的引入(以及不经意引入的"超绝形上学"——即使这 *118*
里不是以这样的词汇来表述),并非仅仅以批判和超越康德为目
标,另一个明确的目标当然是海德格尔以及他的内在形上学或基
础存有论。

---

① 参见菲利普斯(Philipse):《海德格尔的存在哲学:一个批判性的诠释》,普林斯顿:
普林斯顿大学出版社1998年版,第126页。
② 关于牟宗三先生思想中的超越性问题,参见郑家栋关于"超越性"与"内在超越性"
的讨论,参见郑家栋:《断裂中的传统》,第202—232页,特别是208—220页。郑
家栋强调,在许多情况下,牟宗三对"超越"的使用,与康德的超越论没有较多的共
享之处(在汉语中,与牟宗三的词汇更为适合的词应该是"超验")。的确,如这里
的引文,牟宗三并没有总是直接使用"超绝"这个词。郑家栋解释说,在那种情况
下,牟宗三赋予"超越"的意义更为接近(欧洲)中世纪对"transcendence"意义的
赋予。

三、"超越的对象 X"的理解分歧对牟宗三与海德格尔哲学根本差异的揭示

我们已经看到,牟宗三在一定程度上同意海德格尔对康德文本的诠释。① 如果"一般对象 X"("the object in general X")构成了一个客体化的"境域"②,它就能够作为一个"超越的基础"或一个"对象的原则"被规定。这两位哲学家之间的主要差异,出自他们对同一诠释所隐含的后果的分析。分歧集中于《康德书》§25:超越于一般形而上学的奠基。该节在《智的直觉与中国哲学》第九章中被牟宗三做了彻底分析。牟宗三翻译了海德格尔关于超越的对象 X 之意义厘清的相关论述,并强调了他认为的有关康德的一个错误诠释。

让我们先阅读海德格尔的文本:

> 存有论的知识"形成"超越层(超越性者),而此种形成不过就是敞开一个地带,在此地带内,存在物底实有(Being)是事先可觉知的。假定那种真理意谓:**某某之不隐蔽(Unverborgenheit)……则超越层(超越性者)即是根源的真理。但是,真理自身必须被理解为实有之揭露以及存在物之朗现(明朗,Offenbarkeit)**。如果存有论的知识揭露这地带,则它的真理性即存于(the act of)让存在物在此地带内被碰见。[海德格尔:《康德与形而上学疑难》(德文版)(KPM GV),第 123—124 页;《康德与形而上学疑难》(英文版),第

---

① 牟宗三:《智的直觉与中国哲学》,第 42 页。
② 境域(horizon),牟宗三译为"地带"。——译者注

87 页]①

牟宗三作了如下的评论:

> 海德格说存有论的知识或真理是"存有之揭露与存在物之明朗",以及说真理是"某某之不隐蔽",皆是根据其自己之思想说,或以自己之说统为背景。实则康德说知性统觉所成的先验综合判断即使可说是存有论的知识,也是现象底存有论的,即使可说是"实有(存有)之揭露",也只是现象的存在物之普遍的性相之揭露,并不是海氏心目中所意谓的"实有"。海氏于康德所说是著了一些颜色。康德心目中的真正存有论是在"超绝形上学"处,集中于自由意志与物自身,不在此"内在形上学"处。海氏想于此内在形上学处转出其基本的存有论,故总以存有论的知识,存有论底奠基,视康德之工作。(《智的直觉与中国哲学》,第 47 页)

存有论的知识,如果被作为敞开对象化的"地带"加以理解,对于牟宗三来说,它仍残留着一个与现象界存有论的关联。不过,对于海德格尔没有将基础存有论仅作为"现象界的存在物之普遍的性相之揭露"以及他已经摆脱了康德的文本,牟宗三完全明白。根据牟宗三,对象 X 在康德的心灵中仅关联于一个知识的理论。在前述处理超越性、解蔽以及根源的真理等问题的那段引言中,海德格尔走得太远。真理被理解为"不遮蔽"("ἀλήθεια"),或"实有"("das Seiende")在其"存有"("das Sein")中之揭露,是存有者

---

① 作者在所此处全文标注了《康德书》该段的德语原文,正文所引为英译文,与牟宗三中文翻译依据的英译文同。为了方便与下面牟宗三的评论和作者的讨论相衔接而避免某种可能的混乱,这里的中译文直接使用牟宗三的译文。文见牟宗三:《智的直觉与中国哲学》,第 45—46 页。——译者注

的存有(Being of beings),这是一个在他许多文本中都遇到的一个关键论点。① 当更多地超出思辨知识的可能性的领域,存有者("存有者"包括所有事物:一块岩石、人和世界)之存有的揭露,是与实践的迫切需要分不开的。海德格尔以一种特别的用辞(烦、关心,真实性……),说明这一问题。在我们生活中对已转化着存有者的存有的迎候,在每天与存有者打交道时向存有敞开我们自身,这意味着进入与世界的一种新的关系。这样一种关系的主要特征是真实性以及与在场的存有者相处的另一种方式,去领会它们在场的"浑然中处"("density")。一个锤子的存有,通过使用它的工匠而显露自己。在我的问询中,在面对另一个自我在场(通过另一个我的在场)的操心(Sorge)②中,能够自我显露的道德存有引导我并使我做出道德的决断。天才梵高通过一双画在帆布上的农夫的破旧鞋子,显露了一天辛苦的田间劳作后漫长的回家之路的真实。③ 海德格尔的思想关注于我们与存有(Being)的关系,以及我们如何在庸常生活中向存有敞开自己。关键的问题便是,向超越一切的一个在场(presence)的敞开。

海德格尔对"知识"意义的诠释,在某种程度上可能会呼应一些可在中国哲学中发现的洞见。对于他,知识不仅仅是概念性的存在,知识还是一条存有之路,一条迎候存有在场之路,一条共在

① 在上述引文原文的脚注中,海德格尔还提到了他的另一个文本《论真理的本质》,在这个文本中,他准确地分析了解蔽与真理。
② 这里重要的是,明确"操心"对于海德格尔来说不意味着"对'人类生活'的评估——这个评估反映其世界观和伦理学"。相反地,它是指"一个对此在的超越性之结构统一的指明,即其自身就是有限的"[海德格尔:《康德与形而上学疑难》(德文版)(KPM GV),第292页;海德格尔:《康德与形而上学疑难》(英文版)(KPM EV),第165—166页]。
③ 参见施泰纳:《马丁·海德格尔》,第42页。

(being-with)之路。① 如此,知识不再是一种主体或客体的对立与征服关系,而成为一种切近于事的经验。毕来德的一本具有启发性的小书《庄子讲座》,描述了庖丁、轮扁以及吕梁瀑布中的游泳者,②对于他们所从事的事物如何以精妙的方式掌握,庄子告诉我们:"掌握的姿态蕴含着一种知识的类型,我相信这是所有可能的知识中最有把握的和最根本的,但哲学从未对之加以考虑。"③在一定的程度上,这种理念在王阳明的思想中也可发现。王阳明融合"学"与"学中之行的过程",如学孝之人,必躬行孝道,学孝的过程与学射、学书类似。④ 总之,在海德格尔的哲学及知识的概念中,存在一个实践的向度,它作为一个改变我们对待世界方式的邀请而发挥作用,如此,也响应了那些在中国思想中发展出的洞见。牟宗三的问题是,海德格尔思想中这样的一个实践维度,是通过一个以内在的形上学为名的康德诠释加以证明或关联的,他相信这完全不能为康德所接受。

　　牟宗三认为,就海德格尔来说,将所述的"一条存有之路"或一种在世的筹划(operating in the world)(其中蕴含着一个自我转化的向度)的实践知识,与一个建立在超越的对象 X、图式⑤和时间基础之上的存有论的知识相关联,是不合法的。牟宗三变成了康德文本的一个热忱的守护者,因为他想要保存一个超绝的形上学的可能性。对于牟宗三,如果他想要保卫自己的形上学体系并将康德的工作编织进中国的传统,这样的一个可能性实在极为

① 参见施泰纳:《马丁·海德格尔》,第 114 页。
② 《庄子》中的一些著名人物。
③ 毕来德:《庄子讲座》,巴黎:阿利亚出版社 2002 年版,第 24 页。
④ 王阳明:《王阳明全集》(卷一),第 45 页。
⑤ 图式(schemata),牟宗三译为"规模"。——译者注

重要。《纯粹理性批判》为一个新的形而上学以及在划定实践理性领域后承认其优先性的康德主义,开辟了道路。因而,牟宗三谴责海德格尔在《康德书》§25 中对康德的篡夺(appropriation)。当海德格尔将真理定义为"存有的揭蔽"("unveiledness of being")时,两套不同的观念纠缠在一起:一方面,关切被给予了对象化的可能性的条件,于是我们被置于思辨的知识或思辨的理性的领域;另一方面,海德格尔引入了一个关于存有的非常个体化的理论,这个理论重申了实践理性的有限性并将其建立在时间之上。这正是牟宗三关于海德格尔的康德诠释的疑难所在。海德格尔思想中的存有论知识的概念包含了某些与牟宗三自己的哲学格格不入的东西。对于海德格尔明确地将时间性(Zeitlichkeit)与操心结合,以及将"此有"("Dasien")的时间性解释作为基础存有论的目标,牟宗三有着出色的理解。[①] 但是牟宗三拒绝这一哲学立场,抛开其他,这威胁了他自己的哲学体系。现在,我们需要通过阐明牟宗三对海德格尔在超越的想象力和实践理性之间建立联系的激烈批判,继续我们的探索。这将在一个对基础存有论意义的更大的反思框架中完成。

---

① 海德格尔:《康德与形而上学疑难》,第 238—239 页;海德格尔:《康德与形而上学疑难》(英文版),第 168 页。

第四章　基本存有论再思

本章探索存有论(ontology)在牟宗三哲学中,特别是在他对儒家传统的再诠释中的重要性及意义。这里的关键问题是,如何使实践哲学及人的具体道德生活建立在坚实的基础上。牟宗三关于存有论的讨论,延续了中国思想对主客关系——天与人——认识的核心洞见。在古代中国,这样的问题是在一个宇宙论的脉络中被广泛地思考。受佛教的影响,宋明新儒学对于实在的终极原则及契入方式,做过细密的思考。冒着简单化的风险,可以说这在某种程度上引发了儒学的一个形而上学的转向(metaphysical turn)。当然,在使用诸如"形而上学"这些外来的术语时,小心谨慎是必要的。此外,我们不应当忘记中国思想脉络中的认识论关切是与自我修养和自我转化的实践目标有着很大关联。借用牟宗三的观念,形而上学更主要是一个道德的形上学而非一个道德底形上学,即一条依据它能够实践地把握实在的终极原则之路,而非一个思辨地探求人类知识的终极限度的纯粹的认识论努力。在 20 世纪初,从王国维开始,许多中国知识分子强调了中国思想的形而上学向度并追溯至古代中国。与此同时,本体论①这个概念也被提到面前。牟宗三的老师熊十力,声言

---

① 本体论(ontology),牟宗三译为存有论。——译者注

"哲学就是本体论"以及真正意义的本体论只能在中国哲学的框架中得到揭示。① 这样的立场,远非没有争议,引发了激烈的争论,为梁漱溟、马一浮等学者严厉批评。不管怎样,如冯友兰和牟宗三这样的哲学家继承了对本体论的强调,在他们哲学中,许多传统概念达到了郑家栋所强调的"本体化"地步。② 在接下来的研究中,我们首先继续我们关于牟宗三的海德格尔思想诠释的探索。这将为我们接下来分析中国语境中的基本存有论以及由儒学所激发的"无执的存有论"的意义开辟道路。最后,我们将在伊曼努尔·列维纳斯伦理学作为"第一哲学"理解的基础上,审视牟宗三所强调的存有论的"基本的"性质。

对牟宗三借鉴海德格尔反思基本存有论的说明

以下两节,我们将更系统地介绍牟宗三对海德格尔"基本存有论"概念的理解。前面阐述超越的对象 X 时,我们已经在那个脉络中展示了海德格尔的康德诠释不仅与牟宗三的康德诠释不相容,甚至会毁坏牟宗三通过对话康德重建儒家(甚或是中国的)哲学核心洞见的努力。换言之,如果海德格尔的康德诠释是正确的,牟宗三的全部规划便会问题重重。他关于《康德书》的富有洞见的批判也是如此。在深入讨论具体问题之前,我们首先介绍牟宗三对海德格尔的基础存有论的批判:

> 他十分重视人的有限性(这有限性不必从康德的纯理批判说起)。对于人的有限本质,以现象学的方法,存在的进

① 郑家栋:《"中国哲学史"的写作与中国思想传统的现代困境》,第 134 页。
② 同上,第 135 页。

126

路,作一存有论的分析,即成功其基本存有论。存有论即是
显露人底实有(Being of Dasein)。(《智的直觉与中国哲
学》,第 355—356 页)

就人的有限性了解人的实有,这实有是实有如其为实有
(Being as such)而了解之。① 实有不是一类概念,不可以界
定;亦不是泛就万物思辨地讨论它们的实有,亦不以理型或
本质为实有,亦不以形而上的实体或绝对为实有(⋯⋯)。他 *125*
是就现实的人之有限性存在地而且是现象学地显露人的实
有性,真实性(authenticity),由真实性(真正不假)去领悟人
之实有,实有实即是一种实有性(Being as a character)。②
海氏书中几乎每句都有"实有",但从未指出甚么东西是实
有。(《智的直觉与中国哲学》,第 356—357 页)

海德格尔的出发点是人之存在的根本的有限性。牟宗三清楚地
观察到基本存有论是对人的有限本质(limited essence)的分
析。③ 这样的一个存有论,应当使对 Dasein 之实有(Being of
Dasein)的揭示成为可能。④ Dasein 关联于人对自身存在的追
问,他发现自身存在的问题性并因而提出实有的问题,这是在沦
入日常现实时他的实有之问题。牟宗三以不同的方式翻译
Dasein 这个概念:在那里、在这里、有处境的在(字面上与在一个
情境中的有相应)、混然中处的存在者的在(我们可将之翻译为

---

① 在这个中文文本中,"实有如其为实有"的英语表达即 Being as such。
② 牟宗三直接使用一个英文的表达去翻译"实有性":being as a character。参见牟宗
三:《智的直觉与中国哲学》,第 356 页。
③ 同上,第 348 页。
④ 同上,第 356 页。

126

the Being of beings in its "every-dayness")。① 关于日常性
(Alltäglichkeit)，"海德格尔由之开始他的关于人之存在的分
析"，代表了我们存在的最为具体的维度。乔治·史丹纳
(Georges Steiner)解释说，我们"忽略我们在世之中(being-in-
the-world)的所有决定性的核心的原因，在于这一寓居其中的日
常现实是如此地多样和平庸"。② 他引用了来自海德格尔的词汇
表："和某种东西打交道，制作某种东西，安排照顾某种东西，放弃
或浪费某种东西，从事、贯彻、探查、询问、考察、谈论、规定、认知
某物。"③我们的在世之中(中处于世界)是我们真实存在的载
体。④ 忽视它将产生海德格尔名之的与真实性(Eigentlichkeit)
相对立的"假有"("Tatsächlichkeit/Faktizität")。我们每个人都
经验着一个非本真自我的存在维度，在德语中为关键词 Man
(人)集中体现。⑤ 这会将我们导向伦理的(虽然海德格尔对伦理
学不作多言)或政治的失责。真实性是一种以怖慄(Angst)为特
征的觉醒，让我们得以逃脱凡俗。

---

① 牟宗三从张载那里借用了"混然中处"的表达。见于张载《正蒙》的第十七章《西
铭》的首段。张载:《正蒙》,上海:上海古籍出版社 200 年版,第 231 页。字面上,
这意为"I dwell enfolded in (Heaven and Earth)"(我居于天地之环抱中)。英译文
受万百安(B. W van Norden)启发而稍微作修改。牟宗三解释说,这个"混然中
处",在海德格尔的思想脉络中就是日常性,他用英语翻译为"every-dayness"。
② 乔治·施泰纳:《马丁·海德格尔》,第 85 页。
③ 同上,第 85 页。
④ 在他的《关于人道主义的书信》中,海德格尔指明"在我们的'在世之中'的决断中,
'世界'既非标示存在也非标示存在之域,而是向存在的敞开"。海德格尔:《关于
人道主义的书信》,《问题Ⅲ和Ⅳ》,巴黎:加利马尔出版社 1996 年版,第 65—
127 页。
⑤ "海德格尔的关键词是'lapidary',可别扭地翻译为:自我从自身疏离出来以成为常
人(a Man)。在德语中,Man 同时意味着'某人'(one)和'他们'(they)。"乔治·施
泰纳:《马丁·海德格尔》,第 92 页。"沉迷于世务之中的人机械地接受了一种由
匿名的因循守旧构成的规训生活的秩序:常人的专政。"让·柏弗雷(Jean
Beaufret):《从存在主义到海德格尔》,第 22 页。

牟宗三介绍了海德格尔的与人的此有（Dasein）的被抛（geworfen）在世相关联的存有论追问，这个被抛在世的此有试图掌握自己真实性以成其为人。然而，海德格尔思想中的"实有"这个概念对于牟宗三来说仍然是非常含混的。

> 所谓"无家性"，存在的虚无，存在的痛苦，怖慄之感（与
> 惧怕不同），等等，都是依存在的入路描述人之获得真实性以 *127*
> 显示其实有底过程中之种种的微象。人是"实有"底守护者，
> 即就人的存在以显露其实有性，此即是实有，亦即基本存有
> 论之所在。（《智的直觉与中国哲学》，第 360 页）

> 他所描述的良心底呼唤（call of conscience），疚仄之感
> （guilt），怖慄之感（dread）以及所谓决断（decisiveness），焦虑
> （anxiety，care），虚无（nothing）等等，似乎都可以显示出一
> 个"真心"来，但在他的描述中，他把这些都弄散荡了，他并未
> 把这些凝敛成一个"真心"。（《智的直觉与中国哲学》，第
> 362 页）

上述引文提供了一些牟宗三理解海德格尔思想的洞见。实际上，在第二段引文中表现得非常清楚，就牟宗三来说，存在主义的视角导致了一个问题：海德格尔的描述可以引导我们去思考真心的显露，或者至少隐隐约约使人回想到儒家的心的概念。当然，这里我们没有发现海德格尔哲学与儒家之"心"的任何直接类比与系统比较。不过牟宗三清楚地感受到，在这个所谓的存在主义观点中，以良心底呼唤、疚仄之感、怖慄之感、焦虑等等加以暗示的东西，可能会导致一些混淆。海德格尔关于"怖慄"与"惧怕"（Furcht）之间的区分是众所周知的。后者有着一个特定

的对象(恐惧于俗见,害怕失败等),而前者的特征是对虚无(Nichtigkeit)①的揭示与遮蔽,用柏弗雷的话来说,是显露"我们源初状态的那种摇摇欲坠,我们与生俱来的那个真实状况"。②被海德格尔赋予的有着一种存有论向度之揭示作用的怖慄之感,可以回应牟宗三的"存有的觉情""深刻的道德觉情",对此我们将在第五章中讨论。③ 在超出《康德书》对海德格尔哲学所作的一个诠释中,牟宗三认识到海德格尔思想的实践取向并对它与存有论的关联做出理解:"人是实有的守护者。这就是基本存有论之所在。"就牟宗三而言,他不能接受将他所认为的一个现象界的存有论(或一个执的存有论)与实践哲学相联系,也不能接受将这种存有论与儒家立场蕴含的如下方面相关联:自我的转化、道德、圣性。因此,他直言不讳的判断是,海德格尔的描述是含混的、不准确的和浮泛的。以下引文对他的立场做了概括:

> [海德格的思路,]因为不肯认一个超越的实体(无限性的心体,性体或诚体)以为人之所以为真实的人,所以有"实有"性之超越的根据,所以我们可断定说这是无本之论。(《智的直觉与中国哲学》,第 360 页)

实则依康德,真正的形上学乃是"超绝形上学"。如要想讲"基本存有论",亦只应在超绝形上学处讲,而不能在此内

---

① 海德格尔:《形而上学是什么?》,《问题Ⅰ和Ⅱ》,巴黎:加利马尔出版社 1996 年版,第 59 页。
② 柏弗雷:《从存在主义到海德格尔》,第 23 页。
③ 牟宗三将"存有的觉情"翻译为"ontological feeling"。牟宗三:《心体与性体》(第 3 册),第 252 页。

在形上学处讲。① 此是海德格之一间未达处。(《智的直觉
与中国哲学》,第 32 页)

由这很少的几行论述,我们直接进入牟宗三哲学的关键点。对于 129
他,自我转化的可能性(成圣、成真人、成佛,实现人的真实性)需
要植根于一个所谓的超绝的实体,换言之,需要被关联于一个本
体界的存有论。这便是牟宗三基本存有论的确切所在。超越性
在他的著作中以不同名目出现:生生不已之体、道、理、性体、心
体。在康德的思想中述及"'真正的形上学'的超越品格"是棘手
的。对于康德,超绝的形上学作为一种科学是不可能的,因而需
要第二批评以及实践理性的设准等。相反,对于牟宗三,超绝形
上学亦即通往一个本体界的存有论,是可能的并能够直接建立在
对康德第一批判的再诠释基础上。尽管如此,如果相信牟宗三倡
导的是对某种前康德的超绝概念与存有论的回归,这将是错误
的。真正需要清楚理解的关键点是——这里我正重复一个已讨
论过的观点——牟宗三通过区分"道德底形上学"(康德的概念)
与"道德的形上学"而对"形上学"这个词的意义的修改。他的"道
德的形上学",深植于中国传统的源头,不是一个思辨的知识问

---

① 赫尔曼·菲利普斯提供了一个关于康德思想中超绝的与内在的形上学之间的区
分的清晰评述:"根据康德的定义,如果一个东西超出了任何的可能的经验,它就
是超绝的,而如果是在可能经验的领域内,包括这个经验领域的一个先天的结构,
它可称为内在的。相应地,康德区分内在的形上学与超绝的形上学,前者是现象
世界的一个先天的存在论的综合,后者所关注的是上帝、不朽的灵魂和作为创造
的宇宙。他的超越的转向体现于,内在的形上学作为一个科学是可能的,而超绝
的形上学则非如此。"菲利普斯:《海德格尔的存在哲学:一个批判性的诠释》,第
126 页。困难来自于这一事实,海德格尔为"transcendence"注入了一个新的意义。
柏弗雷解释说:"为了指称这一以在世之中——它是人性中的人之基础——为形
式的对此在的突入,海德格尔复活了一个非常古老的词汇并赋予其新的意义:超
越。"柏弗雷:《从存在主义到海德格尔》,第 20 页。的确,康德所说的是内在性
(immanence)。

题,而是一个实践的知识问题(在某种程度上,这也是海德格尔此在的形上学的问题所在)。在这样的一个框架中,超越不是与其真实的实现相割裂(因而有智的直觉概念的重要性、天人关系的缩影,或超越与内在关系问题的全部讨论)。终极地说,即使牟宗三没有这样做,那也不是朝向超越而敞开道路的一个现象学(a phenomenology)(如海德格尔关于超越的再诠释那样),而是一个人类学(an anthropology),这就是自我的修养实践(我们在后面将回到此点)。现在,我们需要通过转向超越的想象力及其与实践理性之关系这个困难的问题,深化对牟宗三与海德格尔哲学对话的关键问题的理解。

存有论、超越的想象力与实践理性:对海德格尔的一个批判

本节主要阐明牟宗三在《智的直觉与中国哲学》第二十二章("基本存有论如何可能?")①中讨论的一些观念,该章与海德格尔《康德与形而上学疑难》第三十节(超越的想象力与实践理性)②相关。

牟宗三对海德格尔这一关键章节的细致讨论,揭示了他对海德格尔工作的理解如何富有洞见,尽管事实上他在很大程度脱离了西方哲学的语境。让·格莱士(Jean Greisch)在引用吕克·费雷(Luc Ferry)与阿兰·雷诺(Alain Renaut)关于海德格尔思想中的伦理向度的研究时解释说,第三十节在这两位作者看来,对追问海德格尔思想中的伦理问题的任何人来说,都是"在方法论

---

① 牟宗三:《智的直觉与中国哲学》,第346—67页。
② 海德格尔:《康德与形而上学疑难》(德文版)(KPM GV),第156—160;海德格尔:《康德与形而上学》(英文版),第109—112页。

上至关重要的"。格莱士进而指出：

> 这正是海德格尔最初尝试将实践理性与超越的想象力
> 加以联结之处，这个联结是特别通过运用康德关于"敬"的那
> 个他所推赞的现象学的美德分析实现的。如此，正是在这
> 里，在一个"有限性的伦理学"的层级上，人们会发现伦理学
> 与基本存有论之间的那个"消失的连接"，一个此后便看不到
> 的连接。①

在牟宗三的分析中，这个"消失的连接"实在是太明显，完全不能
接受。牟宗三响应了由恩斯特·卡西尔（Ernst Cassirer）在著名
的达沃斯会议上阐明的针对海德格尔的诸多批评，那个会议如果
不是当代西方哲学的转折点，也是一个里程碑。② 不过，牟宗三
的立场当然不是一个新康德主义者所维持的启蒙思想的立场。　131

　　为了充分理解牟宗三的海德格尔诠释，我们先要回顾《康德
与形而上学疑难》所揭示的观点。首先，海德格尔将一个关键的
作用赋予了超越的想象力。根据康德，我们的认识能力是感性与
知性这两种能力统合（综合）的结果，它们的共同根源对于我们始
终是不可知的。③ 根据海德格尔，这个共同的根源仅是超越的想

---

① 格莱士：《伦理学与存在论》，让·格莱士、雅克·罗兰（Jacques Rolland）编：《关于
　列维纳斯〈伦理学作为第一哲学〉的瑟里西拉萨勒（Cerisy-la-Salle）会议（1986 年 8
　月 23 日至 9 月 2 日）集》，巴黎：雄鹿出版社 1993 年版，第 23 页。费雷与雷诺：《海
　德格尔思想的伦理向度》，《人类》第 14 期，1986 年，第 95 页。
② 达沃斯会议是第一次世界大战后旨在促进法德和解的一个跨学科倡议的一部分。
　海德格尔和卡西尔参加了 1929 年会议并展开辩论，该辩论有时被认为是现代哲
　学的转折点。年轻的列维纳斯参加了这次会议。会议背景的简要回顾，参见列斯
　古勒（Lescourret）：《伊曼努尔·列维纳斯》，巴黎：弗拉马里翁出版集团 2004 年
　版，第 74—83 页。争论的内容见于《康德书》的德文版和英文版的附录（参见本书
　参考文献）。
③ 海德格尔：《康德与形而上学疑难》（德文版）（KPM GV），第 37 页；海德格尔：《康
　德与形而上学疑难》（英文版），第 26 页。

象力,他将其作为存有论知识的基础以及形塑前两种来源统一性的知识的第三种主体来源。

　　为了使知识成为可能,我们已看到受限的主体(人)必定在海德格尔所描述的那一个"对象化的境域"①的意义上遭遇存在物(das Seiende/beings)。这是一个事先搭建起来的舞台,存在物作为我们知识的对象在它的上面成为可能。对于将要展露自己的存在物,此境域先天地敞开了对其知觉的可能性。恰好是知性,构成了对象化的能力,记住这一点是重要的。因而,此境域的功能是能够使知性与一个直观相联。那些被对象化的存在物,需要变成感性的,因此存在者需要被给予海德格尔所称的"外观"("view")或"图像"("image")。实际上,作为知性的一个根据,正是超越的想象力,能够使得知性的纯粹概念感性化。这是通过图式化(schematism)发生的。因为我们这里讨论的不是经验性的概念(例如,可以作为所有房子的一般形式的一个房子的概念图式),而是知性的纯粹概念,其纯粹性和感性化需要超越的图式。这些超越图式的纯粹图像是时间。海德格尔指明,是超越的想象力形塑(shape)了时间,②他描述为本源的时间。③　因此,超越的想象力在他所称的"超越性"中起到了一个关键的作用。实际上,超越无非就是主体转向(turning-toward)④或定向于存在者的源

132

---

① 对象化的境域(horizon of objectification),牟宗三译为"对象化的地带"。——译者注
② 海德格尔:《康德与形而上学疑难》(德文版)(KPM GV),第176—188页(§33);海德格尔:《康德与形而上学》(英文版),第123—132页。
③ 海德格尔:《康德与形而上学疑难》(德文版)(KPM GV),第187页(§33);第131页。
④ Zuwendung,牟宗三译为"朝向某某"。

发动作,使存在物在上述的境遇中能够被对象化。① 在海德格尔的康德诠释中,这个超越性的展露(也是主体性的展露),构成了存有论之内在可能性的基础。存有的问题,换言之,存有者的存有论结构的本质问题,变成了一个时间的问题。② 对于海德格尔,形而上学的(人之实存的)疑难,变成了一个必须系定于时间的基础存有论的疑难。

根据牟宗三,当海德格尔在超越的分析论与超越的感性论的基础上擘画一个基本存有论时,他的目标是拆毁西方哲学从柏拉图到康德的无所不在的存有论的旧概念。③ 海德格尔关注直觉的接受性而非知性的主动性,以强调人之存在的有限性。他突出时间和超越的想象力的作用。对于牟宗三来说,这些要素仅表达了海德格尔希望与康德彻底切割的愿望:海德格尔拒绝接受康德给予实践理性优先性的方式,即应当(duty)高于存在(existence)的方式。④ 牟宗三拒绝将《纯粹理性批判》看作一种知识理论,也拒绝将其视为为了内在的形上学的奠基而向基本存有论开放的领域。正如我们所看到的,事实上,牟宗三认定海德格尔背离了康德的主要理念:康德有兴趣的形上学仍是牟宗三所说的超绝的(transcendent)形上学,实即一个道德的形上学。⑤

在《康德与形而上学疑难》的第三十节,海德格尔试图证明实践理性像纯粹理论理性(纯粹知性)一样,植根于超越的想象力。

---

① 海德格尔:《康德与形而上学疑难》(法文版)(KPM FV),第 25—27 页[比梅尔和瓦伦斯(A. de Waehlens)的《康德书》法语版导言]。
② 在《智的直觉与中国哲学》第二十二章的结尾,牟宗三说明了他对海德格尔哲学中的"存有"的把握仅是在阅读了海德格尔《形而上学导论》和《康德与形而上学疑难》之后。参见牟宗三:《智的直觉与中国哲学》,第 367 页。
③ 牟宗三:《智的直觉与中国哲学》,第 350 页。
④ 同上,第 350 页。
⑤ 同上,第 450 页。

133 这样的一个论断,对牟宗三来说是不能接受的。然而,为了充分领会这位德国哲学家的思想,我们需要强调没有被牟宗三注重的一点:海德格尔坚持这一事实,即纯粹直觉不仅是接受性的,还具有一种自发性的特征。相应地,纯思(纯粹知性)不仅是自发的,还具有一种接受性的特征。[①] 它们的共同的根源——超越的想象力,有此双重特征。现在,我们关注海德格尔在第二十九节介绍的一个重要观念,这个介绍在他联系实践理性的相关说明之前:

> 在纯粹知性,即纯粹理论理性的本质中已经存有自由,只要这自由说,在某种给出自身的必然性之下站起来。这样说来,知性和理性并不自由,因为它们具有自发性的特征,而且还因为这种自发性是一种接受的自发性,即超越的想象力。(海德格尔:《康德与形而上学疑难》(德文版)第156页;海德格尔:《康德与形而上学》(英文版),第109页)[②]

通过说明知性具有一种接受的自发性的特征,海德格尔能够使自由进入理论理性的领域。此外,在第三十节,他还表明理论理性也是实践的,因为它的可能性依赖于自由。[③] 于是,他推证实践理性必然建基于超越的想象力之中。在道德的领域,当人遵从他加之于自身的一个必然性时,自由被表征为一个接受的自发性,正如知性在理论的领域一样。[④] 无论如何,牟宗三不会真正同意这些观点。对他而言,超越的想象力(其作用被认为仅存在于理

---

① 牟宗三:《智的直觉与中国哲学》,第351页。
② 中译文参见王庆节译本,第147页。——译者注
③ 因为思涉及直观,它不但是纯粹自发性的,也是接受性的。海德格尔:《康德与形而上学疑难》(法文版)(KPM FV),第25—27页、34页,比梅尔和瓦伦斯的导言。
④ 海德格尔:《康德与形而上学疑难》(法文版)(KPM FV),第35页,比梅尔和瓦伦斯的导言。

论理性的领域)与实践理性之间,没有共同的基础。① 事实上,由海德格尔建立起来的这种联系,威胁了"无执的存有论"的可能性。这个存有论与一个超绝的和客观的本体关联,此本体,人应当通过道德生活实现之,并从中寻求自我转化的力量。牟宗三的海德格尔批判建立在海氏如下论述上: ¹³⁴

> 只有了解实践理性底根源是见之于超越的想像,我们始能了解为什么在敬(Achtung)底感情中无论法则或行动的自我皆不能客观地被领悟,但只能在一更根源的,非对题的,非客观的路数就像义务与行动之路数中而被作成显著的,而且足以形成自我之成为自我(Being of the Self)之非反省的,行动的模式。②(《智的直觉与中国哲学》,第 354 页)

对此,牟宗三有如下评述:

> 我的了解正相反。假定实践理性底根源真见于超越的想像,则"在敬底感情中,无论法则或行动的自我皆不能客观地被领悟"云云正好不能被了解。因为超越的想像就时间形成规模,实践是超越想像底根据,时间化就等于对象化。如

---

① "海德格尔关于这方面[与时间的关联,超越的想象力和规模(schemata)]的解释,是他的书中最凸出,亦可说最精彩的一节。但是他的透视冒犯又不只限于理论理性,而且又冒险扩展到实践理性即道德我底自我性。但是我看不出实践理性与超越的想象有何关系。"牟宗三:《智的直觉与中国哲学》,第 353—354 页。

② 海德格尔:《康德与形而上学疑难》(德文版)(KPM GV),第 160 页;海德格尔:《康德与形而上学疑难》(英文版),第 112 页。为了与牟宗三的评述相衔接,这里采用了牟宗三的中译文,文见《智的直觉与中国哲学》,第 354 页,牟译依据英文本而译出。毕游赛在本注中给出了德文版的全文。王庆节依据德文版的译文与牟宗三依据英文版的译文可作比照参考。王庆节译本第 151 页如下:"惟有从超越论想象力而来的实践理性的这一源泉,才可以重新让我们了解到,在怎样的程度上,律令在尊重中——就像行动着的自我一样——不是被对象式地把握住的。但是,作为应当与行动,它们却恰恰以一种更为源初的、非对象性的和非专题性的方式得到公开,并且形象为非反思的、行动着的自我存在。"——译者注

135　　果道德的真我连同其所自律的道德法则真可以时间化,则正

好成了现象的对象而可以客观地,对题地被领悟,而成为非

真我,非道德的法则。海氏说此话太为离谱。不但显示其对

于道德的真我无了解,且亦影响其对于超越的想像之了解。

道德法则与行动的自我不能客观地被领悟,这话是真的,这

显示其对于道德我有了解;但他说这只因超越的想像而可

能,这便成离奇。这两者建立关系是荒谬的。(《智的哲学与

中国哲学》,第 354 页)

牟宗三引用的那几行海德格尔的文本,见于这位德国哲学家《康
德与形而上学疑难》一个最困难的章节(§30)的结尾。这可能也
是最具争议性的段落之一。牟宗三提到达沃斯会议上卡西尔与
海德格尔的论辩,他解释说,也许正是考虑到这段内容,卡西尔指
出海德格尔对康德的思想为篡窃而非诠释。[①] 牟宗三文本中仅
有的这个评论,确定地反映了他在某种程度上分享了卡西尔的感
受。[②] 的确,此处利害攸关的是:通过使实践理性植根于超越的
想象力,海德格尔将伦理学及其基础拉进了他的基本存有论领
域,这个存有论在牟宗三看来仅是现象界的存有论。对牟宗三来
说,这样做将使中国哲学的精义——承认宇宙与人之主体性(主

---

① 牟宗三:《智的直觉与中国哲学》,第 354 页。
② 比较牟宗三与卡西尔对海德格尔康德诠释的批判在本书的研究范围内是不可能
的。我们仅强调,在卡西尔的脉络中,牟宗三明确不赞同海德格尔的关于图式论
的诠释。我相信他会同意卡西尔在达沃斯如下论述:"人们不能对图式化的意义
评价过高,(海德格尔的)康德解释中的最大误解就出现在这一点上。不过,康德
在伦理的东西那里禁止图式化,因为他这样说道,我们的自由概念等东西是洞见
(而不是知识),这些洞见自身不可再进行图式化。**理论知识有一种图式化,但实
践理性则没有**。"(着重由引者所加。)海德格尔:《康德与形而上学疑难》(德文版)
(KPM GV),第 276—277 页;海德格尔:《康德与形而上学疑难》(英文版),第 195 页
(附录 4,题为"恩斯特·卡西尔与马丁·海德格尔的达沃斯论辩")。(本注中引文的
中译,参见海德格尔著,王庆节译:《康德与形而上学疑难》,第 265 页。——译者注)

体性存在于道德的与创造性的活动中)之间的联系,肯定本心与
规定万物之理之间的合———陷入绝境。这回应了智的直觉的
讨论中所提出的问题。此点,关系到全部中国哲学传统的成
败。为了充分把握牟宗三的洞见,我们必须回到海德格尔的
论述。

　　海德格尔关于自由具有接受的自发性的讨论,以及他在接受
的自发性与知性品格之间建立的联系,只是为一个实践理性的本
源的揭蔽开辟道路。海德格尔认定,实践的自我(Self)的本质可
以在"自我意识"("consciousness of the Self")中获得规定。[1] 他
试图理解这样的一个意识结构如何能与超越的想象力相关联。
他关注的问题是对道德律令的"敬"("respect"),并试图理解这样
的一种情感如何能够"是自我意识的一个呈现方式"。[2] 他论证
说:"在律令面前的敬,就是对作为这一个自我的自己的本身的
敬,但这个自我不是由于自傲和自负决定的自我。"[3]"敬",解释
了自我作为一个自由的存在:在自身服从道德律令时,自我实际
上将自身服从于道德律令所体现的纯粹理性。海德格尔在"敬"
的结构与超越的想象力二者之间做了个类比:如果我们考虑"律
令之自由的自身向前给出"[4],敬便是纯粹的自发性,它的纯粹的
接受性应归于对道德律令的听命。

---

[1] 自我的本质与自我意识之间的联系被关联于纯粹统觉的我[海德格尔:《康德与形
　　而上学疑难》(德文版)(KPM GV),第156—157页;海德格尔:《康德与形而上学
　　疑难》(英文版),第110页]。
[2] 海德格尔:《康德与形而上学疑难》(德文版)(KPM GV),第157页;海德格尔:《康
　　德与形而上学疑难》(英文版),第110页。
[3] 海德格尔:《康德与形而上学疑难》(德文版)(KPM GV),第158页;海德格尔:《康
　　德与形而上学疑难》(英文版),第111页。中译文参见王庆节译本第150页。
[4] 海德格尔:《康德与形而上学疑难》(德文版)(KPM GV),第159页;海德格尔:《康
　　德与形而上学疑难》(英文版),第111页。

如果返回前面提到的牟宗三评论海德格尔的那段论述,我们意识到牟宗三删除了我认为有重要性的关键两行(下面以黑体标示)。我们现在阅读全部引文:

听命的、直接的对……献奉,就是纯粹的接受性;律令之自由的自身向前给出则是纯粹的自发性。这两者在自身中源初性地为一。(而且)只有了解实践理性底根源是见之于超越的想像,我们始能了解为什么在敬底感情中无论法则或行动的自我皆不能客观地被领悟,但只能在一更根源的,非对题的,非客观的路数就像义务与行动之路数中而被作成显著的,而且足以形成自我之成为自我(Being-as-self)之非反省的,行动的模式。(《智的直觉与中国哲学》,第 354 页)①

从这方面看,牟宗三关于海德格尔根源于超越想象力的实践理性概念的批判,似乎是不完整的。海德格尔的主要观点——"敬"的本质结构与超越的想象力的本源性之间的类比——没有被直接地处理。正如我们稍后将要看到的,即使牟宗三隔离开海德格尔论证中的疑难问题,他仍然将重心放在海德格尔把实践理性与超越的想象力联系起来的结果上。

无关海德格尔的文本,我们知道,在牟宗三的观念中,本心呈现是指超感性的存有在我们生活中的真实实现,因而并不是一种现象。这导致将本心系定(anchoring)于时间性在根本上不具有可能性。所以对于牟宗三来说,海德格尔的道德自我成了一个对

---

① 海德格尔:《康德与形而上学疑难》,英文版第 112 页,德文版第 159—160 页。(此段黑体部分的论述,为牟宗三所省略而由本书作者所补充。中译文参见王庆节译本第 151 页。——译者注)

象而不是一个真我,因为超越的想象力为本源的时间性所确定。吊诡的是,海德格尔没有辩护这个立场并且细致地说明"在敬底感情中无论法则或行动的自我皆不能客观地被领悟"。牟宗三认为,这个声明表明了这位德国哲学家的话语中存在着一种内在的矛盾性。就这一问题性的段落以及可能性的诠释,还有许多东西可以说。不过这里对我们来说,最重要的一点是理解海德格尔思想带给牟宗三的挑战程度:"海德格尔欲以超越想像混漫一切——漫及道德的真我与道德的法则。但此种混漫是康德所不允许的。"[1]牟宗三的确不能接受这个立场。对他而言,海德格尔的康德诠释,仅为一个内在的形上学开辟了道路并且完全放弃了本体,他所误置的形上学只是一个谬见,[2]无法开启一个现象界 *138* 存有论之上的存有论并直契真我:

> 但在自由处,则见人的真我,人为一睿智体。若时间性以及超越的想像亦可用于此,则自由便立即成不自由,真我便立即转为现象的假我,而睿智体亦转为感性体。(《智的直觉与中国哲学》,第 355 页)

牟宗三认为,海德格尔背弃了康德,他的哲学是康德哲学的一个完全的破坏,因为他放弃了将人作为睿智体的任何证明。简言之,海德格尔在第一批判的框架中重新整合了实践理性和一个没有排除伦理向度的实践哲学(参见上面对"真我"的引证或第三十节中作为伦理学和存有论之间的"消失的关联"的论题)。然而对牟宗三来说,超越的感性论和分析论,不能为一个道德主体的存

---

① 牟宗三:《智的直觉与中国哲学》,第 355 页。
② 同上。牟宗三在其自己的文本中以英文"The fallacy of mis-placed metaphysics"来表述。

有论奠基。对此,我有两个看法。

首先,人们会对牟宗三仅从一个形上学的视角去看待海德格尔哲学感到遗憾。这里可能存在着一些为牟宗三思想中自我的转化(真实的存在等)问题提供有效交流的空间。牟宗三对现象学有些教条化的指责,阻碍他获得任何关于内在经验的具体描述。在当下,这为进入与海德格尔的真正对话造成了困难。更一般地说,如将在第六章中看到的那样,当我们进入到工夫和圣人问题时,这也成为牟宗三思辨工作的困局。

其次,牟宗三的哲学自身,难道不是对康德的第二批判的告别(farewell)吗?肯定智性直观的可能性,也构成了将第二批判所处理的问题放入第一批判的框架中进行整合。我们在第一章的结尾处曾提到,如果以牟宗三的方式对第一批判加以重新诠释,康德的一些概念(对道德律令的依待、义务、强制、责任等)将基本失去它们的相关性。对人的智性直观能力的关键性承认——伴随着将"我们能够知道什么"问题的解决归于良知能力的介绍——终究是一种在《纯粹理性批判》基础上的对康德哲学的创造性的但也是激进的再诠释。这里,我们已经处在牟宗三置疑海德格尔的康德诠释的核心处:牟宗三与海德格尔不仅在实践哲学的领域中以某种方式相互呼应,而且他们也将自己的事业建立在对第一批判的激进诠释的基础上。其结果,是对存有论概念之截然不同的转化。现在,是我们转向牟宗三"无执的存有论"意义诠释的时候了。

作为"无执的存有论"的基础存有论

在牟宗三《圆善论》的结束部分,有一个关于存有论的附录。①

---

① 牟宗三:《圆善论》,第 337—340 页。

受《大乘起信论》方法的影响,牟宗三使用了"执的"或"无执的"心这两个佛教范畴,在佛教中它们是用来区分二"门"或人之存在的两个向度:轮回与涅槃,即感性世界的系缚或终极性的解脱。这个由一心开出的"二门",被牟宗三转换为"执的"存有论与"无执的"存有论。这两种类型的存有论提供了一个概念的框架,使得对中西传统的讨论成为可能。

　　牟宗三认定西方的哲学传统发展了一套精细的"执的存有论",如其可见的那样,关注于"内在的"(immanent)存有论。"内在的"存有论,涉及事物如何被构造,即事物的存有性。这一取向的典型,是康德聚焦于现象的"知性的先验分析论"。不过,西方哲学在任何时期都有超越现象的努力(例如,柏拉图的"理型",莱布尼兹的"心子论",罗素的逻辑原子),牟宗三解释说,这完全依赖于设准而没有确定性。[①] 至于中国哲学,他认为没有真正投入那个方向,即使佛教思想的一些名相也能为一个"执的"或"内在的"存有论开出道路。[②]

　　根据牟宗三,中国思想——至少在他所服膺的道统中——首先强调的是一个"超绝的存有论",他也称之为"本体—宇宙论"("onto-cosmology")、"无执的存有论"或道德的形上学。[③] 在这个传统中,关键词不是"存有",它被认为太过于静态,而是一个动态的生成观念"生";因而对事物的发生(而非如何构成)之重要性

---

① 此外,这种存有论在某种意义上仍然是"内在的",它与任何创造性都没有联系。
② 关于这个主题,参见《圆善论》,第143、156—157、202—212页。例如,牟宗三比较了康德的范畴与佛教的不相应行法(与心不相应的法)。"意识",这一在瑜伽行派的认识分析所确定的八识中的第六识,使得对我们感觉提供的知觉的综合成为可能。不相应行法即来自于此,牟宗三也将其描述为康德的十二范畴与人类知识的形式条件(即时间与空间)的对应说法。
③ 牟宗三:《圆善论》,第340页。

加以强调的,是"理"或"根源"("origin")。① 对于牟宗三来说,这一建立在动态的"生"的观念基础上的"无执的存有论",具有一个实践的维度:对"理"的把握不是知识上的事情,而是智慧,②"无执的存有论"是建立在超越的、道德的无限智心(infinite heart/mind of wisdom)基础上的。在西方的传统中,他认定在神学的领域,诸如"超绝的存有论"与创造性这样的问题,才被首先讨论。然而,在牟宗三看来,基督宗教思想中的绝对超验,与一个既超越又内在的心几乎没有共同之处,这是它与无限智心的关键差异。③

141　　如第一章已说明的那样,这里有充分的空间去批评牟宗三对基督教思想和超绝概念(conception of transcendence)的理解。不过这不是我现在的目标,并且对这样做是否会有收获,我抱有怀疑。我这里所提供的仅是一些背景信息,以澄清牟宗三的存有论理解。现在,我们更具体地讨论他的基本存有论。

> 人底实有(人之为一实有)是因着他体证本心、道心、或自性清净心这无限而绝对普遍的实有④而始成为一实有⑤(有其实有性＝有其真实性),是在成圣乃至成圣底过程中成为一实有,在成佛乃至成佛底过程中成为一实有,在成真人

---

① 牟宗三:《圆善论》,第 338 页。海德格尔的存有论也朝向根源,对于牟宗三来说,这为问题提供了一些好的证据:"(海德格尔)力斥'表象的思想'而想后退一步回到'根源的思想',但终未透出,未达"无执的存有论"之境;虽时有妙语,然终头出头没,纠缠不已也。"牟宗三:《圆善论》,第 339 页。也参见牟宗三:《四因说演讲录》,上海:上海古籍出版社 1997 年版,第 113—127 页。

② 因而,牟宗三多次引用《圆善论》的这个后面的附录中他对朱熹的批评。我将在第六章对此加以展开。

③ 牟宗三:《圆善论》,第 340 页。

④ 无限而绝对普遍的实有(His infinite and absolute universal Being)。

⑤ 成为一实有(becomes a Being)。

乃至成真人底过程中成为一实有。成圣、成真人、成佛,是因
他体证证现了本心、道心、真常心这无限而绝对普遍的实有
而然。因此,成圣、成真人、成佛,始有他的实有性,则他的实
有性就是如此,即:在现实上他虽是一有限的存在,而却取得
一无限性,他是一个"无限"这意义的存有。(《智的直觉与中
国哲学》,第 347 页)

"基本存有论"(fundamental ontology)就只能从本心、
道心、或真常心处建立。本心、道心、或真常心是"实有体";
实践而证现这实有体是"实有用"(本实有体起用);成圣,成 *142*
真人,成佛以确定实有性即无限性,这便是"实有果"(本实有
体起实践用而成的成果)。体,用,果便是基本存有论的内
容。(《智的直觉与中国哲学》,第 347 页)

此处的关键是,牟宗三认为基本存有论是一个"无执的存有论",
它为成为圣人、真人或佛这些终极的但可实现的境域开辟道路。
在成圣、成真人、成佛的境界上,牟宗三认为,无论教义与世界观
有何分歧,主流的三个中国思想派别享有一个共同的洞见:人虽
有限而可无限。这与严格依赖于有限性的海德格尔的基本存有
论概念(被牟宗三打上"现象界的存有论"标记)形成了鲜明的对
照。① 不过,自从牟宗三清楚地意识到他所谓的"执的存有论",
在海德格尔那里与一个被赋予很强的实践向度的"存有的领悟"
("Seinsverständniss")②相联系时,他与海德格尔便处于思想的
紧张之中。我们现在回想海德格尔哲学所设定的此有的责任

---

① 牟宗三:《现象与物自身》,第 30 页。
② 海德格尔:《康德与形而上学疑难》(德文版)(KPM GV),第 246 页;海德格尔:《康
德与形而上学疑难》(英文版),第 172 页。

(Dasein's responsibility)——以此意指比道德命令更普遍的责任——乃是"为此有所是而对存有的回应"。① 这个责任,植根于他的主体性或有限性中,因而是一个对我们的在世方式加以转变的邀请。当代的存有论(在西方哲学中)的一个主要含义是"存有的领悟不仅意味着一种理论的态度而且涉及整个人类行为"。② 这样,便回应了自我转化的观念。

对于牟宗三,他的基本存有论也是以某种方式始于"主体性的结构"。这样一个结构——这里可补充一些已经在第一章中介绍过的要素——围绕着"一心开二门"的双重维度来表述,但更强调"无执的"维度的优先性。在上述引文中,牟宗三提出了在中国主流思想学派中关于基本存有论意义的一个有效定义,以及所依赖的三个概念:实有体、实有用、实有果。这些概念将西方哲学的存有概念与中国的观念,如体或用结合起来,是复合的。

如果不考虑牟宗三的命名方式,"实有体"指终极实在(本体),"实有用"指本体的功能或活动。在此人们会强调,"体"和"用"历来是以不同的视角对同一实在的思考。③ 牟宗三这里延

---

① 参见拜诺伊什特(Benoist):《论主体性》,第 538—541 页。

② 列维纳斯:《存有论是基本的吗?》,列维纳斯:《我们之间:论对他者的思想》,第 13页:"这种理解偶然性和实况性的可能性——实况性并非被视为所予给智性的各种事实,而是作为智性的行为(acte)本身——这一从赤裸裸的事实及所予的内容来展示理解活动包含了及物性和一'意义意向'的可能性(这可能性由胡塞尔发现,但被海德格尔归并于存在一般的智性活动去),构成了当代存在论重大的新颖之处。"(此段引文,依据刘国英的汉译,译文见倪梁康编:《面对实事本身:现象学经典文献》,北京:东方出版社 200 年版,第 678 页。——译者注)

③ 让我们回忆牟宗三的老师熊十力先生,他在体用论中建构了"体用不二"的理念。熊十力:《体用论》,北京:中华书局 1994 年版。关于中国哲学中体或用问题的重要性,参见柯雄文(Antonio S. Cua):《关于体用区分的伦理意义》(《中国哲学》第29 卷第 2 期,2002 年 6 月),以及成中英:《论中国哲学的"体"之形上学意义:本体与体悟》。

续了这样一种思想模式："体"无论在何种传统中（儒家的本心、佛教的真常心、道家的道心），都不与其具体的呈现及实践的实现相分离。① 在这方面，牟宗三形上学体系中的核心概念，确切说即智的直觉（智性直观），难道不重要吗？智的直觉（智性直观）——一个适用于不同思想学派的概念——直接指向"用"，指向这个终极的、存有论的实在的活动。因此，牟宗三对"无执的存有论"的肯定，远非将我们带回某种对超越性或存有论的前现代诠释（这种误解的危险有时确实存在），而仍植根于终极实在与其具体实现不相分离的思想范式中。

这个"用"或实现，体现在圣人、真人或佛的形象上，或体现在人通达这些境界的历程中（牟宗三的"用"既指结果也指历程）。让我们先作强调，当上面两段引文的第一段说"有其实有性＝有其真实性"时，他将内在的状态等同于人之"实有性"的获得。换言之，牟宗三使用相似的概念来表达自己的思想并用来翻译海德格尔的概念。② 考虑到他对后者的存有论诠释的责备，至少可以说，这样的选择会导致模棱两可。我将牟宗三创造的"实有果"③

¹⁴⁴

---

① 对于牟宗三思想中的"体"的观念，皮奥莱蒂在《道德行为的实体：牟宗三对作为康德实践哲学之完成的新儒家的阐述》（法兰克福：彼特朗出版社 1997 年版）中给出了有趣的和细节的评述，参见该书第 107—164 页。她强调，牟宗三仅在《心体与性体》（第 108 页，脚注 7）的一些评述中直接将体与用联系起来。不过，如果我们整体性地审视牟宗三的著作以及如智的直觉等概念，在我看来，"用"的维度在其思想中一直具有非常的意义。
② 例如，可参见牟宗三：《智的直觉与中国哲学》，第 356—357 页。为了说明这段引文，牟宗三借海德格尔的思想脉络指认实有性与真实性："由真实性（真正不假）去领悟人之实有，实有实即是一种实有性。"在儒家的脉络中，能够强调"实有性"是由"实有"和"性"构成，它不简单地是一个"特性"（character）而是儒家的一个核心观念——性，在牟宗三的思想中指一种潜存的道德创造性，这个创造性被赋予所有的人但需要每个人维持。
③ "实有果"是另外一个复合观念，由"实有"和"果"构成，"果"文字上意为"果实"或"结果"，不过它也承担了一个佛教的意义，意为依据宇宙的因果性，诸行为获得的报应之果。

概念,翻译为"investiture of Being",以表达"人的实有性(无限性)之获得"的具体结果。牟宗三以这种方式强调了存有论的动态性及其转化的向度。存有论的终极意义,是实现一个具体的境域(horizon,inner state)。在第六章中,我将讨论有关圣人的意义、成圣的可能性条件(工夫问题)以及顿和渐的方式等问题。在此,我们需要越过对中国三教思想皆为有效的一般性陈述,从儒家的角度更具体地讨论基本存有论。

一个儒家立场的基本存有论

接下来的分析以《现象与物自身》中题为"儒家无执的存有论"[①]一节为基础。牟宗三试图将他对这个存有论的阐述,建立在王阳明的思想基础上(在较少的程度上也包括他的学生王龙溪的思想)。这缘于他们对人的道德生活中的良知[②]决断及具体向度的思考。事实上,"基本的"或"无执的"存有论指的是一种在世的具体方式。让我们直接转向一段牟宗三文本的引文:

> 意之所在为物,此物是事(行为物)。[③] 此一件行为之事(例如事亲或读书)是就物(例如亲或书)而引起的。此时吾人只注意事而不注意物,物只是被涉及,非重点之所在。事亲之事,即,这一件行为,如何才算正当? 如何是不正当? 孝为正当,不孝为不正当。如何实现这孝行? 此乃是良知的力

---

① 牟宗三:《现象与物自身》,第435—447页。
② 同上,第437页。"Pure knowing"是倪德卫的译法。
③ 我将"物"翻译为"thing",而将"事"翻译为"affair"或"undertaking",是从艾文贺(Ivanhoe):《新儒家陆王学派读本》(印第安纳波利斯:海克特出版社2009年版)借用的。

量。在此,当人所注意的是"事亲",而不是"亲"这个存在物。
亲之为存在物是在事亲中被带进来的。当然我们亦可注意
这个存在物。这注意是在"如何实现事亲这一孝行"之问题
中注意。这一注意是认知的注意,即我们需要了解亲本身身
心之状况。如是,这显然显出良知是实现孝行底"形式因"与
"动力因",只此还不够,还需有一"材质因",即经验的知识。
在事亲之行为中,我们注意亲之为存在物是认知地注意之,
这样注意之,以为实现事亲这一孝行提供以经验的条件,即,
提供一材质因,而此是附属的。在此附属层上,我们有一现 *146*
象界,有一认知的活动,有一执的存有论。而就事亲这一层
说,当事亲这一孝行实现而系属于知体明觉,在知体明觉中
一体化时,我们即有一无执的存有论。此时,我的事亲之行
与亲之存在物俱是"在其自己"者。因此,我们有一本体界全
部朗现,而认知活动亦转为明觉之朗照,即所谓智的直觉是。
至此,我们不再说意之所在为物,而只说明觉之感应处为物。
(《现象与物自身》,第 440—441 页)

此段引文内容繁复且篇章脉络中充斥着技术性的术语,我们需要
在评述相关的存有论问题之前先做厘清。引文以具体的事情如
读书和事亲为例,包含了对我们与实在关联方式的一个整体性反
思。因而对于牟宗三,这里所蕴含的问题既是一般的,也是特殊
的。贯穿于牟宗三反思的线索,是王阳明依据"意之所在为物"而
具有的理念:在牟宗三看来,鉴于这样的论断是对我们共同经验
的深刻描述,如果我们想表明与一个"无执的存有论"相关的圣人
经验,这个描述仍然需要被批判性地审查。

王阳明的陈述是围绕着"意"与"物"来说明的。我们首先强

调,在那个脉络中,"意"与意志之意念是同义的,它可以是对的或错的,好的或坏的。其意义,与人们在王阳明被称之为《四句教》的著名诗篇中所看到的第二句是一样的:

> 无善无恶是心之体,
>
> 有善有恶是意之动,
>
> 知善知恶是良知,
>
> 为善去恶是格物。①

"意"作为意志的意向来理解,总是植根于经验之域并可名之为"念"或"意念"。② 对于"意"之所在的"物",牟宗三强调如在王阳明的思想脉络中那样,它们不是被当作"外在的对象","阳明所说的物是吾人意念之内容"。③ 换言之,物不是独立于我们的意念而是与意念关联的。王阳明通过将"物"描述为"事"来表达这一观念。④ 牟宗三袭用了这个区分,并通过将"事"以他所命名的"行为物"加以定位,来进一步规定这个区分。⑤ 对于这些"事"或

---

① 王阳明:《王阳明全集·传习录》(第1卷),第117页。

② 在《现象与物自身》第437页中,牟宗三也引用了王阳明的"随躯壳起念"的观念并强调它们的感性印记。我们对此可作补充,即王阳明的思想需要与刘蕺山(参见牟宗三:《从陆象山到刘蕺山》,第314—341页)或王龙溪的思想区分开来,他们比王阳明更加清晰地区分了植根于经验的意与纯粹之意(某种程度上被剥夺了意向性,这一点我们在后面讨论王龙溪时会着手处理)。彭国翔清楚地讨论了"意"在王阳明思想中的地位,显示了王阳明不同论述中所赋予的两种意义。彭国翔还将这些不同的意义与康德的"意志"(Wille)与"任意"(Willkür)加以比较(彭国翔:《良知学的开展:王龙溪与中晚明的阳明学》,第184—188页)。后面这点值得进一步分析,这里不能展开。不过人们会疑惑,在康德的意志中,是否始终不存在可与王阳明答罗整庵时所说的"意"(彭国翔:《良知学的开展:王龙溪与中晚明的阳明学》,第185页)以及王龙溪和刘蕺山著作中的"意"不同的意志向度。

③ 牟宗三:《现象与物自身》,第437页。

④ 参见《王阳明全集》(第6卷),第119—121页。这里王阳明以自己的方式重构了孟子的思想。参见艾文贺:《新儒家陆王学派读本》,第170页,脚注227。

⑤ 牟宗三:《现象与物自身》,第437页。

"行为物",一些经典的例子被列举出来:事亲、从兄、治民、读书、事君、听讼。① 鉴于第二个要素(亲、兄、民、书、君、讼)单独成为一个外在的对象,当其与意的第一个要素(从、治、读、事、听)结合起来,就是我们可以谈论的一个"事或行为物"。 148

总之,我深信在牟宗三关于王阳明思想的再诠释中,"物"不是像外在的对象那样被认为是独立,而是被认为处于与"意"的关系之中。人们会有这样的感觉,这是以某种方式呼应了胡塞尔式的立场,其依据是:一方面,意识必然是一个"对……的意识"(这使得人将世界作为一个 noema,即作为人的思想的一个意向"对象");另一方面,一个"现象学的还原"("phenomenological reduction")应"悬置"("suspend")任何外在存在的独立性。不过,这一比较不应该过度。在王阳明的思想中以及在我们之前提及的所有例子中,有着一个道德的向度,而在胡塞尔式的自我意识的宣扬中,不会有任何这样的发现。受王阳明思想中"意"之重要性的激发,牟宗三说明这些意念首要地是道德的意念,而非仅是我们认知心的意指。② 当一个人面临一个特殊的处境,道德反应也明显会在认知心去接受、综合、表现和判断这个情景的过程中发挥作用。意识的两层,即道德的和认知的意识,相互缠绕。在前述引文中,牟宗三通过设定经验知识正在把握的乃是"材质因",表达了将"物"加以情境化的理念。③ 这意味着,如果我们回

---

① 牟宗三:《现象与物自身》,第 441 页。在所有这些例子中,单独的第二个要素(兄、民、书、讼)是一个物。这两个因素结合起来是一个"事",例如从兄。听讼这个事例来自《大学》第四章,"子曰:听讼,吾犹人也,必也使无讼乎?"

② 牟宗三:《现象与物自身》,第 437 页。这些意念主要包括人们在生活中遭遇事物时的各种道德反应态度。牟宗三解释说,人能够将这个反应作为一系列的讯问加以思考。例如,我如何回应? 我能够做什么? 我将会做什么?

③ 牟宗三:《现象与物自身》,第 441 页。对于认知心的讨论,牟宗三没有与胡塞尔的哲学建立任何联系以使我们能够更为深入他关于"意"的理解。

到《四句教》，我们本源地便有一个意志之念（或善或恶，但在任何情况下都与一个道德的维度相关）在一个由经验知识或认知心"材质地"提供的知识情境中发挥作用。良知的活动——在第二句中由一种知善知恶的能力所规定——提供了牟宗三所名之的道德行为的"形式因"与"动力因"。① 此外，良知还是这样一种观念，它使"物"（可扩大为"事""行为"等）之意义的深入发掘成为可能，从而为新儒家存有论的一种巧妙阐述开辟道路。这是在前述引文的结尾部分，当牟宗三从"意之所在为物"的理念转换为"明觉感应为物"（也存在于王阳明思想之中②）时，可以发现的。让我们详细说明这些要点。

众所周知，王阳明的《大学》诠释与朱熹的诠释相对立。正如《四句教》中所描述的，"有善有恶是意之动"（第二句）。主体将这些"意"转化为纯善之意，也名为"诚意"。这是如何可能的呢？如第三句所称，通过我们内在的良知③的自由运用去区分善恶：知善知恶是良知。或者，用一个更书面的以及可能更准确的术语来说，是"致良知"。当良知发用，物便被其所"正"。鉴于朱熹理解《大学》中的"格物"，首要的乃是研究作用于外在之物的"理"（为了使人的行为适合此理），④王阳明则以"正物"⑤来解释"格物"，这主要是内在的（即我们的意对于事或任务或行为的关注）。牟宗三袭用了王阳明的诠释并同时强调良知的创造性："正物"即是"成物"。⑥ 从一个存有论的观点看，这是重要的。在转向这个问

① 牟宗三：《现象与物自身》，第441页。
② 参见彭国翔：《良知学的开展：王龙溪与中晚明的阳明学》，第196页。
③ 良知也被称为"知体明觉"。
④ 这些观念将在第六章我们讨论自我转化或工夫问题时展开。
⑤ 在《四句教》的第四句中，"格物"需要被理解为"正物"：为善去恶是格物。
⑥ 牟宗三：《现象与物自身》，第438页。"正物即函是'成物'。"

题前,让我们简单地把牟宗三对王阳明和王龙溪二人思想的分析联系起来。

作为王阳明的学生,王龙溪(1498—1583)讨论并阐述了他老师的《四句教》。他的立场是,如果心之体是超越善恶的(王阳明的第一句),那么运用于意、知与物也应该是一样的。他自己的教法体现于所谓的"四无"说[①]:

> 无心之心则藏密,
>
> 无意之意则应圆,
>
> 无知之知[②]则体寂,
>
> 无物之物[③]则用神。

王龙溪的诗句,在次序上依次回应了王阳明对"心""意""知""物"的讨论,王阳明的讨论次序反映了一个回环的历程(本心的状态;善或恶的意念的升起;智慧能力的活动;相关联的正物)。[④] 不过,在王龙溪这里,同样的回环并不存在:第一和第三句,为一个相似理念的两种表达方式。[⑤] 第二句,设定了一种完全排除意念

---

① 关于王龙溪,参见彭国翔的重要著作《良知学的开展:王龙溪与中晚明的阳明学》。彭国翔着重讨论了"四无"诗。牟宗三的讨论,参见《从陆象山到刘蕺山》,第229—277页,尤其是《圆善论》,第316—335页。在《圆善论》的结尾,牟宗三清楚地回应了我们正在讨论的《现象与物自身》这一节(第435—447页)。这里我简要地介绍"四无"说,我们将在第五章详细阐述。

② 唐君毅解释说,王龙溪为了避免"良"这个蕴含着"善"的术语而谈论"知"(取代良知)。参见唐君毅:《良知概念从王阳明到王畿的发展》,狄百瑞编:《明代思想中的自我与社会》,纽约:哥伦比亚大学出版社1970年版,第115页。

③ 王龙溪在王阳明的诠释基础上以"物"为"事"。参见彭国翔:《良知学的开展:王龙溪与中晚明的阳明学》,第214页。

④ 唐君毅:《良知概念从王阳明到王畿的发展》,第112页;彭国翔:《良知学的开展:王龙溪与中晚明的阳明学》,第209页。

⑤ 彭国翔《良知学的展开》第210页:"因为心和良知根本上有着同一的本性,因而藏密和体寂是相似的和相互转换的。"

的心的活动方式,也即避免主题化地指向任一客体的方式。① 当我们从事务(tasks)的角度看时,第四句是第二句的转化。这样,我们所讨论的就不是一个过程而是一个境界或一个"我们活动的机制"("regimen of our activity"),②而且不同于王阳明的《四句教》,这四句处于相似的层次。王龙溪的路径,可能典型地体现为对老师思想的一种激进发展。就工夫问题而言,它倾向于反对任何渐修的方式而主张顿悟(这一立场被他的反对者们认定是受到佛教禅宗的启发)。③ 就存有论而言,王龙溪的"四无"说,是一种对超越善恶而诡谲地实现至善的引导。正是《四句教》中被归为否定性的这个"无"之意义,没有指向一种存有论的否定而是反映了一种行动的机制,这个机制主要由对世界的自发的、"无执的"和创造性的回应来规定。④

152   牟宗三袭用了王阳明和王龙溪的思想,寻求二者之间的连续性。当人达到了王龙溪所描绘的境界,用王阳明的术语即"良知"

---

① 关于"四无"说第二句的翻译,我一直使用"an intention devoid of intentionality",是为了文字与汉语的原句相应。更为哲学化的翻译应是"the activity of heart/mind devoid of intentionality, responds in perfect congruence to situations"。保留"intention"这个词和它的指向,不是一个理想的译法。[使用另一个词如"will"——是另一个选择,例如冈田武彦(Takehiko Okada)——在我看来也一样是有问题的。]参见冈田武彦:《王畿与存在论的兴起》,狄百瑞编:《明代思想中的自我与社会》,纽约:哥伦比亚大学出版社1970年版,第129页。
② 我从毕来德那里借用了这个观念,在第六章中我们将进一步加以讨论。
③ 冈田武彦:《王畿与存在主义的兴起》,第130页。当然,牟宗三断然拒绝将王龙溪的思想类同于佛教禅宗,并且对之加以责难,例如对于黄宗羲在此问题的立场。参见牟宗三:《中国哲学十九讲》,第389—391页。
④ 彭国翔:《良知学的展开:王龙溪与中晚明的阳明学》,第201页。在一篇关于王龙溪的文章中,牟宗三断定龙溪之教是"无疵的","四无"说是王阳明哲学的一个"自然的结果"。不过,牟宗三也在对王龙溪哲学的指责中使用了诸如"模棱两可的""不审慎的"这样的词汇。他的主要批判所指向的是龙溪之教在工夫领域中的不适宜,以及他在此问题上给人们提供错误的指导("他似乎指导人们放弃自我的修养而采取一个先天的方式。"这两种自我修养方式的差别,将在第六章讨论)。对于牟宗三,"四无"说表达了"在道德修正的实践或训练之后所达至的最高明的境界,取代了客观性的实践之教"。牟宗三:《王阳明之后学:王龙溪及其"四无"说》,(转下页)

明觉时,"意"因之而"诚","物"因之而"正"。依据"明觉感应处为物",王阳明的终极方式构成了表达相似理念的另一种方式。依牟宗三的观点,在此阶段王阳明和王龙溪彼此呼应,[1]并且可援引智的"直觉的概念"以一个现代的方式使他们的共同洞见得以重构。从一个儒家的立场看,基本存有论指的是在一个可名为"智的直觉"或"明觉感应"的非常具体的经验中的被创生或完成(让我们回想王阳明将"正"与"成"相等同)。下面的引文阐述了这一观点:

> 中庸又言:"诚者非自成己而已也,所以成物也。成己仁 *153*
> 也,成物智也,性之德也,合外内之道也"。[2] 诚体既成己,亦
> 成物。"成己"是就事言,"成物"则是就物言。成己是内,成
> 物是外。就此内外而言,则有仁智分属之权说。然仁与智皆
> 是"性之德"(本质的内容),亦即皆是诚体之内容,故此成己
> 成物之诚体便是合内外而为一之道。中庸言诚,至明道而由
> 仁说,至阳明而由良知明觉说,[3]其实皆是说的这一本体。
> 是故就成己与成物之分而有事与物之不同,然而其根据则是
> 一本而无二。就成己而言,是道德实践;就成物而言,是自我
> 实践之功化。即在此功化中含有一道德的形上学,即无执的
> 存有论。此是在合内外而为一,依诚体而实践,这实践之下,

(接上页)《东西方哲学》第 23 卷第 1/2 期,1974 年 1—4 月,第 118—120 页(这里的引用在第 118 页)。赛琳娜·陈(Serina Chen)强调,牟宗三选择胡五峰而非王龙溪来与儒家圆教相关联,出于这样的事实,即后者和王阳明一样,始终以一种分析的教法("四无"说与《四句教》的相对),替代了一个非分析的教法,这个方法不将道德心与认知的心相对立。参见赛琳娜·陈:《牟宗三的思想》,阿德莱德大学,哲学博士学位论文,2009 年 11 月,第 199 页,脚注 769。

[1] 牟宗三:《现象与物自身》,第 438—440 页。

[2]《中庸》,第 25 章。

[3] 这里牟宗三所使用的"良知明觉",与"知体明觉"同义。

> 亦即是在圆教之下的形上学,故是实践的形上学,因而亦曰
> 道德的形上学,在本书,即名曰无执的存有论。是故阳明落
> 于大学上言格物,训物为事,训格为正,是就"意之所在为物"
> 而言。若就明觉之感应而言,则事物兼赅,而格字之"正"义,
> 在事在物,俱转而为"成"义。(《现象与物自身》,第443页)

除了已经阐述过的一些要点,对我们来说这里的一个核心观念是
"成"。在上述引文中,牟宗三首先将这个观念溯源至先秦时代的
《中庸》,此观念后来也为一些思想家如程明道、王阳明举证说明。
在自我与自我关联于物(即我们的行为:"物"被作为"事")并最终
使物得以转化的实践作用中,"成"既施及自我也施及于物。自我
与物,内在与外在,通过彼此相互作用得以实现。牟宗三这里谈
及的圆教,强调"(圣人的)道德创造与宇宙的生化为一,一是皆在
明觉之感应中一体朗现"。[①] 在《圆善论》的结尾,他也认定"因为
此时之物不只是事,亦指一切存在"[②]。对于王龙溪的四无,即
心、意、知、物(扩大为"事"与"一切存在"),我们获得的最终意义
指的是圣人的唯一境界。[③] 这乃是牟宗三"无执的存有论"概念
的核心。此外我们还触及了牟宗三思想的一个要点,受康德的德
(Sittlichkeit)与福(Clückseligkeit)关系的思考以及圆善
(Höchstes Gut)相关理念[④]的启发,牟宗三强调了德与福的一
致:我们的道德行为(德)当即转化为相关的物(福)之转变或

---

① 牟宗三:《现象与物自身》,第444页。
② 牟宗三:《圆善论》,第326页。
③ 同上。
④ 康德:《实践理性批判》(第2卷),第678—687页,特别是680页,从B832/A到B/A820。

156

呈现。①

在《现象与物自身》从儒家立场探讨基本存有论的那一章的最后部分,牟宗三将他关于王阳明和王龙溪的讨论与第三章对康德现象与物自身之区分的再诠释联系起来。②"物"随着"知体明觉"的发用而呈现,便是"在其自己"。人们可以将其名为"事"或"物",但最终重要的是它们获得了牟宗三所提出的一个"实"的向度,唤起"事实或实物"。"儒家无执的存有论"的本源性便在于,这个"实"的向度同样也是一个道德的向度。③

我们已经说明了基本存有论与儒家的基本存有论的基础意义,现在我将通过转向伊曼努尔·列维纳斯的思想,引入一个对于牟宗三哲学规划更具批判性的视角。

"存有论是基本的吗?"

"存有论是基本的吗?"④这是伊曼努尔·列维纳斯(1906—1995)写于1951年的一篇简短的著名文章的标题。在我们讨论的当下提出这个问题是有意义的,原因至少有两个:一方面,因为牟宗三的思想集中体现了当代中国哲学的一个转换,这个转换以一个存有论话语的挪用为特征;⑤另一方面,也因为牟宗三与列

---

① 牟宗三:《圆善论》,第 326 页。牟宗三更精确地将"德"以如下的方式定义:"德之意义只在吾人之依心意知之自律天理而行。"牟宗三:《圆善论》,第 325 页。
② 牟宗三:《现象与物自身》,第 444—447 页。
③ 同上,第 447 页。
④ 列维纳斯:《存有论是基本的吗?》,《我们之间:论对他者的思想》,第 12—22 页。
⑤ 这里我并不是说关于存有论的反思在之前没有发生过[这是一个普遍性的问题,即使它们能够以一种非常不同的方式被概念化;对于中国来说,并没有依待西方而思索"本体"("benti")]。我在这里指出,对于以"存有论"概念为核心的话语的强调,以及对这样的一个概念在西方哲学发展中的重要性的意识,乃是一个新近的现象。

维纳斯对海德格尔思想的回应有一些共同特征,二者有一些共享的思想关切。但是,与牟宗三植根于中国传统而重建一个基本存有论相对照,列维纳斯在其思想历程中始终肯定的是伦理学(以及形而上学)作为"第一哲学"优先于存有论。① 在接下来的研究中,我首先介绍列维纳斯哲学的一些要素,接着通过它们提出牟宗三哲学中"基本存有论"概念的限度问题。

某种程度上,列维纳斯与海德格尔哲学的联系在牟宗三那里并非没有呼应。不过这样一种批判性的立场,源自于对这位德国哲学家著作新颖性的真正迷恋。1928 年,海德格尔提供列维纳斯参加著名的法-德达沃斯会议的机会,此前我们曾简单地提到这次会议有时被描述为现代哲学的转折点。② 达沃斯会议的高潮是海德格尔与卡西尔之间的论辩,这些论辩的记录收录于次年出版的《康德与形而上学疑难》中。面对卡西尔这位某种意义上仍体现着启蒙精神的人,海德格尔"毫不犹豫地宣告了那些长久

① 对伦理学优先于存有论的肯定,是列维纳斯的主要著作即《总体性与无限:论外在性》与《超越存在:在本质之外》中反复申说的主题。不过,鉴于前部著作为避免任何的关于其论证的心理学解释而一直使用一些存有论的语言,后一部论著便不再出现这种情况。参见列维纳斯:《难以实现的自由》,第 440 页;马里翁(Marion):《关于存有论的冷漠的笔记》,让·格莱士·雅克·罗兰编:《关于列维纳斯〈伦理学作为第一哲学〉的瑟里西萨勒会议(1986 年 8 月 23 日至 9 月 2 日)集》,第 48 页。当我们说及伦理学的优先性时,列维纳斯另一篇写于 1982 年之后被作为论著出版的论文《伦理学作为第一哲学》同样重要。除去他们哲学中的一些共同的洞见之外——其中一些我们将在第五章加以讨论——我相信,这里至少有两个内在的原因使得讨论牟宗三与列维纳斯的关联富有意味:一方面,它们与海德格尔的联系;另一方面,他们相对于西方哲学具有(部分的)外在性。的确,这位法国哲学家,由于与犹太传统的联系,对于西方哲学具有一个既内在又外在的视角。他的哲学包含着一种将原本的圣经或犹太传统转化为希腊传统的努力。参见列维纳斯:《论观念中出现的神》,巴黎:弗林出版社 1998 年版,第 137 页:"我的全部的关切是将《圣经》中的非希腊的向度翻译为希腊的用语)。"在精神上,这样的一种努力与牟宗三通过和西方哲学的对话及一些概念的借用而对中国传统的核心洞见加以重释,距离并不太远。
② 列斯古勒:《伊曼努尔·列维纳斯》,第 78 页。

以来被作为西方形而上学之基础的解体,它们是:精神、逻各斯、理性".① 年轻的列维纳斯为这个新的哲学方向所激动,并且他实际上是第一批将其介绍到法国的人。② 虽然没有减少对海德格尔的崇敬,对海氏的哲学立场以及存有论的优先性问题,列维纳斯逐渐采取了更具批判性的立场。现在让我们看看他的论述。

我在"基本存有论"之为"无执的存有论"的先前讨论中,曾指出牟宗三对此问题有着出色的理解,即海德尔的"执的存有论实际上是与一个潜在地赋予了强烈的实践向度的'存有的领会'相关联",并且,它最终乃是对我们在世方式做出转变的邀请。这样 ₁₅₇ 的一种"领悟"态度,浓缩为"让存有者有"(letting beings be)这一海德格尔哲学的核心观念,由此指向我们向存有如其所是的敞开,指向存有的揭蔽。③ 列维纳斯对此问题的评价如下:

> 对海德格尔而言,与存有者(l'étant)作为存有者建立关系意谓着,让存有者存有,把它领悟为独立于发现并把握它的知觉。正是透过这领悟,存有者是作为存有者那样被给予,而不单作为对象被给予。因此,对海德格尔说,与他者共在(being-with-the-other)便如此地奠基于一个存有论的关系。④

① 为列斯古勒对奥邦克(Piece Aubenque)的引述,第 79 页。

② 为列斯古勒对奥邦克的引述,第 81、204 页。列维纳斯 1932 年写了一个非常清晰的关于海德格尔哲学的报告,题为《马丁·海德格尔与存有论》。第一个将海德格尔介绍给法国的可能是乔治·古尔维奇(George Gurvitch),时在 1930 年。参见多米尼克·雅尼哥(Janicaud):《海德格尔与法兰西》(第 1 卷),巴黎:阿尔班米歇尔出版社 2001 年版,第 25 页。

③ 如在《论真理的本质》(法文版),第 178—179 页中,讨论了这个著名的方式。它实际上经常被拿来与东方哲学特别是佛学的要素加以比较。参见斯蒂夫尼(Steffney):《海德格尔与禅宗中的超形而上学》,第 329 页。

④ 译文参考了刘国英的汉译,倪梁康主编:《面对实事本身》,东方出版社 2000 年版,第 683 页。——译者注

"让存有者有"牵涉一个潜在的强烈的实践向度：这意味着，独立
于我们通常的观念，通过对存有者的"领会"，我们关联于存有者
（即与存有者的存有关联）。① 换言之，如列维纳斯所强调的，对
于海德格尔，我们不再将存有者作为对象而关联。在这一点上，
人们会提及面对海德格尔哲学时列维纳斯与牟宗三的有趣差异。
由于反对海德格尔的方法，牟宗三不会承认这个方法的所谓"实
际上的潜质"，换言之，很难承认现象学在我们朝向实在的观念
（附带地说，是我们对于实在的态度）转变上的贡献。② 再者，牟
宗三受《大乘起信论》影响的两层架构，的确没有给他留下多少在
现象界之中作更细微区分的空间。简言之，对牟宗三来说，不管
我们声言的与世界的相关性是什么（将其作为一个"对象"加以把
握，或者向"存有者的存有"敞开自我），只要我们将自我奠基于海
德格尔的存有论概念基础之上，这无论如何将是"以一个执的方
式"（"in an attached way"）关联于世界。不同于牟宗三，列维纳
斯（他还是胡塞尔的学生）赞赏海德格尔存有论的实践向度。然
而，他不认为这已充分涵括了那些被视为基本的问题：我们与他
者的关系，即伦理关系的核心。因此他接着前述引文做出如下的
评论：

> 我们将以如下方式回应：在我们与他者的关系中，关键
> 是否在于"让他者存有"？ 他者的独立性不正是在他被质询
> 之角色中完成吗？ 我们对之说话者，是否事先已于其存有中

158

---

① 列维纳斯强调，海德格尔的领悟原则不是一个与理论哲学相对立的行动哲学的原
则。"领悟"使得实践与理论皆为可能。列维纳斯：《同胡塞尔和海德格尔一起发
现存在》，第 115 页。
② 在我看来，这里可以有一些富有成果的比较，如在胡塞尔的"先验还原"与王阳明
将"物"诠释为"事"以及牟宗三的"行为物"（参见上节）之间。

被领会？并不。他者并非首先是理解的对象，然后才是对话者。这两种关系是交织在一起的。换言之，对他者的领会是与对他的祝佑不可分割的。[①]

这段短短的引文，预言了对存有论的责难成为列维纳斯此后著作的中心。"让他者在"，"领会他"——不管什么实践向度可以与这个态度关联——仍然意味着以一个主题的方式与他关联。在《总体与无限：论外在性》中，列维纳斯强调了"主题化"（"thematization"）与概念化最终导向一种对他者的压迫和占有，即一种权力关系。伦理的关系（与作为一个存有的某人的关系）从属于与存有者的存有的关系，而且这种非个人的关系使得对存有者的把握与支配得以可能。[②] 简言之，在海德格尔的意义上，"领会"仍然是一个知识的关系，对于列维纳斯，这个关系最终在根本上导向一种对存有的服从，导向"同一"（"same"）优先于"他者"（"other"）。[③] 这里，就这位法国哲学家来说，我们到达了能够名之为"基本存有论之僵局"（"deadlock of fundamental ontology"）的地方。列维纳斯的全幅规划便是超越同一、同一性与存有的优先性，目的是为一个伦理的关系开辟道路，在这种关

159

---

① 列维纳斯：《存有论是基本的吗？》，第 36—37 页。（译文参考了刘国英的汉译，倪梁康主编：《面对实事本身》，第 683 页。——译者注）

② 列维纳斯：《总体与无限：论外在性》，巴黎：克吕维尔学术出版社 1990 年版，第 36—37 页。

③ 这里需要注意，海德格尔思想中的存有论与知识的联系乃是牟宗三与列维纳斯共同强调与责难的，但是他们的论证却有很大的差异。归结于他的智性背景，列维纳斯进入了一个与海德格尔的真正对话，并且较之牟宗三更为清晰地认识其哲学的实践向度。对于列维纳斯，海德格尔的存有论所肯定的是自由，一个建立在对存有的服从基础上的自由的领会。他通过这个提醒对此洞见加以总结，在海德格尔的思想中"不是人被赋予了自由，是自由占有了人"。列维纳斯：《总体与无限：论外在性》，第 36 页。对于列维纳斯，海德格尔所宣称的乃是自由优先于伦理。牟宗三没有走得如此之远，并且如我们先前已经看到的，认为海德格尔思想的实践向度乃是"虚浮"无根的。

系中,伴随我们对他者的责任,他者的彻底的超越性与无限性被承认,存有论被超越(这样一种可能性在列维纳斯的著名准则及其书名《超越存在:在本质之外》中早已得到体现)。在前面所引的短文中,列维纳斯区分了关于他者的知识(这当中"知识"被认为有着宽泛的意义,包括了海德格尔的"领悟"及存有论)与一个他者的相遇(la rencontre),并且用后者来定义宗教。① 在第五章处理道德情感问题时,我将努力回到这个相遇的意义,以及"他者"在其过程中怎样受到影响的关系。

在出版于 1982 年的另一文本《伦理学作为第一哲学》中,列维纳斯重申了他对存有论优先性的责难,并将其置入一个反思现代性的有趣视域中。他将现代性的品格解释为"把存有之通过认识的同一化与居有活动,一直推进到存有与认识的同一化"。② 如果在"第一哲学"的领域中超越现代性,指的是对这种范式的超越努力,③这里我愿意认定的是,牟宗三的哲学与这样的一个规划确有很多共享之处,并对之有非常多的贡献。如果存有论所颂扬的乃是(一种侵占性的)知识与存有的同一性,存有论对于牟宗三并不比列维纳斯更为基本。如果存有论的知识(甚至当其意义被夸大到获得实践向度的程度)最终归结为主题化,存有论对于牟宗三并不比列维纳斯更为基本。如果人们从海德格尔的立场思考存有论,存有论对于牟宗三并不比列维纳斯更为基本。如此,

160

———————

① "与他者的关系并非存在论。这种与他者的关系却并没有将之化约成对他者的表象,而是表现成对他的祝佑(而祝佑亦非一种理解先导),我们称这种联系为宗教。"列维纳斯:《存有论是基本的吗?》,第 19 页

② 列维纳斯:《伦理学作为第一哲学》,第 73 页。译文参见朱刚的汉译,文见《世界哲学》2008 年第 1 期。——译者注

③ 关于这里我们所说的"第一哲学",如果这个反思是在最基础的层次上严格地开展,其政治的意味当然很多。一个关于现代性的全面的政治的批判可以由此申发。

存有论将何去何从？列维纳斯选择了肯定伦理学以及形而上学的优先性。[①] 牟宗三感到，通过挪用和重构一个"基本存有论"概念以回应海德格尔的康德诠释的挑战是必要的。这个"基本存有论"，关联着一个关于宇宙的终极本体以及人与之关联方式（德性所知、智的直觉）的古典洞见。实际上，他的"无执的存有论"概念与列维纳斯在西方历史[②]中探查的那个存有论概念，没有共享之处，如果借用牟宗三的概念，那个存有论概念所宣扬的首先是一个"执的"知识的概念。[③] 因而人们可能会问，在一个后海德格尔的时代，不再关注"基本存有论"的概念——即使它是牟宗三带到面前的——而更多地聚焦于对中国智性传统诸多洞见的富有成果的重新诠释，牟宗三思想的（后）现代性在多大程度上与我们相关。将此问题蕴蓄于怀，我们现在进入第五章，这一章将处理道德情感的地位与意义问题。

---

① 列维纳斯：《总体与无限：论外在性》，第 39 页。参见第四节的全部（第 32—39 页），题为"形而上学优先于存有论"。

② 列维纳斯：《总体与无限：论外在性》，第 33—36 页。

③ 为了避免任何可能的误解，这里让我们重申，这个西方的"执的"知识当然可以被赋予一个实践的向度（包括一个对成圣的追求）。对牟宗三来说，在中国，朱熹的思想也体现了一个在知识基础上的"执的存有论"。

第五章　道德情感与"感通"

　　情感问题是牟宗三哲学至关重要的问题,前面几章有所提及。我们曾提到,有关自律问题的讨论如果不考虑情感,是不完整的。我们也曾谈及道德情感作为智的直觉的具体呈现,以及出于同样的原因,援引牟宗三赋予情感的(无执的)存有论的向度。本章将深入探究这些问题。我们首先关注一个核心概念,即"觉情"。在考察牟宗三批判康德对道德情感作用的理解之后,我们将介绍牟宗三如何挪用了他所认为的"正宗儒学"的情感概念,以及他为何反对其他的如朱熹的概念。在此基础上,探索道德情感在牟宗三重建自律主体意义的规划中的作用,就是可能的。我们最终还要扩大论述的范围,这是为了反思"感应"或"感通"("inter-affectation")这个更为一般的问题,以及简要说明此问题在当代西方的讨论框架中可能具有的意义。

批判康德

　　对牟宗三的康德的道德情感理解的批判加以分析,我们首先关注道德情感的一般问题,并接着讨论与之相关的康德的"*interest*"概念。

　　首先,读者应回想一下康德的道德情感理解的一些基本要素。康德自身的立场是随着时间发展的。在康德的"前批判"时期,他承认英国的经验主义(哈奇森、沙夫斯伯里)在道德情感的争论中强调道德情感作为道德事实之普遍向度的贡献。不过,通过肯定普遍的道德根据仅应当建立在一个先验的原则之上,他很快便将思考从先前的理论摆脱了出来。① 在很大程度上,他的道德哲学是一个被视为他律的道德经验概念的反动。在此强调这点是必要的,正如我们接下来会看到,因为与康德的立场相反,道德情感对于牟宗三所肯定的"正宗"儒家传统中自律的道德主体是核心问题。在深入研究这个问题前,让我们看牟宗三如何评论康德的道德情感。下述引言是对《道德形而上学基本原理》其中一节的评论,在该节中,康德讨论了"基于他律基本概念上的一切可能的道德原则"②:

> 康德所说的道德情感、道德感,是着眼于其实然的层面,其底子是发自"人性底特殊构造"(这里所说的"人性之特殊构造"与上文所引关于"人性"、脾性、性好、性向一段相呼应),而又注意其"同情他人底幸福"之意。③ 这种落于实然层面的道德感、道德情感,有类于董仲舒④一类所说的由气性、材质之性而发的仁爱之情,这当然可划于幸福原则之下,

----

① 麦尔(Mail):《论康德的道德哲学》,第92—100页,特别是95—96页。关于康德哲学中道德情感的更为综合的分析,参见李明辉:《康德伦理学发展中的道德情感问题》,台北:"中央研究院"1994年版。
② 康德:《道德形而上学原理》,第76—80页。
③ 参见康德:《道德形而上学原理》,第77页,注*。这里牟宗三提及《道德形而上学原理》的一个注释,康德在注释中提到哈奇森(Hutcheson,1694—1747)这个道德情感论的提倡者。
④ 参见董仲舒:《春秋繁露》,北京:中华书局1992年版,第248—262、284—310页。程艾蓝强调董仲舒思想中情与欲的对等(也更一般地存在于汉代的一些文本之中),并且指出这样的一种对等与更早文献中占据优势的思想形成了严格的对照。程艾蓝:《中国古代的情感和智慧》,第46页。

> 因而亦当然是经验的、后天的,而且亦无定准。[《心体与性
> 体》(第 1 册),第 108 页]

163　如果康德几乎没有将价值归于道德情感,这主要是因为道德情感
被视为经验的或后天的,对他来说道德情感仍是相对的和主观
的:也即依赖于我们的脾性和性好,因而缺乏定准。因此,道德情
感不能提供指导我们道德生活的任何标准。人类没有拥有道德
情感的义务(duty),因为这些情感仅指向一种源于人的行为与道
德法则(即义务的法则)之间的和谐或冲突的接受性
(receptivity)。① 康德设定,人类可能只有培养和强化这些情感
的责任(obligation)。牟宗三将康德的道德情感与中国哲学特定
学派的情感思想(这种思想并非他所赞同)——即道德情感乃是
"我们气性或材质之性的产物"——加以比照,具有启发性。实际
上,由于性作为"气"或"材质"是形而下的,即可通过一种具体的
方式加以实现,它也能够通过自我修养的实践加以纯洁。至于由
此萌生的情感,它们可以被培养、扩充或发展。以下我们将看到,
这种情感概念如何与牟宗三在"正统"儒学意义上关于情感概念
的自我理解相冲突。

> 他只是由抽象的思考,以显道德之体,他只是经验的与
> 超越的对翻,有条件的与无条件的对翻,此已极显道德之本
> 性矣,惜乎未至具体地(存在地)体现此"道德之体"之阶段,
> 故只言道德法则、无上命令(定然命令)之普遍性与必然性,
> 而对于超越之心与法则俱未能正视也。[《心体与性体》(第
> 1 册),第 110 页]

---

① 牟宗三:《康德的道德哲学》,台北:学生书局 1982 年版,第 438—439 页。

围绕道德情感问题,牟宗三这里重申了第一章那个讨论脉络中的
对康德的形式主义及其"抽象"的责难,道德的"重心"主要置于理 *164*
性、作为形式的法则、定然命令这一边。就牟宗三而言,其结果是
康德遗漏(miss)了最为关键的因素:人生活中的具体的(牟宗三
甚至补充称为"存在的")道德实现。这样的评论在多大程度上对
康德哲学是真正公平的? 吉尔·德勒兹在题为《康德的批判哲
学》的著作中提醒我们:"就康德实践理性的整体而言,只有一种
误解是危险的:即相信康德的道德对其自身的实现是无所关切
的。真实乃是,感性与超感性领域之间的鸿沟仅仅是为了被沟通
而存在。"①人们会因此疑问,牟宗三关于康德的"遗漏"(或"未
及")的评论,是否正是出于上述这个误解? 德勒兹在两页后,就
道德的实现补充了一些基本内容,它是指这样的一个事实:"在其
最普遍的定义中,实践的兴趣(practical interest)将自己表现为
理性与客体的一种关系,不是为了认知它们,而是为了实现
它们。"②

　　在《道德形上学的奠基》与《实践理性批判》中,实践的兴趣的
问题被作过深入讨论。③ 康德说明,实践的兴趣乃是"理性由之
而成为实践的、亦即成为一个规定意志的原因的那种东西"。④
在人之准则作为一个法则的普遍性中,人感兴趣于道德法则,即
使这样的一个兴趣相较于自由意志之可被解释,不能有更多的发

---

① 德勒兹:《康德的批判哲学》,第 57 页。
② 同上,第 59 页。
③ 康德:《道德形上学的奠基》,第 84—89 页(BA102—110);第 96—98 页(BA121—
　124)。牟宗三关于此问题的有趣评论参见《心体与性体》(第 1 册),第 126—131
　页。也参见康德:《实践理性批判》,第 249—252 页(A215—220)。
④ 康德:《道德形而上学的奠基》,第 97 页(BA122)注。此处中译文参见康德著、李秋
　零译:《康德著作全集》(第 4 卷),第 468 页。

现和构想。① 康德在《道德形而上学的奠基》中指出,对于道德法则的实践兴趣,这个道德的兴趣,构成我们对道德法则的"尊敬"（Achtung）。② 后者被描述为一种非常特别的道德情感类型:"它并非受之于一个[外在]的影响,而是相反,是一种人能够通过一个理性的概念自我产生的。"③ 在《实践理性批判中》,康德解释说:"[尊敬的情感]产生对法则加以服从（Befolgung）的兴趣,我们可以名之为道德的兴趣;相似的,对法则具有这样一种兴趣的能力（或者对道德法则自身的尊敬）事实上就是道德情感。"④

对道德法则的尊敬以及与之相关的实现道德法则的兴趣,绝不构成给道德提供基础的客观条件。尽管如此,我们这里需要强调的是,道德兴趣是绝对真实的。尽管我们的知识对把握道德的兴趣不具有可能性,道德的兴趣却构成了——这一点由德勒兹所

---

① 康德:《道德形而上学的奠基》,第 97 页（BA122）。

② 康德:《道德形而上学的奠基》,第 27—29 页（BA16—18）,特别参见注**:"所有我们称之为道德关切或兴趣的东西,完全在于对规律的尊重。"（第 28 页）

③ 康德:《道德形而上学的奠基》,第 28 页（BA17）。这里我们提醒,当海德格尔试图将实践理性的起源建立在超越的想象力之上时,强调的乃是尊敬的本质结构与超越的想象力的类比（即同时既是纯粹的自发性又是纯粹的接受性;如果考虑"法则之自由自我的影响,尊敬便既是纯粹的自发性,而对法则的隶属,则是纯粹的接受性的"）。参见第四章。我们已经提到,牟宗三在《心体与性体》中没有评论这个类比。不过,他的一位学生,中国台湾的哲学家李明辉（他的著作对牟宗三有重大的补充）,激烈批评海德格尔对尊敬这个概念的理解:"海德格尔将尊敬之现象溯源于超越的想象力的努力,根据康德哲学的基本构造,是不合法的。所有智性化道德情感的努力依赖于一种在理论知识和实践知识之间的类比性,而这走的太远了。"李明辉:《康德的道德情感问题》,第 33 页。我相信牟宗三会完全接受这样一种观点。

④ 康德:《实践理性批判》（KPV）,第 201—202 页（A142—143）。在《道德形而上学的奠基》中,康德也指出,内在于我们道德情感的基础,与我们所称的道德情感相应:"我们把这种兴趣在我们里面的基础称之为道德情感。"《道德形而上学的奠基》,第 97 页（BA122）。牟宗三如此翻译这个片段:"这兴趣底在我们心中的基础,我们叫做是道德情感。"[《心体与性体》（第 1 册）,第 128 页]

指出——实现事物(特别是去实现人的超感性)的某种动力。①
总之,一方面,即使道德的兴趣不是一个决定性的动因(而道德法则的价值才是),它仍然存在;另一方面,实践的兴趣是植根于一种必然的主观道德情感并通过它而表达出来的,而实践的兴趣似乎有助于理性决定意志;因而道德的兴趣作为一种"去实现"("to realize")的动力是重要的。

对道德的兴趣问题,牟宗三有如下评论:

> 所谓"感兴趣于道德法则",是直接地感,不是因著甚么别的东西而感。反过来,就是:单是这道德法则本身就足以使我们感兴趣,不须任何经验或感性的东西之助。这意思正好同于孟子所说的"理义之悦我心,犹刍豢之悦我口"。② "刍豢悦口"是经验的,感性的;但"理义悦心"确是理性的,纯粹的。[《心体与性体》(第1册),第128页]

这个用孟子思想所做的比较,与牟宗三对康德思想的挪用和转化(不简单地是对康德思想的说明)相对应。牟宗三在上述引文之后还解释说,对于康德,价值(即"道德律",牟宗三以儒家传统的"理义"来比较)与道德行为的动因(即"意志",牟宗三以儒家传统的"心"来比较)之间,在他就两者关系无法解释的设定上来说,并没有直接的关系。在此,道德兴趣的问题呼应了自由意志的问题:后者无法被说明(参见第一章),因而需要被悬设。康德所强调的这个说明(说明道德的兴趣、自由意志)的不可能性,正是牟宗三所要论证的一个纽结:牟宗三认为,这样一种对知识及其限制的执着,在进至对道德的本性做哲学论述时,最终导致出现互

---

① 德勒兹:《康德的批判哲学》,第63页。
② 《孟子·告子上》。

不相干的路径。① 我们应当如何考虑这一立场？

一方面，牟宗三有时似乎淡化了康德论证的一些因素，或者说从有助于肯定自己的观点的角度来考虑康德论述。他以此方式认定，康德坚持了对道德的兴趣做出说明的不可能性；然而指出这种不可能性，并不意味着兴趣不是一种具有道德意义的实在（可见于前述德勒兹所称的"动力"）。毕竟，康德唤起了一种兴趣的可能性，也就是说，一个会是纯粹的情感形式。情况在这里很微妙：我相信牟宗三很好地理解了康德的立场，甚至其中的细微差别，然而，就像牟宗三在自己的分析中那样，为了使其与自己的立场更好地对照，康德思想的某些方面（虽然没有对其他的方面加以否定）被以某种方式强化了。第一章我们讨论自由意志的设准时，也出现了某些同样的问题。让我们回顾一下那些质疑，即牟宗三是否误解了自由意志设准的存有论维度（而仅仅考虑了这个设准的认识论维度）。我们曾仔细分析过他关于这个问题的诸多文本表述的片段，最终的结论是不存在误解。不过，我相信这里有一个出自康德立场的表达，在某种意义上被倾向于强化牟宗三所要批评的哲学要点。

另一方面，尽管有以上所说，如果我们审视牟宗三的立场，他的康德批判并非完全没有根据。依据从孟子那里引用的"理义之悦我心"，理或义（宋明儒学常简称为"理"，在康德这里可引为道德法则）作为一方面，"心"（在康德这里可引为意志）作为另一方面，涉及的是一个直接关系。质言之，这个直接关系之所以可能，乃是由于牟宗三对人可具有智的直觉能力的承认。② 这里，我们

---

① 牟宗三：《心体与性体》（第1册），第128—132页。
② 宋明理学通过"心即理"所表达的一个洞见。

可以对康德术语中的"兴趣"（以及对法则的尊敬之情）与孟子"悦心"观念中的"悦"，加以补充说明。"悦"（或者离开康德的立场而以截然不同的方式被牟宗三所挪用的"兴趣"），不简单地是道德法则作用于意志的不能被说明的主观影响，也非因与道德法则的决定性作用相比较而被认为是次要的。这个情感——后面我们将对其做深度的讨论——是理与心的合一：它是理在心中的直接展露、映照或呈现。在牟宗三的系统中，这个情感的作用毫无争议地比由康德所描述的道德情感、兴趣以及尊敬等观念更为重要，即使牟宗三可能淡化了它们在康德哲学中的作用。

> 而自给法则、自己决定自己的意志即是超越的本心之自　*168*
> 律活动。此意志就是本心。它自给法则就是它悦这法则，它
> 自己决定自己就是它甘愿这样决定。它愿它悦，它自身就是
> 兴趣，①就是兴发的力量，就能生效起作用，并不需要外来的
> 兴趣来激发它。[《心体与性体》（第 1 册），第 142 页]

这段引文，印证并说明了我们刚才所提到的：在牟宗三对康德的挪用中，清楚地认定了"兴趣"或道德情感在确证心理合一时，的确是一种功效或一种"实现事物的动力"。

牟宗三对"兴趣"和道德情感的论述，从儒家传统中借用了有关情感的一些特定概念，同时也拒绝了一些概念。牟宗三对康德哲学的诠释、转化以及挪用，与他对儒家传统特别是儒家正统性的理解，再一次纠缠在一起。下一节我们将对这个问题做一些探察。

---

① 语法上看，"它"这个词，指的既是意志（如其被牟宗三所创造性地诠释）也是本心，它们彼此融为一体。

重申"正宗儒学"中的情感价值与批判朱熹

我们从两段引文开始,这里牟宗三对朱熹论情的传统与一个被认为"正宗"的传统做了区分,同时引入了"道德觉情"(insightful moral feelings)概念,出于同样的原因,这个概念的引入,也是牟宗三为了对所继承的那个"正统"的情作出规定。

169

> 康德如此说道德情感,以及不允许假定有一种道德的感取,①恰如朱子说心以及其反对以觉训仁。朱子视知觉为智②之事,即是视之为"指向一对象的一种知解的(理论的)知觉之力量"。③但"以觉训仁"中的那个"觉"(明道与上蔡④所意谓者)却只是道德情感,而不指向对象,亦不是一知解的知觉力量,此可名曰"觉情",此亦可说"觉",即"恻然有所觉"之觉。(《康德的道德哲学》,第439—440页)

> 孔子由"不安"说仁,⑤孟子由不忍人之心或恻隐之心说

---

① 这是在《道德形而上学的奠基》中表达的立场(引文被牟宗三在《康德的道德哲学》第437—439页翻译和讨论)。不过,在康德的前批判时期,康德在对moral feeling(道德情感)与moral sense(道德感取)加以同化上曾走得很远。参见麦尔:《论康德的道德哲学》,第93页。

② 这里要提到的是,"智"这个术语被赋予了各种意义。牟宗三经常使用它,包括在其核心概念中,如智的直觉,但没有正式地将其与概念化的知识联系起来。

③ 这里牟宗三借用了康德对moral sense(道德感取)的定义。参见牟宗三:《康德的道德哲学》,第438页。

④ 谢上蔡(谢良佐,1050—1103),北宋理学家、二程的弟子。在《心体与性体》(第1册),第250页中,牟宗三说明虽然"以觉训仁"由谢所说,其洞见实际可追溯于程明道。

⑤ 例如,可参见《论语》第十七篇第二十一章。

仁,就是这样的一种觉情,是即心即理的。① 诸葛亮说:"恻
然有所觉",②即是这觉情之觉。程明道以不麻木说仁(此即 *170*
函以万物一体说仁),谢上蔡承之,复以觉训仁,亦就是这样
一种觉情。至王阳明以精诚恻怛③说知体明觉,亦仍是这样
一种觉情。(《现象与物自身》,第 70 页)

在进一步分析牟宗三的思考之前,让我们首先回顾历史上"情"
(qing)这个观念在不同思想派别中的不同意义描述(有时是彼此
对立的),即使纯粹从儒家的方面来看。这里值得注意的是,仅仅
将这个概念当作"情感"("emotion")来理解,可能会误导我们。
对"情"在古代中国直至汉代的意义加以讨论时,程艾兰惊疑在
"情感"的意义之外,"情"是否还能指"一个确然的呈现或实现的
方式"("a certain way of manifesting or realizing")。④ 我相信,
这个颇有见地的评论也适用于牟宗三的"情"概念,在这个被严格
地明确为"觉情"的概念中,"觉"("awareness"/"insight"/
"enlightenment")这个字便指一种呈现或实现。此外,除了回应
"情"的古代诠释,"觉情"这个新铸的词汇,如果借用程艾兰的表
述,也与一"群"⑤由牟宗三围绕"觉"而建构的其他观念,在语义
上相应和。这里,提及智的直觉与出自王阳明的"知体明觉"或

---

① 情、心和理的定位这里不加评述。我将在下一节关于道德主体的统一和自律中加
以细致讨论。
② 在《心体与性体》(第 3 册)第 251 页(专门对朱熹哲学加以研究),牟宗三对"恻然
有所觉"做了一个文法上的讨论:他强调"所"这个词不应当被理解为指向"觉"的
客体,而就是指"恻然"自身。这个情感(恻怛、不安、不忍等)被赋予了一个"觉"的
维度(因而表达为"觉情"),在其中它揭示了"道德的一宇宙论的一形而上的一本
体论的"价值。参见我接下来的讨论。
③ 关于"精诚恻怛",也参见牟宗三:《从陆象山到刘蕺山》,第 153 页。
④ 程艾兰:《古代中国的情感与智慧》,《中国研究》第 18 卷(春秋刊)1999 年第 1—2
期,第 34 页。
⑤ 同上,第 33 页。

"逆觉体征"（这个概念将在第六章介绍），便足以说明了。

171 　　在《中国哲学的特质》中，牟宗三强调"觉"与一个知觉或感觉无关，他只是一种"悱恻之感"，此"悱恻之感"最终构成被赋予孟子"四端"（仁、义、理、智）的"心"的根本特征。[①] 换言之，在强调这样的情感远非心理上的情绪而在实际上可以揭示一个价值的领域时，他使"觉"同化于某种情感。[②] 他指出，这个观点在上述引文那些表述所揭示的传统中具有主导性：孔子的"不安"，孟子的"不忍人之心""恻隐之心"，诸葛亮的"恻然有所觉"，程明道的"不麻木"，[③]王阳明的"精诚恻怛"以及"致良知"也在同样的脉络中。由于在这些并非显示为心理意义的诸多例子中（不安、不忍人之心、恻隐之心、恻然有所觉、不麻木等），"情"乃是一种人类具

172 体的对价值加以直接洞察（觉）的转化能力（仅可以归结为一种实现或实施价值的能力），牟宗三将其指称为"觉情"。他以英文cosmic feelings（宇宙的觉情），甚至 ontological feelings（本体论

---

① "有觉才有四端之心"，牟宗三：《中国哲学的特质》，第 31 页。在这个引语中，牟宗三借助"觉"来讨论仁。当牟宗三将"觉"作为对"感"的唤醒，所强调的是一种对价值的领悟，"感"在这里凝聚了儒学的基本价值。也参见牟宗三：《心体与性体》（第 3 册），第 252 页。

② 针对德国的现象学（主要是对于马克斯·舍勒），李明辉说明"觉"——在牟宗三所给予的意义上——可以被理解为"感知"（"Fühlen"，"feeling"/"to feel"），一个区别于"情感"（"Gefühl"，"feelings"/"feelling-states"）的概念。李明辉：《四端与七情：关于道德情感的比较哲学讨论》，第 120—121 页。在对这两个概念之区分的进一步讨论中，李明辉（第 62—63 页）强调"感知"行为（即意向性活动）的客体是一个价值。"感知"活动（我们可加上"觉"）与价值感受的联系是绝对直接的："在意向性活动中，感知和它的对象是同时被显现的。"（第 63 页）因此，会有"价值感"（"Wertfühlen"/"feeling of values"）这个词。也参见李明辉：《儒家与康德》，第 38 页。这个比较有其刺激性和适切性，尽管舍勒与牟宗三二者的思想有着巨大的差异（这伴随着关于意向性和价值的完全不同的理解——在这个方面，我相信较之于舍勒来说，牟宗三更接近于列维纳斯）。至少，这个比较能为我们展现普通的感受性的情感与一个赋予价值维度的情感之间的差别。

③ 成语"麻木不仁"的语源可能就在这里，冷血的反应为其所指。

的觉情)①来定义之。在对王阳明的"良知"所做的中英文描述中,牟宗三走得更远,他将"良知"描述为"那能够自己去形成一内在的道德决断之超越的、实体性的、本体论的'智的觉情'(intellectual feelings)"。② 在这一点上,"智的觉情"将我们带回到"智的直觉"("智的直觉"与"智的觉情"之近似,的确引人注目),依赖"智的觉情",物自身能被实现或呈现以及被描述为一个价值感。当杜维明说及"体知"("embodied knowing")时,也强调"觉情"与良知或智的直觉之间的关联。③ 这是从两个不同的视角出发对同一种具体经验的指认。④

牟宗三关于道德情感的立场,植根于他对儒家正统的特别理解以及对朱熹的情感思想的深入批判。冒着过于简单化的风险,让我们回顾朱熹在以下两个方面的分离:(a)一方面是"性",它被认为是纯粹的"理",是形而上的;对朱熹来说,孟子的四德(仁、义、礼、智)构成了"性"。(b)另一方面是"情",它被认为是"气",是形而下的;对朱熹来说,孟子的"四端"(恻隐、羞恶、辞让、是非)符合前述孟子的四德而为善的情感的体现。考虑到(a)与(b)的分离,"心"的作用便在于以某种方式避免二元论,对"性""情"之

173

---

① 牟宗三:《心体与性体》(第3册),第252页。牟宗三也将"觉"定义为一种"体":觉即是"体"。

② 牟宗三:《心体与性体》(第3册),第254页。前述牟宗三关于王阳明"知体明觉"之为"精诚恻怛"的讨论,其基本所指乃是同样的理念。

③ 在评述张载和程明道的思想以及他们"体"的概念表示人之经验与万物合一时,杜维明说明"体知"可以在"感性觉情"的脉络中被理解。"体知"直接指为"觉情"。杜维明:《儒家体知传统的现代诠释》,第65页。我感谢彭文本将"体知"翻译为"embodied knowing"的建议。

④ 此外,"智的觉情"与"智的直觉"两个概念背后的一致性,可以帮助我们理解为什么牟宗三在其对康德的挪用中(除了牟宗三对康德的挪用之外,即在他自己的哲学系统中对康德哲学及其概念的吸收外,这里我不谈论牟宗三的康德诠释),经常混同道德情感与道德感。

间的分离加以沟通：当"心"充分地反映"理"并以"理"规定自身（即充分地成为"理"），"心"便能被净化而变为纯粹。不过潜在的假设当然是"心"并非本来纯粹的：因为它仍然由气而构成，需要通过自我修养被提炼和纯化。与之相对照的另一种表达方式，是陆象山或王阳明学派的核心认识，认为"心"并非出自理，即使心可以用理来规定自己。

在前面的引文中，牟宗三的朱熹批判采取了对"觉"与"仁"的关系加以讨论的方式。其具体问题是，对于"仁"这个儒家的终极价值，是否应当"以觉训仁"。① 换言之，是否有这样一种可能性，使得"仁"这个价值能够直接被把握（"觉"）和实现，也即"仁"能否通过一些特别的情感形式以某种方式被显明和实现？鉴于新儒学的不同学派都接受孟子的仁之"端"是一种恻隐之情的观点，我们能认为这个恻隐之情自身便是对仁的"觉或领悟"吗？答案将依据对这个"端"的定位（对于朱熹，②端是一个"形而下"的并与"气"相关联的情感；对于牟宗三的"正统儒家"来说，"端"则是显示"形而上"的"理"的情感），而有截然不同的回答。此外，这个对"仁"之存在直接把握（"觉"）的可能性（也因之是普遍的），其存有论的意义会是什么？对读者来说，这些问题听起来肯定很熟悉，因为它们不过是已经讨论过的智的直觉与存有论问题的重述。不过，这些问题是在新的语境中发生的，并且使用了不同的概念。总之，它们可以帮助我们理解情感（"觉情"）在牟宗三哲学中的核心作用，以及在此问题上牟宗三拒斥朱熹理论遗产的背后

174

---

① 在《心体与性体》（第 3 册）第四至六章的第 209—399 页中，牟宗三提出了对朱熹"仁"之解释的一个批判性的诠释。"仁"与"觉"的关系是贯穿这些章节的线索之一。

② 让我们回想朱熹对价值（即"仁"）和"端"的性质的区分。前者被认为是"形而上的"，后者被认为是"形而下的"。

原因。

有关"觉"与"仁"关系的讨论,起源于宋代的争论。① 谢上蔡作为湖湘学派②的一员和二程的学生,是前述"以觉训仁"准则的作者,这个准则已由牟宗三告诉我们是继承了程明道。③ 谢上蔡还在同样的脉络提及"心有所觉谓之仁",④或另一略有不同的说法"心有知觉之谓仁"。⑤ 李明辉评论后一句时说:"简言之,此处所说的'知觉'是就仁体之感通而言。"⑥二程中,弟弟程颐持有相反的立场,对他来说"觉不可以训仁",⑦相似的立场也为朱熹所持有。⑧

牟宗三强调,朱熹看法中的"觉"(如同"知"或"智"一样)是一种思的判断和理论性的理解,而非一种直接的领悟。换言之,牟宗三认定朱熹的"觉"是一个认识论的概念,⑨这个概念与可通过探索外部的(现象的)实在而获得的"智"的观念相联系,而非一个

175

① 关于这些讨论的细节内容见于李明辉《四端与七情》第79—121页,特别是109—121页。
② 同上,第85页。谢上蔡、杨龟山(1053—1135)、胡五峰(1106—1161)和张南轩(1133—1180)是湖湘学派的代表,在牟宗三的谱系划分中,他们继承了二程的思想遗产。
③ 牟宗三:《心体与性体》(第3册),第250页。
④ 录于黄宗羲:《宋元学案》(第50卷),第1620页;牟宗三:《心体与性体》(第3册),第251页。
⑤ 录于黄宗羲:《宋元学案》(第2卷),第1386页;牟宗三:《心体与性体》(第3册),第250—251页。李明辉:《四端与七情》,第111页
⑥ 李明辉:《四端与七情:关于道德情感的比较哲学讨论》,第111页。
⑦ 录于黄宗羲:《宋元学案》(第42卷),第1386页。引用于李明辉:《四端与七情:关于道德情感的比较哲学讨论》,第87页;牟宗三:《心体与性体》(第3册),第250页。
⑧ 在其题为《仁说》的文章和《朱子语类》中。参见牟宗三:《心体与性体》(第3册),第215页。
⑨ 因此,实际上朱熹不能直接将"觉"与"仁"同一化。而是将"觉"理解为孟子四德中的另一个,即"智"("wisdom")。对于牟宗三来说问题在于,朱熹认为这样的一种"智"的能力乃是由于致知,这种知识在牟宗三看来,仍是一种现象的知识(我们在最后一章处理自我修养的问题时将对此观点做细致的讨论)。牟宗三:《心体与性体》(第3册),第254页。

存有论的概念(即一个存有论的实现的概念①)。将这样一个存有论的维度归之于"觉"和"觉情",提出了这些情感运用的可能性条件的问题。在这一节的下一段引文中,牟宗三介绍了道德情感与自我修养("工夫")之间的至关重要的联系:

> 但道德感、道德情感可以上下其讲。下讲,则落于实然层面,自不能由之建立道德法则,但亦可以上提而至超越的②层面,使之成为道德法则、道德理性之表现上最为本质的一环。然则在甚么关节上,它始可以提至超越的层面,而为最本质的一环呢? 依正宗儒家说,即在作实践的工夫以体现、表现道德法则、无上命令这个环节上。但这一层是康德的道德哲学所未曾注意的,而却为正宗儒家讲说义理的主要课题。在此关节上,道德感、道德情感不是落在实然层面上,乃上提至超越层面转而为具体的,而又是普遍的道德之情与道德之心,此所以宋、明儒上继先秦儒家既大讲性体,而又大讲心体,最后又必是性体心体合一之故。[《心体与性体》(第1册),第 108 页]

工夫或自我修养的实践问题,是本书最后一章的主题,因而这里将不作细节上的讨论。在此阶段仅作如下提示即可,这就是牟宗三的全部道德形上学以及我们至此已处理过的各种问题(主体性、自律、智的直觉与物自身、无执的存有论、道德情感),都与一

---

① 牟宗三:《心体与性体》(第 3 册),第 254 页。

② 语义上,"超越"这个词指一种"超越的层次",牟宗三有时清晰地区分"超越"与"超绝"。然而,正如在这里,他有时也倾向于使用"超越"来指示"超绝"。这导致了一些混淆。不过让我们强调这个混淆也存在于康德的许多著作中。尽管"transcendental"这个词有自己的定义,但康德经常在"transcendent"的意义上使用它。

个深层的"工夫论"紧密地结合在一起。让我们再重复一遍,对于牟宗三来说,道德形上学是一条通往宇宙终极准则(天理、道、本体等)的"实践之道"("a practical approach"),此准则为宇宙与我们自我的本性所共享。这样一个实践之道,奠基于自我的修养(不是建立在以道德基础为认知目标的知识论探求上)。这个实践之道,直接指向自我的修养。通过自我修养,道德情感("觉情")能够被看作我们内在的终极道德准则在实践上的转化或实现或呈现。这就把我们带回到第一章讨论过的自律问题,对这个问题我们现在再做一些补充讨论。

再述自律及道德主体的统一性

在第一章中,我说明了牟宗三系统中自律的基本意义与"心即理"所体现的心与理之定位相一致。换言之,道德准则(理)不是外在的(即来自于外在的和他律的施予),而是已经呈现在自我之中。虽然这个范式一向与陆象山、王阳明学派相关联,牟宗三指出它也适用于程颢(程明道)、胡宏(胡五峰)和刘宗周(刘蕺山)展示的谱系。① 这里,让我们回顾牟宗三所说的两个系统,即宋明时期的"正宗儒学"和作为这一传统之歧出(这个定位与权威的诠释相反)的程颐—朱熹系统。

以下引文对刚才所说的内容做了补充,即由第三个术语"觉情"来完成"心"和"理"间的定位。自律的新"程式"("equation")变为心、理、情之间的贞定,并集中体现在讨论过的"觉情"观念中。

① 牟宗三:《中国哲学十九讲》,第393页。

> 康德在此只说情（情感之情），我们可加一"觉"字而说
> "觉情"。但此觉情却又不只是一种感受，只是主观的；它是
> 心是情亦是理，所以它是实体性的仁体，①亦可说是觉体，此
> 则比康德进一步。

牟宗三在重构自律的意义中所赋予情感的作用，引发了一些学术
讨论。在强调儒家思想中情感的重要性的同时，黄进兴认为在道
德情感的作用上，儒家思想不是与康德而是与哈奇森或休谟（即
英国经验论学派的代表）大体共享了一些理念。黄进兴指出，孟
子有影响的"四端"概念——恻隐、羞恶、辞让、是非——能够提供
很好的证据，证明在具体情境中"四端"如自己所认为的那样是经
验的。② 如果我们从牟宗三的立场看，这种诠释可归为对道德概
念的他律维度的描述，这是孟子所防备的。黄进兴所言确切地说
是：在他看来，继承了孟子的陆象山思想（在牟宗三看来是自律的
体现）与朱熹思想，在康德的意义上实际都是他律的。③ 最重要
178 的可以说是，黄进兴根本上反对这种对康德道德自律概念（在术
语上他写作"道德自主性"）的关联性运用：在他看来，这样的一个
概念不能把握儒家思想的复杂性。④ 身为"康德专家、儒家学者
和牟宗三的弟子"，李明辉撰文回应了黄进兴的文章，指出所认定
的黄进兴对康德、儒学和牟宗三的理解错误。⑤ 我将不去涉入这

---

① 这里牟宗三所讨论的是终极性的"道德的""本体界的""本体的"实体，而非现象界
的实体。
② 黄进兴：《所谓"道德自主性"：以西方观念解释中国思想之限制的例证》，黄进兴
辑：《优入圣域：权利、信仰与正当性》，台北：允晨文化出版有限公司 1994 年版，第
11—16 页，特别是第 12 页。
③ 同上，第 15 页。
④ 同上，第 15—16 页。
⑤ 李明辉：《儒家与自律道德》，《儒家与康德》，台北：联经出版有限公司 1997 年版，
第 11 页。

个学术争论的细节,而仅从材料上借用一些对于我们的讨论有用的内容。李明辉坚持认为,康德伦理学自身不是关于道德自律的唯一形式(即在其他的包括中国思想在内的脉络中使用道德自律并非不切题),并且德国后康德的伦理学家(以及现象学家)的整个传统,已经建立起自律的观念并将它与对"情感"的反思联系起来。① 最重要的是,他展示有这样一个传统——马克斯·舍勒是一位重要代表——在某种程度上回应了儒家关于情感的许多深刻认识。"情感先天性"("a priori of feelings")或"价值感",回应了牟宗三所称扬的孟子的心、理(同于儒家仁义礼智四德)和情(指"四端")之间的统一性。这些情感有助于我们领会主体的自律,在主体的自律中,情感指向的是内在于自我的道德准则(理)的呈现。出于同样的原因我可以补充,他们所宣扬的主体最生动的呈现,可以理解为不仅是内在的或潜在的给予,而且也是一种具体的实现。这里应当做个区分,一方面是道德主体——我们的道德心即是准则,心即理,但因为与自私的欲望情感相关的因素的阻碍,并非必然地呈现;另一方面是道德的主体性,与同样的"心即理"相应,这里却被思议为一种具体的呈现(换言之,这里不再有阻碍性的因素且觉情可以发生)。② 从一个维度向另一个维度的过渡,与工夫即自我修养的实践问题(将在第六章讨论)密切相关。

　　牟宗三对道德主体的自律的颂扬,或曰对心、情和理之统一性的宣扬,伴随着对朱熹哲学的尖锐批判:

179

---

① 李明辉:《儒家与自律道德》,第 35 页。李明辉强调,被此后这个传统所讨论的自律不必然是一种康德所启发的理性自律,而是一种"人格底自律"。这明显也适用于牟宗三。

② 这个区分是我做出的。牟宗三没有以这种方式提出。

　　　　但其所说的道德情感却又只是主观的感受,而不是理性
　　之法则,这也是心理为二也。但他设定一个自由自律的意
　　志,此则比朱子为高。故康德是朱子与阳明之间的一个居间
　　形态。(《康德的道德哲学》,第440页)

　　　　只有当把康德所说的道德情感复原为觉情,自由才不只
　　是一设准,而是一朗现。盖亦正因此觉情,智的直觉始可以
　　故。康德未达此境,故他的思想是朱子与阳明之间的一个形
　　态。(《现象与物自身》,第70页)

我们已经提及牟宗三对天台佛学的判教方法的运用,使得他能够
将西方之"教"纳入他的整个哲学体系中,由此为接近真理提供某
种"方便"。虽然上述两段简短的引文没有明确提到这样一个体
系,但牟宗三将康德哲学整合进他反思儒家智性传统的方式,遵
循了同样的精神。

　　在牟宗三看来,康德阐述自律意义的努力遭遇到限制,这个
180 限制与他遏制理性的僭越以及为知识划定范围的规划相关联。
换言之,康德无法想象一个完善的自律,是因为对他来说去思及
一个直接通达智思界的主体(用儒家的术语来说,去思及一个
"心"与"理"完全合一的主体)是不可能的。康德的主体,仅仅与
理性相关联,与一个和自己的超越基础(自由,仅为设准)相隔绝
的"意志"相关联;情感也只是被动的、主观的影响(尽管有前面提
到的"边缘性的情况",如"兴趣"与"尊重")。话虽如此,牟宗三强
调不管康德的思想存在着怎样的限制,但仍然保持着对自律的关
切而与朱熹的情况不同。就自律问题而言,这里以某种方式对康
德的立场做出了引人瞩目的论断,即康德介于王阳明(他是提倡

"心即理"或完善的自律思想的典范)和朱熹思想之间。朱熹援引
"心与理一"①而论证自我修养历程的可能性这个事实,的确不能
"拯救"其二元论的理或气哲学。正如前面所提到的,在朱熹那
里,"心"是由气构成的(尽管"气"能够被纯净),"情"因而被认为
是经验的。当功夫朝向的是外部实在的知识,自我修养最终反映
的乃是李明辉在牟宗三脉络中宣称的一种心之理解的"主智论"
("intellectualism")。② 这里,我们无暇对牟宗三的朱熹批判展开
细节上的讨论。然而我想知道,在牟宗三深思熟虑的哲学企图
中,他在多大程度上过分淡化了我们正在描述的这种经验的人类
学的可能性。(我们最终讨论的不是这一名为"心即理即情"或
"心与理一"的圣人经验吗?)我的意思是,尽管在形上学体系(关
于理、心、情感之地位的理解等)或甚至对工夫(工夫论)的表达
上,存在着将朱熹与王阳明区分开来的分歧,不过双方仍然共享
着一个远离康德的工夫领地,即使在康德思想的整个人类学维度
被考虑进来时。③ 如果像李明辉合理论证的那样,通过"扩大"康
德的自律概念(这个概念被限制于意志和理性)并将这个概念与
一个道德情感的理论联系起来(此乃受德国的现象学或孟子的思
想启发)以处理自律问题是可能的,(遵循同样的"扩大逻辑")设
想正是"自我修养"("工夫")最终构成了自律的支点,即通过"自
我修养"("工夫")的路径而将自律转换为圣人的具体经验,不也
是可能的吗? 这决不会取消朱熹或王阳所代表的学脉之间的分
别。然而,当与康德哲学对照时,这将有可能使我们更多地关注

181

---

① 李明辉:《儒家与自律道德》,第 43 页。

② 同上,第 43 页。

③ 德国康德研究的一个当下趋势是强调康德思想中人类学因素的重要性。如可参
见福尔克·格尔哈特(Volker Gerhardt):《伊曼纽尔·康德:理性与生活》,迪琴
根:雷克拉姆出版社 2002 年版。感谢何乏笔使我关注此点。

他们的共享之处。

　　把这上提至超越层的心与情体现到圆而神之境的便是圣人。圣人并非无情。而凡中国以前了解圣人之情的，无不就圆而神的最高境界说。此无论就儒家或道家说皆然。王弼说："圣人茂于人者神明也，同于人者五情也。神明茂，故能体冲和以通无。五情同，故不能无哀乐以应物。然则圣人之情，应物而不累于物也。今以其无累，便谓不复应物，失之多矣。"（参见《才性与玄理》第三章与第四章）此言情虽就同于人之五情而通说，似不同于康德所说的道德情感、道德感，然既是圣人之情，则必非下等无色之心理学的情，不能离乎道德感的，不过其表现的独是圆通无碍①而已。"神明茂，故能体冲和以通无"，此虽是根据道家的观念说，然在境界上亦同儒圣。"体冲和以通无"，就是先有超越之体。然体非抽象之空挂，故不能不在有中表现。"五情同，故不能无哀乐以应物"，即是处有应物，和光同尘，②所以成其为圆教也。照儒家说，则圣人的生命全体是理，全体是心，亦全体是情，故为圆而神。无情不能应物，情焉可缺哉？此情之原初开始的意义当然就是道德感、道德情感，不过至此已提至超越圆熟之境而已。［《心体与性体》（第1册），第109—110页］

这里通过一个圣人人格的描述，来结束我们对情感在自律意义的重释中作用的讨论。与道家思想的比较是有趣的，它使我们能够

---

① "圆通无碍"从语义上说，是"圆满""通达""无障碍"。什么情感可以"圆通无碍"？答案可能会在前几行中找到，也可以在接下来的讨论王弼用语的句子中找到。圣人既"通无"亦以情"应物"。
② 出自《老子》第四章（"和其光，同其尘"）。

关注中国思想不同学派之间的亲近性。① 这里,对我们的讨论最
为重要的是,牟宗三强调了两个方面之间的连续性。一方面,通
过心情理之合一(我称之为"道德主体的统一性"),将所谓"道德
自律的偶发表现",在日常生活随道德经验而发的情境中具体呈
现;另一方面,是我们存在的"更高的""境"(被描述为"圆"和"神"
的境),此"境"与我们情感生活中亦即道德自律中积渐而有的恒
常性相关联。牟宗三这里所指的是圣人,其生命"全体是理,全体
是心,亦全体是情"。我们讨论了自律概念的可能的扩大:谈论意
志的自律(以一种康德的方式)是可能的,谈论人的自律(以一种
舍勒的方式)也是可能的。在同样的脉络以及如上已经介绍的论
证路线中,我建议在讨论圣人及其"圆而神"和"超越"之境时,我
们也可召唤一个"自律的生命"。这样一个"自律的生命"的关键,
在于自我修养的信念。

从道德情感到"感通"和"交互主体性"

现在,我们一定程度上理解了牟宗三赋予"觉情"的作用及特
殊性。我们知道,对于牟宗三来说,"觉情"有别于康德的"情感"
概念,"觉情"关联着对正统儒学的一种特别的理解,并且当"觉
情"被赋予一个存有论的向度(ontological dimension)时,有助于
再思自律的意义。本节将通过提出我所谓的"感通"问题,扩大我
们的思考范围,"感通"这个术语隐含着接下来将要说明的一些中

① 对牟宗三运用道家的一个富有启发性的说明,可参见让-克洛德·帕斯托尔:《牟
宗三及其关于道家的问题性引证》,《国际哲学》(2)2005年第132期。柏斯拓坚持
"无"这个贯穿各种不同学派思想的观念对于牟宗三的重要性,这个"无":不一显
现,无区分(第251页)。

国概念。这个主题,具体表现为一系列相互交织的问题:考虑到牟宗三赋予"觉情"以"存有论的向度",对于我们与他者关系的性质,它最终将告诉我们什么? 这里有没有一种方式,补充说明已经阐述过的"智的直觉"或"觉情"以及更好地描述我们如何被他者"感"? 这即是说,我们如何能够以一种非感性的然而是实践的方式被他者"感"? 这样一种"被他者'感'的模式",对我们理解牟宗三哲学中的主体意义,扩大开来对于交互主体性与超越问题的当代争论,有何贡献?

以下三则简短的引文是我们的出发点:

> 觉即就感通觉润而说。此觉是由不安、不忍、悱恻之感来说,[1]是生命之洋溢,是温暖之贯注,如时雨之润,故曰"觉润"。……故觉润即起创生。[《心体与性体》(第 2 册),第 183 页]

> 阳明从良知(明觉)之感应说万物一体,与明道从仁心之感通说万物一体完全相同,这是儒家所共同承认的,无人能有异议。(《从陆象山到刘蕺山》,第 158 页)

> "感应"或"感通"不是感性中之接受或被影响,亦不是心理学中的刺激与反应。实乃是即寂即感,神感神应之超越的、创生的、如如[2]实现之的感应,这必是康德所说的人类所不能有的"智的直觉"之感应。(康德不承认人类能有此种直觉,但良知之明觉,仁心之感通就含有这种直觉,这是中西哲

---

① 此处所引,是牟宗三讨论程明道时所说的。然而,他在许多文本中都提到了这些例子。

② 一个描述万法如其自己(没有任何的时间相、空间相等)的佛教术语。

学之最大而又最本质的差异点。)(《从陆象山到刘蕺山》,第
159页)

这三段极具代表性的牟宗三思想引文,①由于两方面的原因对我
们很重要:

首先,(相对于从康德主义那里借来的概念)这里有"感通"②
"感应"③和"觉润"④这些核心的中国概念,如牟宗三所理解的那
样,它们指的是人与世界的关系。对于我们来说,这些概念所表
达的观念是基础性的,它们构成了由之出发能够唤起道德情感
(其意义被归于"觉情")和纯粹之"意"("无意之意",参见第四章)
的根据。"觉情"与"意"这两个概念,指向同一种道德经验。"感"
(感、觉)和"应"(通、应、润)的一种同步机制可以被"觉情"与"意"
唤起。弗朗索瓦·朱利安通过对《孟子》文本中"情感"("e-
motion"/"é-motion")讨论所蕴含的这种刺激或反应机制的评
论,表明这个现象(一个来自他者的刺激和人通过情感的反应)并
非源自一个孤立的自我,而是在某种程度上反映了一种跨个体的
认识。⑤ 第二,这些感或应的经验揭示了由牟宗三所继承的儒家
"形上学"的一个基本向度:万物一体。我因此提议使用"感通"⑥

---

① 还参见牟宗三:《圆善论》,第307页;牟宗三:《现象与物自身》,第442—443页。
② "感"与"通"这两个字在著名的《周易》中被结合在一起。参见《周易集解》,第
　125页。
③ 葛瑞汉提醒这个术语最早见于荀子的著作。葛瑞汉:《道之辩士:中国古代的哲学
　辩论》,拉萨:敝院出版社1995年版,第135页。
④ 在这里,"觉润"这个概念(这里"润"有养育、激活的意思)作为诸多以"觉"为名的
　概念的补充,曾被牟宗三以其"觉"之行为(把握、领会)的效用而加以强调过,即强
　调它的创造性的维度。在《圆善论》中,牟宗三讨论过"无限心之遍润一切"。牟宗
　三:《圆善论》,第307页。
⑤ 朱利安:《道德的基础》,第40页。
⑥ 关于"感通"的翻译我借用于弗朗索瓦·朱利安。朱利安:《道德的基础》,第39
　页;朱利安:《内在之象:〈易经〉之哲学解读》,巴黎:格拉塞出版社1993年版,第
　278页。

这个概念,来讨论我们与那些有着相同构成性的存在的感或应的
情形。

186　　在对王龙溪"四无说"的分析中,彭国翔曾讨论过"万物一体"
(参见第四章),我们这里感兴趣的是,他在说明一个由马丁·布
伯(1878—1965)所启发的对主体概念的思考时,在很大程度上与
牟宗三哲学的方式是一致的。①

　　我们记得,在王龙溪的"四无"论中,四要素——心、意、知、物
(语义上为"存有"的"物",应该被解释为"务")——处于同样的
"层次"。换言之,它们皆与圣人道德的、"存有论"的境界相应:意
(无意之意)由心或良知所萌发,即内在的道德之知("心"和"知"
显示同样的活动,是同样的事情),物不再与我们所面对的客体相
应——因而有著名的"万物一体"说。彭国翔使用牟宗三的术语,
援引了具有价值意义的物自身。② 但是,他对王龙溪描述的自我
与世界的关系(以及我们可以广泛补充的由孟子、程明道或牟宗
三描述的"物我一体"的关系)与马丁·布伯所讨论的"我/你"(I/
Thou)关系,做了类型比较。

　　我们简单地说明布伯哲学的一些要点。他是通常所称的"对
话哲学"的主要代表之一,加布里埃尔·马塞尔(Gabtriel
Marcel)或列维纳斯也是其中的代表。③ 在《我和你》中,布伯对
两种朝向他者的可能的关系,或更简要地说是两种朝向世界的关
187　系,做了类型区分。一方面,他所指的是因果关系的领域,这是一
个朝向由实践知识或效用规定的可称之为"我/它"(I/it)关系的

---

① 彭国翔:《良知的开展:王龙溪与中晚明的阳明学》,第 202—209 页。彭国翔讨论
　了程明道"仁者与天地万物一体"和孟子"万物皆备于我"的观念。
② 同上,第 203 页。
③ 我们将卓越的儒家学者如杜维明也增加进来,他对"对话哲学"持有长期的兴趣。
　他的论著经常引述布伯和马塞尔。

世界。这种关系与"我/你"关系相对,他将后者作为自己著作的标题来使用,把它与交互性、相遇和责任相同一。[1] 对于布伯,"我"是一个人,这句话表示的是以自我为主体的意识。与"人"被作为单一的主体存在(即与其他孤立存在者区别开来的一个个体)相反,"布伯认定,在进入与他人的关系的那一刻,人才出现"。[2] 他还补充说,这个人"作为参与存在的、与其他存在者**共在**的人而意识到自己"。[3]

在布伯思想的基础上,彭国翔说明儒家的主体性概念与"我—你"关系的"我"相应。如果有一个英语词汇可以用于王龙溪和阳明后学对"儒家主体"的理解,彭国翔建议说是"交互主体",而非"主体"。[4] 如果我们接受这种与布伯思想的比较——至少在某种程度上接受,因为这个比较并非没有困难[5]——我相

---

[1] 我们这里对"我或你"关系作补充说明。实际上,布伯规定了两种不同类型的"你"(Thou)。在反映我们与世界的非工具性关系(在牟宗三的术语中为"无执的")之外,这里还有另一个"你",一个"永恒的"(eternal)"你",可以名之为"存有""上帝""在场""面容"。这个"你"的调适作用是使存有者之间的关系能够被实现。由于这个"永恒的"(eternal)"你",人能够与其他存在者一起进入"我/你"的关系并获得对"他们之于此中心的共同关系"的洞察。布伯:《我与你》,巴黎:奥比出版社1992年版,第119—121、157、166—167页。在某种程度上,布伯思想中的这个"永恒的""你"与牟宗三体系中的"实体性"(the objective)相似(参见第一章)。

[2] 同上,第97页。

[3] 同上,第98页。

[4] 彭国翔:《良知的开展:王龙溪与中晚明的阳明学》,第205页。彭国翔援引了一个有趣的内容。日本学者岛田谦次(Shimada Kenji)在探索嘉靖(1521—1567)和万历(1572—1620)时期的大量思想材料之后,提到他对良知与"万物一体"观念的联系有着深刻的印象。同上,第207页。

[5] 彭国翔:《良知的开展:王龙溪与中晚明的阳明学》,第204页。彭国翔审慎地搁置了布伯所讨论的"Eternal Thou"。不过,布伯与儒学的比较以及"交互主体"的概念还是导致了其他一些困难。列维纳斯在《主体之外》中贡献了三篇讨论布伯的文章,对晚近思想中他者(l'autre)的极端的他性(radical alterity)做出强调:"我被奉献于他者,不是因为之前的临近或牢固的结合,而是因为你就是绝对的他者。"列维纳斯:《主体之外》,巴黎:书目文献出版社2006年版,第44页。当我们比较列维纳斯和牟宗三的思想时,这也是会遇到的一个困难。

188 信对牟宗三哲学及其主体的理解，同样可以如此。最后，将"感通"植入一个由"万物一体"规定的"无执的存有论"中，这为一个真正的交互主体性概念开辟了道路。这样的一个交互主体性，植根于某种将存在者（物）与一个活动的心——理（mind-principle）联系在一起的"存有论的"协同（"ontological"solidarity），即对一体之仁的共享。① 话虽如此，有一点必须立即强调。与第一章我们对天人合一的讨论一样，在此关头对主体间性的讨论，可能会使读者认为我们正在趋向的是主体形象的消解。由此引发的可能问题是，牟宗三到底能否真正阐明一个真实的主体性。正如早前提到的，这条思想线索在欧洲有很长的历史，至少可以追溯至黑格尔。这里需要明白的是，天人合一或由"万物一体"所启发的交互主体性，是身处于视"工夫"为根本重要的那个语境中的思想。换言之，我相信核心的问题乃是去理解，通过与客体的合一或考虑一种"主体间"来消解主体形象的"去主体化"（"desubjectivization"），在什么程度上吊诡地不同时是经由工夫开展的"主体化"（"subjectivization"）进程的顶峰。②

牟宗三"感通"思想与当代的哲学讨论：一些初步思考

我们在存有论问题讨论的结尾部分引入伊曼努尔·列维纳斯的哲学，是为了给牟宗三重新阐明基本存有论的规划，带来一种新的观照。我曾强调，如果存有论宣扬的是对知识或存有的同一化，或存有论的知识必须关联于主题化（用牟宗三受佛教影响

---

① 关于感通植根于人类所共享的仁，即关联与"万物一体"的观念，参见林月惠：《诠释与工夫》，台北："中央研究院"文哲研究所 2008 年版，第 23—37 页。
② 在我与何乏笔的讨论中，这个观念对我变得清晰起来。

的词汇,即与一个"执的"存有论的知识相应),存有论对牟宗三来 *189*
说,可能并不像对列维纳斯那样更为基本。在很大程度上,列维
纳斯对伦理学(作为第一哲学)的首要性以及形而上学在存有论
之上的肯定,呼应了牟宗三的"无执的存有论"概念。在本节中,
我再次述及列维纳斯,这不过是要简要地说明牟宗三的道德情感
概念,扩大地说"感通"和"交互主体性",在当代哲学讨论的脉络
中可以有的意义。

为了超越存有论(被理解为关联于主题化和对他者的占有),
列维纳斯将他的第一哲学(伦理学,但也是形而上学)①植根在一
个基本概念"他性"中,乍一看这与牟宗三称扬的"万物一体"形成
了一个强烈对照。如果我们强调列维纳斯把他的伦理学说成是
一种他律的伦理学,②这样一个反差便被强化了。这就是说,是
列维纳斯思想中其他的客观因素引发了与牟宗三哲学的共鸣。
首先,列维纳斯强调"无限"的重要性,并特别强调一个受笛卡尔
影响的他名之为"在—我—之中的—无限—观念"("idea-of-the-
infinite-within-me")的概念的重要性——在他那里,这一概念也
与人和上帝的关系混同。③"在—我—之中的—无限—观念",是
避免任何"对……的意识"(或可补充为"有意识的朝向",这里我
相信更接近于"无执"的观念)和被描述为"被动性"("passivité",
与"接受性"相反),④产生在与他人非常具体的关系过程中。这

---

① 与列维纳斯对伦理学作为第一哲学相关联的乃是形而上学超越于存有论。参见
列维纳斯:《总体性与无限:论外在性》,第32—33页。
② 例如可参见列维纳斯:《主体之外》,第50页。
③ 列维纳斯:《论观念中出现的神》,巴黎:弗林出版社1998年版,第11页。
④ 同上,第106页。也参见列维纳斯:《伦理学作为第一哲学》,巴黎:里瓦格出版社
1998年版,第11页。

190 种具体的却非经验的关系①，集中体现于列维纳斯所称的他者的"面容"（"le visage"/"the face"），它由人具有的对于他者的绝对的和单向的责任所规定。他者的"面容"，也是一个"境域性的"（"horizontal"）超越的形式，要求人担负起责任。这种责任之为可能，应归于列维纳斯名之的"时间的历时性"，即植根于所谓"无法追忆之过去"的责任之存在先于遭遇之本身这个事实。②

我前面提到，像布伯或加布里埃尔·马塞尔一样，列维纳斯代表了所谓的"对话哲学"。在题为《对话》（Le dialogue）的一篇简短的文章中，列维纳斯借用布伯的"我-你"（I-Thou）来表达自己的思想，坚持关于这一对话的两个核心特征：一方面，在"我"和"你"之间存在着一种绝对的距离；另一方面，也存在着一种超越但非取消此距离的"卓越的"和"直接的"关系。列维纳斯并设想："相较于通过知识，这里有获得接近他者的另一条道路：靠近邻人。"③正是在那个——关系的、遭遇的——层面，感通（感应、觉情）的观念，更概括地说"觉情"，才会是有吸引力的。实际上，列维纳斯关于关系或遭遇他者的理解，以一种与牟宗三有很多共享之处的方式，既超越了存有论（当然这里我指的是"执的存有论"），也超出了心理学。不过，列维纳斯的与他者"面容""遭遇"的概念，也引发了一些问题，这些问题乃是关于这样一种"经验"的实在性及其具体

---

① 一个人不是通过感性的经验与（他者的）"面容"相遇，这并非明显意味着在此相遇中没有一种感性内容的发生。

② "历史分析"这个观念的清晰说明，参见列维纳斯：《历时性与表象》，先期收入让·格莱士、雅克·罗兰（Jacques Rolland）编：《关于列维纳斯〈伦理学作为第一哲学〉的瑟里西拉萨勒会议（1986 年 8 月 23 日至 9 月 2 日）集》，特别是第 456—463 页。"时间的历时分析"所唤起的不是一个再次呈现的并且需要再一现或回忆的过去。

③ 《对话》是出版于《论观念中出现的神》中的一篇文章，参见该书第 211—230 页，此段引文见底 211 页。这里的"Approaching"（approcher），与"encountering"（rencontrer）同义。

意义如何(即它如何能够被描述)。①

1990 年,多米尼克·雅尼哥发表了一篇题为《法国现象学的神学转向》的法语论文。主要讨论列维纳斯、米歇尔·亨利(Michel Henry)和让·吕克·马里翁这三位强调其工作受现象学启发的哲学家,雅尼哥以"非法挪用"("illegitimate appropriation")指责他们的"现象学"标签。② 在雅尼哥看来,列维纳斯的规划被赋予了一个神学的向度("现象学被一个匿名的神学绑架"③),出于同样的原因也被赋予了更为形上学的向度(列维纳斯的哲学是一个"现象学的描述还是一个形上学的符咒"?)。④ 雅尼哥强调,列维纳斯始终宣称一种现象学的启发,⑤但他认定列维纳斯放弃了现象学的方法和胡塞尔在此问题上迫切的严格要求。⑥ 通过引用列维纳斯关于与他者的关系和"面容"的描述,以及关于"在感性中迎接外在性"或强加于内在性之中的超越的外在性这个利害攸关问题的说明,雅尼哥以某种冷嘲的方式试图表明这种"现象学的"描述事实上没有把握到什么。⑦他还说明,列维纳斯整个论述的基石是,"绝对经验不是一种揭示

①191（页边数字）

---

① 就列维纳斯和牟宗三来说,由于"经验"这个术语的实证性内涵,对其加以谈论总是困难的。实际上,双方皆清楚地表达了人之生命历程中的某种形上学的经验或超越的经验的可能性。

② 多米尼克·雅尼哥:《法国现象学的神学转向》,《现象学的多种形态》,巴黎:加利马尔出版社 2009 年版,第 23 页。

③ 同上,第 74 页。

④ 同上,第 78 页。也参见第 55 页。

⑤ 同上,第 66 页。列维纳斯:《论观念中出现的神》,第 140 页。

⑥ 多米尼克·雅尼哥:《法国现象学的神学转向》,第 69 页。

⑦ 同上,第 70—72 页。我们这里缺乏空间细节性地讨论雅尼哥对列维纳斯的"现象学方法"的批判。这里只提及一些他关于列维纳斯的引文的评论:"不可能的路线"(第 71 页);"被描述为达到一个恒星量级的经验的耗尽","要么这些词语有一种意义,要么它们缺乏任何意义。"(第 73 页)

(unveiling)，而是一种启示（revelation）"。① 对于他来说，列维纳斯最终完成的那个现象学，在某种程度上缺失了现象学的根本意义，可描述为"背叛现象世界"。②

虽然列维纳斯想要将他的哲学锚定于现象学中，但牟宗三却不是这样，他基本上相信现象学与他的哲学规划无关。③ 然而，尽管在两位当代哲学家这里，思想内容各不相同，但在他们涉及终极体验（对牟宗三是"成圣"，对列维纳斯则是"绝对经验"）的方法上，很大程度上有着明显的相似——一个是要超越"执的存有论"，一个是要超越"存有论"，并且这种"超越"方式可以"感动"我们。他们的确以某种方式将超越重新引入哲学的讨论中，然而却没有将它与尼采所谓的传统西方形上学的"背后世界"或"世界之后的世界"（"Hinterwelt"/"arrière-mondes"）相关联。④ 尽管如此，在我看来，牟宗三的"内在超越"观念与万物一体的情感，似乎并没有给雅尼哥针对列维纳斯的那种批判意见留下空间。

首先（并吊诡地考虑到他对现象学的否定态度），牟宗三的哲学和对表达感应（感通）及感触所及的那些传统观念的述诸，较之列维纳斯极端的他性，能够给现象学的描述提供更为适宜的基础。在第六章讨论心在自我修养过程中的活力（通过一些"症候"如警醒、自我震动、痛等反映出来）时，其中的一些要素将被呈现。我相信，如果牟宗三能够用现象学清楚地加以处理，它们将远非

① 多米尼克·雅尼哥：《法国现象学的神学转向》，第 73 页。列维纳斯：《总体性与无限：论外在性》，第 61 页。
② 多米尼克·雅尼哥：《法国现象学的神学转向》，第 78 页。
③ 例如，可参见牟宗三：《智的直觉与中国哲学》，第 364—365 页。然而，中山大学的现象学专家倪梁康认为，在某种程度上，也能够技术性地将牟宗三与马克斯·舍勒加以比较。参见倪梁康：《牟宗三与现象学》，《哲学研究》2002 年第 10 期，第 48 页。
④ 参见列维纳斯：《论观念中出现的神》，第 225 页。

是他所书写的那样。不管怎样，牟宗三的道德形上学可以为未来的工作开辟道路，在这条道路上，儒家传统能够在现象学和"对话哲学"的语境中被直接地讨论。

其次，重要的是再次强调依据"一心开二门"而有的那个观念的重要性："现象界"和"本体界"，不是被思之为分离的，而是被思之为相即相入的，统一于同一个心。因此，我们存在的"本体的"维度不与"现象的"实在相分离，而首要地代表了另一种在世的方式。雅尼哥以"背叛现象世界"描述列维纳斯的哲学（或更准确地是"列维纳斯的现象学径路"）的表述，不适用于牟宗三或儒家的"圆教"。当然，人们也可以通过强调他者的"面容"是对具体境遇中的无条件责任的一种承认，来评价列维纳斯的哲学。然而，这一责任源于某种抽象的时间的历时性，而非一种内在发生的"实现"力量（觉情）。并且，在这里我们也触及牟宗三思想中的超越性的内在维度这个问题：即在他所称的"正宗儒学"传统中所谓的"心即理"。这与列维纳斯思想中发生作用的那种极度紧张，形成了鲜明的对比。在列维纳斯的思想中，超越性（被认为是一种纯粹的外在）是激进的，它被作为义务（责任）的本源将其自己直接强加于内在性之中。①

再次，牟宗三的整个哲学体系依赖于"工夫"的重要性。换言之，正是"工夫"（导向真正的主体化）使我们存在之超越性维度的揭示成为可能。② 第六章将专门讨论这个问题。

───────────

① 多米尼克·雅尼哥:《法国现象学的神学转向》，第72—73页。
② 列维纳斯思想中的自我修养问题——提及他致力于犹太教的塔木德的工作便为足够——会是一个与牟宗三思想作深度比较道路上的中心主题。

第六章　工　夫

我们为什么讲心体,性体,道体这些东西呢?

这些都是理论呀!

我们之所以如此讲,是因为我们有工夫,

而在工夫中了解这些道理。

牟宗三《中国哲学十九讲》

此章将通过"工夫"这一关键问题,完成我们对牟宗三道德形上学的探究。对于儒学来说,"工夫"一直是贯穿不同学派的核心,儒学的智性思考总是与实践和圣人理想联系在一起。儒学在很大程度上变为一门学科(哲学)的现代转型,就其所导致的话语生产与具体"工夫"的分离来说,具有很大的问题性。杜瑞乐在一系列文章中深入地探讨了这个问题,强调其主要后果:"所发生的一切仿佛是一种学院儒学的现代创造(反映在哲学范式主导的霸权上,即使这并非是排他性的),使儒家经验丧失了它的基础,在更大的程度上也丧失了它的意义。"①

---

① 例如可参见杜瑞乐:《儒家经验与哲学话语:对当代新儒学诸疑难的反思》,第 74—75 页;《中国现代哲学体制的"药术"作用》,《东亚思想中的传统与现代——"哲学"的另类谱系学》(第 3 卷),东京大学国际哲学中心学刊,2004 年。《论新儒学在现代哲学话语中的转型》,第 91—119 页。余英时将儒家描述为一个"游魂"的著名评论,实际上也是在同样的脉络中。

在考虑哲学范式的支配性的同时,心理—生理的实践(如静坐)与理论的论述这两方面的分离也要加以考虑,尽管如此,我还是想谈谈儒家的当代哲学论述与"工夫"的关系。皮埃尔·阿多在《精神修炼与古代哲学》①这本著作中表明,在古代罗马和希腊,哲学理论必须与一种生活方式和精神修炼关联起来。此外,对我们的讨论更有意义的是,他解释说,在欧洲尽管哲学已经在大学里转型为一种专业,但古代哲学与人之生存有关的一些方面,从未完全消失。② 他提及笛卡尔的"沉思"("Méditations")("Meditatio"这个词仍保留着"exercise"的意义)、叔本华(大学里的哲学……仅供消遣)③、尼采、伯格森,以及胡塞尔的现象学,④甚至维特斯根坦。在援引"实用主义的哲学概念"的其他地方,他还列举了蒙田和沙夫茨伯里(受爱比克泰德和马可·奥勒留的启发写作过一些关于"修炼"的作品)的名字。⑤ 在一个访谈中,他甚至要求"为康德恢复名誉",这是由于康德的普遍主义视角在人类经验领域中的实践相关性。⑥ 即便这个混合的名单可能是成

196

---

① 皮埃尔·阿多:《精神修炼与古代哲学》,我们所引用的 2002 年版是一个修订版,该版补充了一些文章。

② 在他的关于"与米歇尔·福柯的中断的对话"的文章中,阿多说明发生于中世纪的哲学转型(简言之,即与一种对自我修炼关切的断裂),"发生于当哲学成为神学的附庸并且当精神修炼被整合进基督宗教的生活而变成独立于哲学生活之时"。相反,对于福柯来说,真正的断裂伴随着他所说的"笛卡尔时刻"(le moment cartésien)。同上,第 310 页。福柯:《主体的诠释学》,巴黎:伽利玛瑟伊出版社 2001 年版,第 19 页。

③ 皮埃尔·阿多:《精神修炼与古代哲学》,第 298 页。

④ 同上,第 348 页。

⑤ 同上,第 374 页。

⑥ 同上,第 389 页。"我经常引用康德的标准:你要这样行动,即,使你行动的准则能够成为一条普遍的自然法则。明显地,这样一种标准在今天听起来并不那么有吸引力,不过我在其中所理解到的,准确地说是一种朝向普遍性的强烈愿望。与一种精神修炼相应的关注当下的秘密之一,便是将自我投入一个普遍性视域的愿望。"

问题的,①它仍然可以列入一些现代哲学家,包括列维纳斯、福柯和皮埃尔·阿多本人。即使西方哲学已经推进到理论化和系统化占据统治地位的地步,在智性思考的过程中追溯一个从未丧失的智性与精神的传承仍然是可能的,这个传承从未忽视哲学作为一种生活方式的具体维度。记住这一点,可以帮助我们在一个与各种传统实践割裂的时代,反思当代儒学话语与"工夫"的关系。这也提请我们小心地对待这个哲学观念,不要将它理解得过于狭隘。

牟宗三更为著名的当然是其雄心勃勃的形而上学运思,而不是其"工夫"理论的精深。不过,本书前后多次强调,对于牟宗三来说,"工夫"绝对是基础性的。在牟宗三的道德形上学的重构中,的确没有什么比圣人的可能性更为重要了。在与西方的对话中,诸如自律、无执的存有论和智的直觉这些概念,已经成为表达这样一种可能性的工具。然而,牟宗三的道德形上学(我们重申,这个形上学是契接宇宙终极实在的实践的和道德的径路)的基石乃是"工夫"。因此,重要的是厘清牟宗三理解"工夫"的方式。再者,人们不禁好奇,除了工夫实践的重要性、角色、分类的理论要素外,牟宗三是否描述了可被称作"工夫"的经验。潜在的问题是,对牟宗三著作的一个解释学的诠释,可以在多大程度上为说明"工夫"实践提供资源。此外,曾经提到的一个相关问题,是哲学领域的扩大以及将哲学不仅仅理解为一种思辨性事业的必要性。不过,在这本著作中,我们将无法为这些问题提供任何清晰、深入和令人满意的回答,它们本身构成了另外一个单独的研究。

① 将哲学理解为一种生活之道,与名单中的一些哲学家的理解可能有显著的不同。最终的风险在于,这个混合的名单削弱了阿多的观点。

我仅尝试对牟宗三的一些论述做出甄别和讨论，我相信在这些论述中，牟宗三对"工夫"及其相关经验的类型进行了描述，而非理论化的说明。

牟宗三对"工夫"传统的理解：一个展示

牟宗三通过再思中国思想的核心洞见重构了理论化的哲学体系，对此核心洞见的基石即作为绝对前提的功夫问题，不应遮蔽。在此方面，牟宗三继承了悠久且各异其趣的中国传统。我们在第一章中介绍了牟宗三的"道统"说以及他对儒家三个思想学派的区分。在他看来，程颐和朱熹学派代表了儒家正统的歧出，此正统与两个不同的传承相关：一是陆象山和王阳明学派，另一个是由周敦颐、张载、程颢、胡五峰和刘蕺山所代表的学派。对道德自我与世界的本体宇宙维度关系的不同强调，使这两个正统的传承区分开来。这一点对牟宗三哲学体系的重构很重要。不过，当触及"工夫"的问题时，主要的区分则是将正统的两系作为一个整体而与程朱学派区别开。这个差异，集中体现于牟宗三对"工夫"所做的两种类型的区分："逆觉体证"和"向外顺取之路"。

一、"工夫"的两种主要类型

让我们通过一组引文直接进入论题的核心：

> 这几个人①所讲的工夫就是所谓"逆觉之路"。讲道德实践、讲工夫，"逆觉"是最 essential，这点被他们把握住了。能把握住这点，就是把道德当道德，不当知识看。(《中国哲

① 根据牟宗三，他们便是"儒家正宗"的学者。

198

学十九讲》,第 375 页)

而照内圣说时,逆觉正是本质而重要的关键,而格物穷
理的顺取之路反不相应。所以,以逆觉作主的工夫是本质的
工夫。这并不是说,在我们具体的生活中不需要知识。(《中
国哲学十九讲》,第 377 页)

这样大体说来,工夫之不同就决定于本体的体会之不
同。朱夫子走格物穷理的路,所以他对于心、性、道德体会和
走逆觉之路者对于心、性、道德体会不一样。(《中国哲学十
九讲》,第 377 页)

在三段不同的引文中,牟宗三区别了两种"工夫"模式:"逆觉体
证"和"向外顺取之路"。这些引文虽然都采自《中国哲学十九
讲》,但这个区分也在他的许多著作中出现。

在进一步讨论之前,我们需要厘清"工夫"这个术语的意义。
当我们将"工夫"这个术语翻译为"self-cultivation"时,或当我们
将其与"精神修炼"及皮埃尔·阿多的"苦修"("askesis")或米歇
尔·福柯的"关注自我"(le souci de soi)相联系时,所强调的首先
是意识(consciousness)、意志力(willpower)、意向性
(intentionality),等等。简言之,这里强调的是所有的这些方面,
即由自我所施行的并且以习性(habitus)的养成和最终转化为目
标的那些努力。例如,斯多葛学派在古罗马时期所宣扬的专注于
当下,便属该类,孟子提出的"必有事焉",亦是如此。[1] 然而,"工

---

[1] 参见艾文贺:《儒家传统中的伦理学》,第 83 页。

夫"这个术语——特别是在牟宗三的哲学中——超越了那种人有意识和有目的地加以施行的自我修养与礼仪训练,特别是因为在"工夫"和"自我的转化"之间,常常不存在直接的因果联系。在某种意义上,"工夫"包涵了毕来德所称的那个接下来将被证明有用的"活动机制"(regimen of activity)的概念。[1] 这个活动机制,指在意识与自发性行为以及经验的各种层次之间的自我控制的各种方式。在此宽泛的意义上理解,"工夫"既指与修炼等相随的自我的技艺,也指生动的道德体验历程(尤其是在牟宗三这里),特别是当它与"逆觉体证"联系在一起时。

　　"逆觉体证"和"向外顺取之路",是牟宗三援引儒家传统中的"工夫"所使用两个关键概念。牟宗三将自己置于主张"逆觉"的所谓正统路径中。在前述三段引文中,我们主要深入了解了"逆觉"不是什么。其核心的观念是,"工夫"首先不是一个知识的事情,或更具体地说不是认知性的知识的事情。因此,所有旨在从自我之外去确定指导道德生活之理的全部修炼,都是不充分的。此类"向外顺取之路",体现在程朱学派实践原则之一的"格物穷理"上。"格物"源于《大学》的提倡,是指对人类事物加以关注以辨别事物的构成方式。葛瑞汉解释道:"对于他(程颐)来说,道德的发展依赖于对源自外部的'理'(主要来自于儒家经典)的学习,学会在外在情境中认知'理'。一旦我们在外在的事物中感知到它们,便意识到它们内在于我们。"[2]

　　如果我们以"孝"作为典型的例子,对"孝"的"格",既指对古代圣人之教的学习,也指思考生活过程中"孝"的适宜方式。不

---

① 毕来德:《庄子讲座》,第 41—79 页。
② 这里所讨论的"事物"("things"),主要指人的"事情"("affais")。"真正重要的'理'乃是道德之'理',并且'格'所主要关注的乃是揭示人事中的'理'。这里没有增进普通知识之储备的意思;'格'的对象乃是去发现如何生活,此发现一旦获得便意味着全部,每一个体为了他自己必须经历一番。"葛瑞汉:《两位中国哲学家》,第 79 页。

过,对于牟宗三来说,外在资源,即日常经验与圣人经文之间的互动,并不能构成"工夫"的坚实基础。这当然不意味着它们是无用的(实际上牟宗三认为,即使它们并不充分,也有其助益),[1]而是它们不足以胜任。[2] 为了理解牟宗三的立场以及对"逆觉体证"加以讨论,我们首先回到他的"心"的概念。

二、一个完善的道德心灵的纯粹性

回想一下,牟宗三受《大乘起信论》的启发,在"心"的两个维度间作了一个区分(一心开二门):现象界和本体界。[3] 此区分响应了熊十力"习心"(被看作包含了认知的自我和心理的自我的心)[4]与"本心"(道德的、超越的以及与理合一的心)[5]的分别。下

---

[1] 牟宗三:《心体与性体》(第1册),第196页;牟宗三:《从陆象山到刘蕺山》,第116页。杨儒宾讨论过读书在"工夫"过程中的重要性。他说明,诸如宋代的陆象山(这里可以想象以陆象山取代牟宗三)这样的人,一定不废读书,但却不会将"工夫"的关键归于读书这种行为。相反,对于朱熹的"工夫"来说,读书是其核心。实际上,由于朱熹认为心乃是由气所构成,尽管心有明觉的能力,它也不能被用来建立道德的标准(没有规范的作用),道德的标准必须通过格物(读书是其实践的核心)来发现。杨儒宾:《儒家身体观》,第296—297页。

[2] 历史学家、朱熹研究的重要学者和当代新儒家之一的钱穆并没有分享这一立场。钱穆指出,朱熹在工夫论上的贡献,大于他统一内在与外在、本与末的努力。钱穆强调,这样的工夫论路径已具有了一种"科学的精神",他确定地认为这对于"工夫"并非不重要。郑家栋:《牟宗三》,第188页。

[3] 当然,在心的这两个维度与经验之间总是存在着活动,在牟宗三的哲学中,此活动由著名的道德心的"自我坎陷"所体现。这个"自我坎陷"始于我们日常的经验层面,我们以此方式对道德的与认知的或心理的经验加以融合或替换。这个概念被广泛地用于讨论牟宗三关于"外王"的理解,不过我们需要记住的是,这个概念也与人的日常生活中的安身之道相关。

[4] 由《大乘起信论》所开启的两"门",乃"真如门"与"生灭门",前者关联于事物的解脱,后者系缚于因果的决定。这个总是与"习心"联系在一起的第二个"门",不仅关涉于知识,也关涉承受痛苦和烦恼心理的自我。参见牟宗三:《中西哲学会通十四讲》,第84—88页。

[5] "道家之道心,佛氏之法性心,乃至王阳明之良知,皆本心之异名耳。习心亦云量智。……"熊十力:《新唯识论》,北京:中华书局1999年版,第548页。

面的引言对这个问题有清晰的说明：

> 依照逆觉之路来理解,心不是形而下的,不是"气之灵", 202
> 而是以孟子所说的"本心"来看;这就是所谓的"心体",心就
> 是本体。这时,心不是属于形而下的,不是属于气;心就是
> 理。(《中国哲学十九讲》,第 378 页)

心之本性是由气构成还是为理所规定,这在宋代及宋代之后才成
为问题。换言之,在孟子的时代,这并非关注的中心。[1] 对心的
讨论,孟子主要援用作为根本德性和普遍道德的著名的"四端"：
"恻隐之心,仁之端也;羞恶之心,义之端也;恭敬之心,礼之端也;
是非之心,智之端也。"艾文贺清楚地说明,在王阳明的哲学中,我
们自发的道德行动(通过恻隐、羞恶、恭敬、是非之情表现的)"并
非脆弱的需要养护的道德萌芽,它们是巨大的道德冰山的顶端,
是隐藏在私欲海面下的一个完整的道德禀性的可见表现"。[2] 换
言之,道德之"端",表明的不是如在孟子那里,一个人可以成为由
发展和培养所成就的他或她,道德之"端"透露的是"已经所是的
线索"。[3] 在涉及孟子的"本心"时,牟宗三明确地继承了出自王
阳明传统的诠释观念。对他来说,修养的核心问题并非在于如何
长养道德的端芽,而是在于揭示一个完善的、本源的纯粹之心。

以孟子和王阳明的差异为基础,艾文贺区分了"圣"
("sagehood")的两种"理想型"：养成的圣人(the fully developed
sage)和呈现的圣人(the fully discovered sage)。这个区分直接源自
此前已经表明的区别："孟子相信人人皆具初萌的善端,王阳明则

---

① 关于此相同观念的一些不同的阐述方式,参见杨儒宾:《儒家身体观》,第 411 页。
② 艾文贺:《儒家传统中的伦理学》,第 80 页。
③ 同上,第 80 页。

203 认为人人皆具完整的道德之心。孟子说人皆**可以为**尧舜——我们都是潜在的圣人。王阳明相信人人皆**可为**圣人;人人皆禀赋一个完善的道德之心。王阳明的话,绝不能仅被当作孟子立场的更为热切的陈述。上述说法揭示了两位思想家之间的一个根本性的差别。"①牟宗三的道德心的概念处于王阳明的脉络中,与"充分呈现的圣人"形态相匹配,这也有助于厘清"逆觉体证"的意义。当我们的本心呈现(朗现)时,即使它是偶尔发生的,**这个完满的、纯粹的、道德心的呈现**,能够像一面镜子一样对此情景的必然性加以映照。这一点,对于理解牟宗三关于此种令人惊羡的状况如何发生的认识,是重要的。

对于牟宗三来说,施加于心灵之现象维度(即朱熹意义上的由气所构造的心)的"工夫",对于"本心"不会有任何直接的因果效应,"本心"被认为是纯粹的(理、终极的实在—本体)。他有时也以"后天的工夫"或"消极的工夫"不能作用于本体界的"本心",来表达相同的观念,而唯一相关的实践乃是下面所讨论的"逆觉体证"的"先天工夫"或"积极的工夫"②:

> 于此如何能有积极的工夫耶? 答曰:此是真问题之所在,但就本心性体之朗现而言大定,并无修之可言。一言修,便落习心,便是渐教。从习心上渐磨,纵肯定有形而上的本心,亦
> 204 永远凑泊不上,总是习心上的事,故就本心性体而言大定,而此大定如真可能必须顿悟。顿悟即无修之可言,顿悟即是积极的工夫(当然从习心上渐磨亦有助缘促成之作用,但本质地言之,只是顿悟)。[《心体与性体》(第 2 册),第 196 页]

---

① 艾文贺:《儒家传统中的伦理学》,第 86、114 页。着重显示为本书的作者在引用时后加。
② 牟宗三:《心体与性体》(第 1 册),第 196 页。

在这段引文中,牟宗三对程颢复信其表叔张载讨论"定性"问题的回答做出评述。对于程颢来说,性之贞定是这样的状态(至少是间或有之的),在其中我们对刺激我们的事物做适当的反应:"圣人之喜,以物之当喜。圣人之怒,以物之当怒。是圣人之喜怒不系于心而系于物也。"①因此,定性伴随着"本心的贞定"。它是前述本心朗现或呈现的另一种描述方式。困难在于去知道,这样的一种状态如何发生,以及如何呈现自己,因为这里没有就本心而言的可能的"修"。"渐磨"以及一套自我修养技艺的运用(如程朱学派),仅仅与能通过行为的因果作用所转变的习心相关。这里,在我们的希望、意志、自我修养的意向与我们的本心呈现(或曰"定性"的状态)之间,不存在直接因果关系的可能。这样一种本心呈现状态,实际上是"顿",是一种"顿悟",这一点我们在后面再做讨论。

此时,关注一套理论化的概念如何与对经验的现象学描述相重叠,是有趣的。一方面,我们援引了一个现象—本体的二分法及一个逻辑陈述,根据它们,在因果关系中作用于现象的行为,不可能对依其定义不属于因果关系域的本体产生影响(换言之,作用于习心—现象的行为不能因果性地影响到本心—本体)。另一方面,这种二分法响应了一个需要描述的两种经验状态的对照:一种是以"意向性—朝向"(intentionality-toward)和概念性知识为特征的对实在的"执"的状态(在这种状态中,习心占据优势,我们对世界做工具性使用);一种是可称为道德心灵的充分完成或贞定的状态(也可名为"无执"),以明鉴或镜喻来说明其特征。这两个状态是关联的(牟宗三不赞成任何的二元论哲学);正如前面所说,这是一心开二门,意为在一个连续的相互作用中习心与本心的交替与发用。由于"后天的工夫"或"消极

① 程颢语。转引自牟宗三:《心体与性体》(第1册),第192页。

的工夫",不能直接地或因果性地产生一个无执的状态,问题便在于去理解这个无执的状态如何能够发生。实际上,相较于这个作为"事件"("event")的发生,"先天的工夫"或"积极的工夫"的机制是什么,并不那么利害攸关。

三、牟宗三的核心"工夫":逆觉体证

虽然在《心体与性体》讨论胡五峰思想的那一节中,牟宗三对"逆觉体证"问题做了专门的展开,不过这个观念还能够在他的许多著作中发现,这很好地证明了它在牟宗三哲学中的重要作用。下面的引文出自《智的直觉与中国哲学》:

> 本心仁体之明觉活动反而自知自证其自己,如其为一"在其自己"者而知之证之,此在中国以前即名曰逆觉体证。此种逆觉即是智的直觉,因为这纯是本心仁体自身之明觉活动故,不是感性下的自我影响,如康德之所说。(《智的直觉与中国哲学》,第 196 页)

我们在这段引文中了解到,逆觉体证主要与心的作用相关。字面上,牟宗三援用"明觉"来指"明觉活动",王阳明在《传习录》中也使用"明觉"来讨论良知和知行合一。① 这些"明觉活动"基本上就是我们讨论"存有论"的道德觉情或意向时所引用过的内容。此外,牟宗三这里将逆觉体证直接与智的直觉联系起来,在这里心被"呈现"。② 关于这个联系,下面的引文给出了更为细致的说明:

206

---

① 牟宗三:《从陆象山到刘蕺山》,第 154—155 页。
② 许多学者已经强调牟宗三思想中"逆觉体证"或"工夫"与"智的直觉"的关系。参见卢升法:《牟宗三对佛教的吸收与改造》,《牟宗三先生的哲学与著作》,沈阳:辽宁大学出版社 1994 年版,第 448—463 页;林安梧:《儒家转向》,第 49 页;姜允明:《讨论牟宗三先生的"智的直觉"说》,李明辉编:《当代新儒家人物论》,台北:文津出版社 1994 年版,第 140—142 页。

就此智的(非感触的)直觉说,所直觉的本心仁体①自己亦可方便说为是它的对象,但其实这对象只有名言的意义,并无实义。明觉活动之反觉亦无"能"义,反而所觉之本心仁体亦无"所"义。明觉活动之反觉其自己即消融于其自己②而只为一"体"之朗现,故此逆觉体证实非能所关系,而只是本心仁体自己之具体呈现。(《智的直觉与中国哲学》,第 196 页)

"逆"的活动(反、反觉或逆、逆觉)被定义为一个"智的直觉",这一智的直觉呈现(朗现)了我们人性的基础(我们的本心和仁体)。在一个具体的情境中,当心处于自发作用的状态时(当其处于"明觉活动"中时),它的自我发用(道德觉情和意向)使其以具体的方式呈现。虽然如此,仍有许多问题存在。如果不是一种同义反复的话,牟宗三使用了不同的概念去描述看起来极为相似的现象。一边是"反"或"逆"(有时是"复"),一边是"呈现"或"朗现",它们之间的具体差别是什么? 当"心"的这些活动逆反地"消融"于其本源中,这些活动有什么影响? 在这些概念背后,牟宗三是否暗示了一些可以用更为精确的方式加以描述的具体经验?

描述"工夫"过程的一个尝试

一、心是本然活泼的

在本节中,我们尝试探讨牟宗三如何描述每一个体身上可能

---

① 关于"仁"这个概念之于牟宗三的重要性,参见牟宗三:《中国哲学的特质》,第 30—31 页。这个概念的核心价值在于引导牟宗三将孔子看作一个创造者而非过去圣人单纯的继承者。关于这点,参见梅约翰:《游魂:当代儒家话语中的儒学》,第 158 页。不过,郑家栋强调牟宗三的孔子"崇拜"不是对于作为历史人物的孔子的崇拜,而是对作为一个思想范型和精神象征的孔子的崇拜。郑家栋:《牟宗三》,第 12 页。

② "消融于其自己"("merges with itself")。

偶尔呈现的心之活动,并探究这样的描述如何能使我们更好地理解"逆觉"的意义。让我们首先读一些引文①:

> 现在且说,于是汩没②中初步之警觉即是本心有痛感之震动。因震动而认识本心,即因本心之震动而认识本心自己。此即所谓复其本心,求其放心。③ 除此之外,别无其他巧妙之办法。其他办法皆是助缘:本质的或非本质的。本质的主因唯在自己的警觉,即本心自己之震动,因其震动而肯认其自己。(《从陆象山到刘蕺山》,第 117—118 页;关于陆象山的讨论)

> 本质的关键乃在本心之明觉觉情之自我震动。其自我震动即是使其本身涌现之力量。由其自我震动,吾人逆觉到此本心之明觉觉情,此即吾所谓"逆觉体证"。这逆觉(我的逆觉)其实就是它的自我震动之惊醒其自己。(《现象与物自身》,第 78 页)

> 吾何以能知此"知体"本身耶? 即依此知体明觉在随时呈露中(如乍见孺子入井,人皆有怵惕恻隐之心),其自身之震动可以惊醒吾人,遂乃逆觉而知之。(《现象与物自身》,第 100 页)

> 所谓惊醒吾人者,这乃是虚说。其实是那"本心"一动而

---

① 所选的这些引文虽然散见于不同的著作,但它们代表了牟宗三对儒家正统的"工夫"的理解。

② 我将"汩没"译为"selfish desire and interests"受牟宗三的一段论述(《从陆象山到刘蕺山》,第 118 页)的启发,牟宗三在其中谈到"汩没于利欲之私、感性之杂"。语义上,"汩没"意为"窒息""不能正常地呼吸"。这里牟宗三以之描述一个人不能真正投入到做"工夫"的状态。

③ "求其放心"这个表达源自《孟子》卷十一:"孟子曰:'仁,人心也;义,人路也。舍其路而弗由,放其心而不知求,哀哉!"

惊醒其自己,故即以其自身之光而逆觉其自己。此谓本心之"自我震动"。(《现象与物自身》,第 101 页)

这几个片段,表达了牟宗三在许多文本中广泛运用的一套观念。内在活泼且能在每个人日常活动中体现自己的,是那个由艾文贺援引的"巨大的道德冰山"。日常活动意指这样一种状态,在其中我们与世界的关系主要由"执"所规定,由关联于世界的工具性方式以及由意向性所规定。当然,这个状态,依据不同的讨论对象可以有不同方式的说明:我们能够想象一个昏沉特重①的人会沉溺于利欲之私,②然而其他的人可能不会如此之甚。尽管如此,无论人在什么程度上陷入"执"的领域,每一个人都可能间或地经验到牟宗三所说的"觉情"和来自本源的、完善的道德心灵的所谓"震动"或"自我震动"。"震动"与"惊蛰"相关,后者意为"昆虫的苏醒",借指农历的二十四节气之一,时为三月之初,万物复苏。③"震动"反映了心之"不容已"的"压不住"的力量,④被唤醒和自我呈现时的跃动能力。

对于深深地陷溺于利欲之私的人来说,心之自我激发的能力可能不会太明显。在这方面,牟宗三承认一些助缘会有所帮助,他提供了师友启发的例子。⑤ 不过,他同时坚持这样的事实,即这些额外的"工夫"并不会对心的呈现或惊醒产生因果性的作用。我们可以简单地说,这些额外的"工夫"不过是间接的促进者,仅可帮助扫掉覆盖于镜子(心)上的灰尘。根本的"工夫"在于心的自身的活力。⑥

---

① 牟宗三:《从陆象山到刘蕺山》,第 116 页。
② 同上,第 117 页。
③ 同上。
④ 同上,第 118 页。
⑤ 同上,第 116 页。
⑥ 同上。

牟宗三如何描述这些"震动"？他联想到孟子的"端倪"（即恻隐、羞恶、辞让、是非四端），或更具体的是王阳明传统中有关道德本体的诸线索。换言之，他指向了我们第五章所讨论的觉情或道德觉情（明觉）。不过，至少在他所称的这些"震动"的"起始"（初步），①他还指向"痛感"或"痛切之感"的观念。有趣的是，这些"震动"被描述为"久之……虽震动而无痛感"，②这提示我们在心之活动过程中有一个可能的"整合过程"（"integration process"）发生，后面我们还要回到这一点。牟宗三还告诉我们，"有痛感，即所谓忏悔"。③ 这些因素是重要的，因为在这个地方我们有了超出通常情感描述的东西："痛感"或"忏悔"与心的逆觉体证相关联。在道德经验的历程中，当我们"认识本心自己"，"复其本心"或"求放心"时，所发生的即是逆觉体证。它指向了我们作为道德存在的一种觉悟或觉醒。因而牟宗三使用了这样一些词汇：醒悟、觉悟或觉醒。逆觉体证，似乎伴随着一个自觉的过程。这是我们现在要进一步探究的。

二、逆觉体证与自觉

在《心体与性体》讨论胡五峰的那节中，牟宗三具体提出了逆觉体证的问题。④ 他解释道，"逆觉"可以用"反"来说明，⑤这个概

---

① 牟宗三：《从陆象山到刘蕺山》，第 117 页。我们在后面的不同段落中还要回到这个观念。
② 同上，第 117 页。
③ 同上。
④ 牟宗三：《心体与性体》（第 2 册），第 392—400 页。
⑤ 同上，第 394 页。牟宗三在很多文本中混同"逆觉"与"反"（参见牟宗三：《智的直觉与中国哲学》，第 196 页）。不过，在他关于胡五峰的评论中给出了更多的细节。他有时也将逆觉体证说成"复性的工夫"。参见牟宗三：《中国哲学的特质》，第 71—81 页。

念是在孟子的意义上使用的①：

> 孟子曰：尧舜性之也，汤武反之也。②

尧与舜，这两位古代神秘传说中的典范，体现了据道而行的完美方式。这里将他们与王朝的建立者商汤与周武区分开来。*211* 牟宗三补充评论说：

> "尧舜性之"是超自觉，称体而行，自然如此，此《中庸》所谓"自诚明谓之性"也。[《心体与性体》(第 2 册)，第 194 页]

> "汤武反之"是自觉，是《中庸》所谓"自明诚谓之教"也，亦是《中庸》所谓"诚之者人之道也"之"诚之"之工夫。性反对言，反名是"逆觉"。③[《心体与性体》(第 2 册)，第 194 页]

这些节录，使我们能够引介牟宗三对两种经验类型的区分，它们分别由神圣的典范和王者来体现。

让我们首先从尧和舜这两位典范开始。当"行为"与"体"完美和谐时，④他们体现了可作为我们行为一种状态的圣性。"诚"自然地予圣人以"明"。如果使用新儒家的范畴，"明"是"用"而"诚"是"体"。⑤ 同时这里还有一个要点，即这个行为是超自觉 *212*

---

① 牟宗三：《心体与性体》(第 2 册)，第 394 页。《孟子》卷十四第三十三节。
② 《孟子》卷十四第三十三节。在卷十三第三十三节中，孟子以"身"这个词取代"反"表达了相似的观念。(《孟子·尽心上》第 33 节，孟子曰："尧舜，性之也；汤武，身之也；五霸假之也。久假而不归，恶知其非有也。"——译者)
③ 牟宗三混同这三个术语：逆，反，复。逆者，反也，复也[牟宗三：《心体与性体》(第 2 册)，第 394 页]。
④ 指"称体而行"时。——译者注
⑤ 朱利安在他关于《中庸》的评论中使用"体"和"用"这些范畴。朱利安：《〈中庸〉——日用之道》，巴黎：国家出版社 1993 年版，第 93 页。

(beyond self-consciousness)。① 在本书前面讨论自律或智的直觉概念的那个脉络中,完善的主体性与一个客观的实现相关联,也与超自觉的内在实现相关联。

第二种经验类型,是王者的那种"教之方式",也是"逆觉体证"的方式。在这个阶段上,"诚"并没有被稳固地建立起来,但当我们在一个既定的情境中对正确的行为方式完全明了时,"诚"至少可以偶尔地达到。这样的经验,是每一个人都可以获得的,也与王阳明提及满街都是圣人时所作的描述相应。② 在这里,不是将圣人引为某种已经完成的以永恒来定义(因与理想性相关,"圣人"这个词实际上会有所误导)的理念,而是将圣人描述为具体的以至于人人皆能偶尔经验的真实生活的可能性。牟宗三将这个过程描述为"自觉",缘于这是通过偶发的"自明"使一个人变得"明诚"。

三、心之不容已与经验的整合问题

至此我们已经看到,对于牟宗三来说,本源的和完善的道德之心是内在的、不容已的——或换言之,被赋予了自我跃动的力量——并且这种活动在道德行为的历程中与一个自觉的过程相伴随。同时,我们间接地提到一种圣人的理想型的可能性,这个理想型为作为典范的尧舜所体现,道德行为在此是"超自觉",为纯粹的自发性所规定。我们现在需要提出的问题是,在一连串"逆觉"作用中体现的本心的活力,到什么程度可以变成一个"经

① 这个观念在唐君毅关于王龙溪思想的一个讨论中得到发展。他说明这里没有意识的观念留存于良知的表达:"良知像一个空谷,回响着一个声音,但其中除了回音之外没有保留什么。"唐君毅:《从王阳明到王畿的道心概念》,第114页。
② 牟宗三:《中国哲学的特质》,第80页。

验的整合"过程。如果我们以书法家为例,他的技艺获得需要一
个经验的积累过程。从常规的练习中学习并掌握出色的笔画书
写能力,以及在练习中脱出单个字的书写而进到谋篇布局。与这 *213*
些过程相应的,是对过去练习的不同层次的整合。毕来德在他的
《中国的书法艺术》中,对这个过程作了准现象学的描述。① 在我
们语境中,有如下的问题:在何种程度上,偶然呈现的本心与逆觉
体证(体现在前面所提到的"痛"中),被整合进一个"工夫"的渐进
过程中。是一个"逆觉"的和觉悟的经验独立于另一个相似的经
验? 还是可以认定,那个"逆觉"并不是一种"中立的"和"孤立的"
运用,但它的发生使本心的自我的再呈现变得更为容易?

> 其始也,其震动有痛切之感。久之,则归于轻安,随震动
> 而无痛感。如痛感,即所谓忏悔。轻安而无痛感,则震动即
> 转而为常惺惺。平平即是常寂寂。最后,寂寂即惺惺,惺惺
> 即寂寂,则即是"不思而得,不勉而中,从容中道,圣人也"。
> (《从陆象山到刘蕺山》,第 117 页,关于陆象山的讨论)

> 越这样逆觉体证,本心仁体之自体即越是具体的呈现,
> 因而越有力。(《智的直觉与中国哲学》,第 197 页)

在第一段引文中,牟宗三区分了两种不同状态:(a)我们有一个最
初的状态,在其中始终遭遇着摆脱"执"(意向、欲望等)的困难。
"震动"导致前面所说的"痛"。(b)还有一种状态,人们在其中被 *214*
认为变得"轻安",震动在这里不再与痛感关联。在这个阶段,牟

---

① 毕来德:《中国的书法艺术》,日内瓦:斯基拉出版社 1989 年版。在该书的第三章
中(第 109—134 页),毕来德强调了在书法家那里经常区分的学习过程的三个阶
段:学习技艺、临摹法帖、展现个性。

宗三谈到由"震动"到"惺惺"的转化。(c)一个用恒常与圣人的理想及实现方式来描述的状态。"惺惺"是自发的。在此阶段,我们是"无执的"。第三阶段在根本上意味着,无执与执,以一种可能的最好的方式"相即"("intertwined")。"执"的领域以工具性的知识和意向性为特征,这是与世界打交道所必需的,但不被自私和私欲的渴望所规定(这使达到一种常惺惺的状态成为可能)。

把上面描述的三种状态与我们之前提到的自觉联系起来,是可能的。这第三种状态,即圣人的理想状态,便是一个"超自觉"的状态,因为"惺惺"是"常"且不再表现为"痛",简言之,这是因为"惺惺"的作用是完全自发性的。第一种和第二种状态,指逆觉体证,即汤武的方法:警觉、警醒、痛与忏悔,标示着道德自我"成为自觉"的这样一个过程。

从一个阶次通往另一个阶次的问题,在我们之后展开的顿与渐的范式的讨论中,是一个核心的问题。不过,在此我们已经有了一些有趣的提示。牟宗三暗示了时间在修养过程中的重要性:"久之,则归于轻安。"时间是经验整合的关键参数(critical parameter)。实际上,正是时间使第二段引文所言能够被解释:"越这样逆觉体证,本心仁体之自体即越是具体的呈现,因而越有力。"①这是对整合之内在活力或机制的清晰标示,这个整合是通过逆觉体证而发挥作用的。在这点上,我们既需要谨慎小心,也需要细致入微。正如已经提到的,在牟宗三的哲学中,我们的本心指一个"已经成形的""巨大道德冰山"。因而,援引一个整合的过程,绝不意味着

---

① 牟宗三:《智的直觉与中国哲学》,第 197 页。

我们将回到一个时间序列中的被逐渐长养的"本心"。① 整合(时间性的整合)并不直接指向心自身,而是指向心之自我呈现的"逆"的可能性。当存在所谓的逆觉体证时,整合直接指的是:警觉、警醒、痛、忏悔、轻安等,以及道德自我的觉悟。这些因素对本心没有因果性的直接影响。不过,它们对祛除私欲和私利有着因果性的直接作用,像扫除镜子上的灰尘那样。换言之,它们使本心的呈现变得更为容易,如拂拭灰尘恢复镜子的明鉴。逆觉体证是一种偶发的每个人都时不时会拥有的经验。然而这个经验不是中性的,我们越多地拥有它,本心便越容易呈现。

四、逆觉、整合过程、感性的沉重

在一个我所称的"整合过程"中,逆觉体证提升了本心再次跃动的倾向。主要的原因在于"感性"(执着于欲望和私利)阻隔的减少。出自《现象与物自身》的下述引文,将我们之前讨论的觉情与逆觉的问题联系起来:

> 由这逆觉,它呈现,乃至朗现。对屯蒙险阻而言,②它步 216
> 步呈现,乃至步步朗现,在此,亦可说是一无限的进程。但因
> 有智的直觉故,它亦可以随时圆顿地呈现即朗现。它越呈
> 现,它的力量越大,而感性亦因而处于被动地位。因此,感性
> 不为险阻,而为其所运用。即其圆顿地全幅被呈现,所谓"天
> 理流行",即是圣人,亦即康德所谓"神圣的意志"。但这"神

---

① 这个词在牟宗三的哲学中实际上是无意义的,在他的哲学中"心"被思为某种本体性的实体,是在时间之外的,此外,这样的"本心"也将使牟宗三的海德格尔批判的立场(见本书第三章和第四章)几乎不可理解。
② "屯蒙险阻",字面的意义为:蓄积、覆盖、危险、阻隔。

> 圣的意志"亦就是那本有的明觉觉情之如如①地朗现,并非
> 意谓单只是圣人的意志。尧舜有之,众人亦有之。尧舜之所
> 以为尧舜,是因为他们能朗现之耳。"心,佛,与众生,是三无
> 差别"。亦例云:"心,圣与众生,是三无差别"。众生是一潜
> 伏的圣人。圣人是一觉悟的众生。何以故? 本心同故。
> (《现象与物自身》,第 78—79 页)。

在牟宗三的叙述中,存在着渐修(这里是"步步呈现")与顿悟(这
里是"圆顿")之间的明显的紧张。后面我们将联系自我转化的问
题对"顿悟"这个概念加以探讨。在此,我们对前述的逆觉体证与
整合加以补充。逆觉的整合作用,其主要特征是一个越发增强
的、持续的、警觉的出现,这为本心的"步步呈现"②提供了一条线
索。这个警觉的关键作用是转化我们与感性世界(感性)的关系:
它能中和对欲望和私利的执着("感性亦因而处于被动的地位")。
这就是牟宗三为什么要谈及心的"增长力量",这必须被理解为与
一个"中和"("neutralization")有关,这个"中和"增强了本心的自
我再呈现的倾向。而且,感性成为道德行动的载体(vector)(字
面意思是成为有用的)。

　　在一本具有启发性的简短著作《论习惯》(De l'habitude)中,
菲利克斯·拉维松(Félix Ravaisson)对整合现象进行了探索,③
在某种程度上可以帮助我们反思牟宗三在这里所说的是什么。
拉维松以一种准现象学的方式非常细致地描述了"习惯"这个经

---

① 佛教语汇,指事物如其自己,不为其他所决定。
② 心的"步步呈现"在这里不意味着本心在每一次的呈现中没有完全地呈现自己(相
　　反,牟宗三所祈望的是心的圆顿朗现)。
③ 拉维松:《论习惯》,巴黎:帕约特河岸出版社 1997 年版。这本著作对伯格森有所
　　影响。

验的一体两面:对自由的麻木或紧张。在第二种情形中,习惯可以成为"一种获得性,一种第二本性",[1]仿佛将其自身扩展至心灵的领域:"重复或持续使道德行为容易起来并得到更多的保证。"[2]习惯,在拉维松的思想中成为存在的一个原初的法则,他表述为"以本然的自发性进入自由的领地"。[3] 在牟宗三与拉维松之间存在着巨大的思想差别。我们这里的目标不是比较他们的"道德"概念,而仅仅指出习惯作为一种整合机制。"习惯"这个词在这里意味着一系列事物的发生——例如,一个行为,一个思想,一个意愿,一个内在状态——以及一个累积的或转化的过程。这正是我们在逆觉体证中所发现的。在此过程中被整合的、不直接的是心灵自己(如之前所提到的,这归因于心的充分完成状态是不可能的),而是一个警觉的状态:警觉获得力量,直到达至"本然自发"的状态(这只是一个理想);在某种程度上,警觉变成了一种"超自觉"(参见前述)的习惯。与此现象相关联,本心呈现自己的这个倾向的力量增加了(用牟宗三的语言是变得更强)。

然而,这种倾向并非必然地总是增强,在讨论程明道的思想时,牟宗三明示了"逆觉,亦可以觉上去,亦可以落下来"。[4] 在相似的脉络中,拉维松也描绘了一种倾向如何通过几乎不知不觉的 *218* 方式衰退。[5] 警觉并非一次获得便永远拥有,如非恰当养护,陷溺便为可能。

---

① 拉维松:《论习惯》,第 83 页。
② 同上,第 99 页。
③ 同上,第 111 页。
④ 牟宗三:《心体与性体》(第 2 册),第 196 页。
⑤ 拉维松:《论习惯》,第 79—80 页。

道德生活中的断裂问题:"顿悟"和牟宗三思想中的 "顿"或"渐"范式

现在是时候通过对中国语境中的"工夫"所涉及的一个核心问题的讨论,来补充我们此前的结论,这个问题是:我们道德生活的断裂问题。这个讨论分为两步:首先,我们将探求顿悟的意义,分析它如何与逆觉体证关联;其次,我们将回到圣人的问题。

一、一些观念的介绍:"悟"和"顿悟"

牟宗三经常运用"悟"这个观念,这是中国思想重要的传统性观念(在佛教的影响下更是如此),可以被翻译为 becoming aware of,realizing 或 awakening to。"悟"经常与"觉"联系在一起,我们多次强调它在牟宗三的思想中的重要性:

> 逆觉①之中即有一种悟。悟即醒悟,有本心之震动而肯认本心之自己即曰"悟"。……由觉而悟,故曰"觉悟"。②
> (《从陆象山到刘蕺山》,第 118 页)

219　　在下面的引文中,牟宗三将这个"悟"与他所称的"大悟"或"顿悟"加以对照:

> 从悟一面进而说大悟或顿悟。大悟、顿悟者悟此本心无

---

① 这里的"逆觉",我将之翻译成"逆觉体证"。
② 此段引文也可在牟宗三讨论逆觉体证中的"痛感"的一个段落中发现。"觉"这里翻译为"grasping",觉也具有"情感"(痛感来自于觉的行动)的意义,用牟宗三的词语来说,为"觉情"。

限量之谓也。当吾人顺本心透露而警觉时,虽已肯认此本心矣,然此时之本心仍在重重锢蔽中被肯认,即在限制中被肯认,此亦即本心之受限性。显然锢蔽所成之限制并非本心自己之限制。(《从陆象山到刘蕺山》,第 118 页)

普通的"悟",以逆觉体证中的偶发为特征,发生于"心"面对"受限性"时。而"大悟"或"顿悟",反映的是对本心之"无限量"的一种当下领悟。我相信,对"顿悟"之具体经验①的一个可能的说明,应与之前描述的那种活动机制联系在一起。那种活动,发生在我们说的"超自觉"时,"震动"不再是"痛感"时,达到"常寂寂""常惺惺"②时,以及心的圆满朗现体现的"天理流行"时。我这里的目标不是进一步描述它,而是更好地理解如何从一种活动机制向另一种活动机制的转换,即使牟宗三没有以系统的方式展开这个问题。

> 修能使习心凝聚,不容易落下来。但本质地言之,由 ²²⁰修到逆觉是异质的跳跃,是突变,由逆觉到顿悟朗现亦是异质的跳跃,是突变。[《心体与性体》(第 2 册),第 196 页]③

这些跳跃或突变,是如何在不同的活动机制之间发生的? 实际

---

① 在指顿悟时,牟宗三肯定心的无限性不再是形式的、抽象的,而是非常具体的,在此种种经验的过程中,我们的本心即是"宇宙的形上心"。牟宗三:《从陆象山到刘蕺山》,第 119 页。

② 关于"常惺惺",也参见李明辉:《康德伦理学与孟子道德思考之重建》,台北:"中央研究院"文哲研究所 1994 年版,第 89 页。李明辉坚持这个事实,即反省的"工夫"能够揭示我们的良知以至于良知最终保持"常惺惺"。

③ 这段引文在牟宗三的文本中是被加黑的,这表示他的愿望不是要对这个问题在细节上加以扩展。这段引文出现于牟宗三讨论程颢回应其表叔张载关于"定性"问题的那一章节中(参见前文)。

上,在此段引文中提到的两个断裂,导致了两组不同的疑难。在最初的从习心到逆觉的情形中,最要紧的问题是习心与本心之间的关系,以及"朝向某事物的意向性"与自发的道德行为的关系。在第二个情形中,问题与前面提到的不同,这个顿悟和朗现可描述为一种超自觉的内在状态,这提出了从逆觉体证所获得的道德意识到纯粹的生命活动与道德创造的过渡问题。

从作用于习心的"工夫"到逆觉体证和本心呈现的过渡

在讨论中国古代的"工夫"时,戈浩南使用了乔恩·埃尔斯特(Jon Elster)的"意外状态"("by-product states")概念来作对照。对照的一个方面,是他所命名的一种"强力伦理学"("muscular ethics"),在其中,意志是以实现某种特别行为或内在状态为目标的有因果功能的中介;另一方面,则是这样一种状态,在其中,因为意志的意向性独断,阻止了中介目标(如自发性的达成,明觉的实现,对某种事物的忘记等)的实现。① 意外状态,"可以被粗略地定义为这样一种状态,即其行动的效果(effect)从未被作为预期的和深思熟虑的结果。一些精神状态,或一些道德态度,仅能作为一个次级效果而出现,作为一个为了其他目的而执行的行为的一个附带效果而出现"。② 在某种程度上,这个意外状态的观念,可以帮助我们反思牟宗三在施之于"习心"的逆觉体证与"精神修炼"之间所做的区分。牟宗三告诉我们,这些"修"("exercises")能使心"凝聚"。换言之,它们能够为祛除私欲和

---

① 戈浩南:《理想状态与弄巧成拙的筹划:早期中国工夫中的意向性问题》,《东西方哲学》第 59 卷第 4 期,2009 年 10 月,第 443 页。
② 同上。

私利起到"助缘促成的作用"。① 这当然有助于本心的自由运作（因为本心不受阻碍），但不能（因果性地）导致本心的自发呈现，这种呈现是原发的或伴随着逆觉体证的。无论怎样，自发呈现和逆觉体证，仅仅是"意外状态"，而非上述"修"的直接结果。

尽管牟宗三隐约地承认"修"习心能够对本心产生作用，然而这些作用对他来说仍主要是边缘的。构成"工夫"的核心，首要的是逆觉体证。不过，在有关"逆觉体证"的表述背后，有各种不同的内在状态的涉及，它们没有被牟宗三清晰地分疏。逆觉确实能被处于不同"工夫"阶段的人所体验，逆觉的这种运用对于一个道德自我又是不"稳固的"。② 不可否认的是，自我转化的这些不同的、没有明确界限的阶段，是由道德本心的一组自发性活动与认知的、心理的自我的自反活动（对人的行为的回顾性分析，与其他类型的情景作比较去推断一种行为和反应如何能够或不能够适用于另一种环境等）的关系来表征的。不过，对这些经验的现象学描述，牟宗三无甚兴趣，没有就这些话题说过太多。

从逆觉到顿悟和朗现的转换

222

在某种程度上，逆觉体证的活动仍然是由"渐"（"gradualism"）（可以是上升的，也可以是下降的）来表征的。达

---

① 牟宗三：《心体与性体》（第 2 册），第 196 页。也参见林同奇：《孟子之心与性：史华慈与牟宗三的虚拟对话》，《人文寻求录》，北京：新星出版社 2006 年版，第 148—149 页。
② 例如，我们已经看到在逆觉的开始阶段，自我感受到"痛"，但这样的感觉也随着时间而消失；此外，牟宗三提到"逆觉，亦可以觉上去，亦可以落下来"。他也讨论了警觉（与逆觉相关联）的渐进。

到"顿悟"时,便是另外一回事:在这里,牟宗三响应中国的传统,①再次提到"逆觉是异质的跳跃,是突变"。顿悟与"圆"(圆顿)或"大定"(在张载的思想中)的观念联系在一起,看起来与向另一个更高的活动状态的转换有关。这样的一种转换(switch)在某种意义上是一种转变(conversion),这种转变,并不意味着一个意志的作用(它在某种意义上是一个缺乏因果决定的"事件")而是一个发生在主体之中的彻底的和深刻的转化(transformation)。然而,牟宗三所描述的顿悟经验,虽无因果关系的决定,无论如何仍和"工夫"的先前活动(逆觉之"机制")一起存在于一种连续性当中。因而,对于我们,问题变成了去更好地理解一个"无因果关系的环节"("non-causal link"),这个环节存在于此前所描述的根本断裂和经逆觉体证而发生的道德整合之中介过程。

223   其实顿悟亦并无若何神秘可言,只是相应道德本性,直

---

① 让我们简要地强调一个事实,顿或渐的对待(polarity)是一个"中国思想中反复出现的主题"(这里我引用一个 1981 年就此问题所召开的会议的题目),特别在佛教和佛教禅宗中。在会议所发表论文的综述中,皮特·尼可拉斯·格里高利(Peter N. Gregory)对相关争论的多样性和复杂性发表了洞见:"诸多论文形成的一点认识是,术语'顿'和'渐'包含了一个宽广的意义域,并且实际上被以不同的方式加以运用。这意味着争论中的许多参与者经常使用同样的术语去讨论不同的事情。"皮特·尼可拉斯·格里高利:《顿或渐相对:一个中国思想中反复出现的主题》,《中国哲学季刊》第 9 卷,1982 年,第 484 页。儒家脉络中的顿或渐对待之转换,主要与佛教思想相关,罗尼·泰勒(Rodney Taylor)对此做出讨论,他从宋明新儒学及其"静坐"的视角处理了这个问题。虽然与佛教的"历史的相互作用关系"的确给予了这一在儒家脉络中的对待性以合法性,泰勒仍然表明了这一问题的紧要之处实际上仍然是儒家的。他甚至主张"程朱之道问学的模式与阳明于日常存在中的良知发明之间的区分,有可能全部意味着佛教范式的运用"。罗尼·泰勒:《顿渐范式与新儒家的心灵修养》,《东西方哲学》第 33 卷第 1 期,1983 年 1 月,第 17—34 页,引用见第 29 页。由于本书主要集中于牟宗三对儒家传统资源的应用,我没有致力于以任何方式推进与佛教思想的范式比较。在考虑罗尼·泰勒对儒家传统的区分同时,我认定这争议性从牟宗三便被扩大。不过,我首要的是集中理解和描述牟宗三通过"悟"和"顿悟"所表达的意义。

下使吾人纯道德的心体毫无隐曲杂染地(无条件地)全部朗
现,以引生道德行为之"纯亦不已"耳,所谓"沛然莫之能御"
也。"直下使"云云即是顿悟也。普通所谓"该行则行",即是
顿行,此中无任何回护、曲折与顾虑。一落回护、曲折与顾
虑,便丧失其道德之纯。当然事实上在行动以前可有一考虑
过程,但就这"该行则行"一纯然道德行为之实现言,本质上
是顿的,此处并无渐磨渐修之可言。在该行则行中,吾即觉
到此是义心之不容已,全体言之,此是本心之不容已,此觉亦
是顿,此处亦并无渐之过程之可言。觉到如此即是如此耳,
并无所谓慢慢觉到,亦无所谓一步一步觉到。一、一觉到是
本心之不容已,便毫无隐曲地让其不容已;二、本心之纯,是
一纯全纯,并不是一点一点地让他纯;三、本心只是一本心,
并不是慢慢集成一个本心。合此三层而观之,便是顿悟之
意。此便是"就本心性体之朗现以言大定"之积极的工夫。
[《心体与性体》(第 2 册),第 196—197 页]

这段引文进一步阐释了顿悟的意义:它不是一种神秘的经验,它
可被描述为一种活动机制。不过,牟宗三没有走得更远,这个概
念仍停留在某种含糊不清的层次。

我们可以通过观察牟宗三如何考量神秘主义,来更好地理 ²²⁴
解"顿悟"并非是一个神秘经验的事实。他在《中国哲学十九
讲》中就此问题给出了一些说明。① 牟宗三解释说,将神秘主义
定义为一种超语言且与"工夫"相关联的经验,在东方有一个悠
久的传统。不过,就概念本身来说,他的主要问题乃是与西方

----

① 牟宗三:《中国哲学十九讲》,第 314—317、416—421 页。也参见牟宗三:《心体与
性体》(第 1 册),第 147 页。

思想特别是康德思想中的神秘主义相关。对于牟宗三,西方哲学在总体上以及康德哲学在特殊意义上对神秘主义的轻蔑态度,主要是一种狭隘的理性观念的产物,这个理性观念是按照一个单一的逻辑标准来定义的。在这方面,他完全追随梁漱溟,对梁漱溟来说,体仁和做"工夫",是真正的理性所在。[①] 即便如此,牟宗三仍谨慎地决定不牵涉任何的神秘主义,以避免冒任何的混乱风险。

我们可以通过毕来德的一个活动的机制转变的观念,更好地理解顿悟。[②] 以《庄子》著名的"庖丁解牛"的故事为基础,毕来德尝试理解庖丁最后如何能够"以神遇而不以目视"以至于他的行为进入到一个全新的状态(相对"依于人"的"依乎天"的状态)。他坚持认为庖丁在达到这个境界之前,仍然对其任务保持极度的关注和小心。换言之,他始终致力于一个意向性之域。所以,尽管他已经高度地精通他的技艺,在那个阶段并非已经完全地处于"依乎天"的状态。对这个转变,毕来德描述如下:

> 庄子特别关注这种向高级机制的过渡,因为在这一转折

---

① 牟宗三:《中国哲学十九讲》,第315页。就康德对于神秘主义的立场,牟宗三评价如下:在第二批判中,康德抵制实践理性上的神秘主义,被当作神秘主义的那种"图式",仅仅是一种"象征"(或"符征"):"(神秘主义)把现实的直观,即使是(一个不可见的上帝王国)的非感性的直观,作为道德概念运用的基础,并由此误入超感觉的领域。"[康德:《实践理性批判》(KPV),第190页]就牟宗三而言,在我们第一章讨论的那个脉络中,康德的神秘主义定义,是将适用于概念知识的标准(这里是作为"图式"的运用)仅且错误地运用到实践哲学和道德经验的领域。智性直观(悟道、体道或与道合一)作为一种经验,其可能性可由"工夫"而非康德的图式获得。因而,牟宗三反对康德对神秘主义的狭隘理解,但也谨慎地对待扩大这个概念的范围或可能的误导。

② 在接下来的段落中,我援引毕来德:《庄子讲座》第41—79页,特别是第55—57页。

的时刻,原来有意识地控制并调节活动的意识,突然被一种
浑整许多的"事物之运作"取代,而这一运作则解除了意识一
大部分的负累,使人不再使劲费力。这时我们所有的官能与
潜力,不论是已知的还是未知的,都一同组合起来,往我们期
待的方向行动了,而其共同协作现在已具备了必然的特征。
这一转变乃是一切学习过程最终的目标,或至少是根本性
环节。①

在富有成果的庄子诠释基础上,毕来德将活动机制转变的观念运
用于许多经验和活动上,无论是复杂的还是简单的。例如,对于
痛苦地致力于乐谱破译的人来说,当听到音乐骤然响起时,这里
便有一种机制的改变。

这如何能够适用于牟宗三所描述的"顿悟"经验?逆觉体证
一直伴随着自我的意识,伴随着一个由警觉、痛感、忏悔等所表征
的状态。这个整合过程(随着它的上升或下降)倾向于使本心的
自我呈现更为容易。然而,那些表征着状态的要素在此过程中从
未完全消失。在我看来,"顿悟"之根本的意义,其哲学的意义,准
确地说乃是本心的作用向着更完美方式的一种遽然转换(sudden
switch)或断裂(rupture)。关于这样的一种转换,有着多种多样
的对行为根源处的自发性动力(spontaneous élan)观念的描述:
不容已,沛然莫之能御,该行则行。这个自发性动力,并非是逆反
的整合过程的直接结果,但它确实在其中发现了可能性的条件。
牟宗三还指出,此自发性动力与一个反思的过程相容,这不过意

---

① 毕来德《庄子讲座》,第 56 页。(此段译文转引自宋刚的汉译。毕来德著,宋刚译:
《庄子四讲》,北京:中华书局 2009 年版,第 45—46 页。——译者注。)

味着"工夫"明显用于执的领域,①适用于那个由感性对待、理性分析、施予判断和朝向事情等加以刻画的日常生活。此动力不是反思过程的结果,但它肯定滋养了反思的任何过程。"工夫"与道德自我的坎陷(negation of the moral self)在根本上紧密相连。顿悟不是一种与世界的断裂,而是我们对待世界方式的一个深刻和彻底的转化。话虽如此,我们还是到达了尝试描述牟宗三所暗示的这些经验类型的极限,因为他没有提供充分的要素以使我们能够更好地描述(因而更好地理解)这些非因果性的环节,这些环节处在由顿悟所揭示的根本性断裂与经由逆觉体证而发生的当下的道德整合过程之间。

对牟宗三"工夫"概念的批判性视角

至此,我需要简要地介绍一个由其他学者结合牟宗三的著作所作的评论,我发现它很具有相关性。当毕来德讨论庖丁解牛之精湛技艺时,他描述了一种活动的类型,此类型远非仅仅是精神的,而是将人作为一个整体来考虑,明显地包含了一个身体的维度。与之相反,迄今我们所提到的牟宗三思想中的"工夫",全部集中于心的活动,并且将情感的作用描述为"存有论的"。在某种意义上,牟宗三借鉴康德哲学来诠释儒学所带来的副作用,乃是一种在"工夫"过程中轻视身体作用的倾向。我不是在回到牟宗三赋予那一套修行(如静坐等)的次级作用,这套修行已经被针对

---

① 著名的"孺子入井"的例子可能会在那方面会有误导,因为关注与一个当下的行为(对一个"呼救"的当下"感""应"),似乎给予了一个只去关注那类没有任何意愿的行为类型的印象。如果牟宗三援引这个例子,那是因为它与道德情感相关。这在任何意义上都不意味着他将自己限制于这样一种关于道德行为的概念。自我通过"工夫"的转化使意志在其根源处的转化能够实现,当在"知"(执的或意向性的)的领域中决断来临时,这个根源处的转化便呈现自己。

儒学的哲学化所作的人类学批判所提及,而是**他的哲学体系中**缺乏对身体的重视。

在讨论牟宗三与"儒家气论"(建立在"气"、浩然之气基础上的儒学)关系的著作中,何乏笔假定"牟宗三的'工夫'概念,仍然是基于身体的与形而上的等级差异和价值差异"。① 在此方面,他发现牟宗三拒绝赋予张载的"气"以超出"自然主义"的解释,这种拒绝基本反映了"20 世纪后半叶发展于台湾、香港的当代新儒学的观念论痴迷(the idealist obsession)"。② 何乏笔对牟宗三的批判也呼应了台湾哲学家杨儒宾,尽管是以一种更加间接的方式。杨儒宾在他的重要著作《儒家的身体观》中,肯定牟宗三对存续儒家道德传统的主脉并使之清晰化的贡献,表示自己也继承了这一传统,③但同时也有对牟宗三著作中"工夫"概念的一个含蓄批判。根据他的认识,杨儒宾强调最常被忽视的乃是孟子工夫论中"身体"的重要性。确实,孟子不仅关注我们的"心性",他还讨论了如何"养气"(养气论)或"践形"(践行观)。④ 以同样的方式,杨儒宾坚持认为对于宋明儒者来说,道德意识的概念和身体的概念在他们对工夫的复杂理解中,是紧密地交织与整合在一起的。⑤ 这与牟宗三的哲学形成了对照,在牟宗三的哲学中,身体几乎没有什么作

---

① 何乏笔:《自我修养与创造性——对牟宗三与儒家气论之关系的反思》,第 168 页。
② 同上,第 169 页。何乏笔谈到一个"blocage"(字义为"blockage","blockade",这里翻译为"obsession")。林安梧也强烈批评牟宗三对"气"作为生命的动源的忽视。林安梧:《儒学转向:从"新儒学"到"后新儒学"的过渡》,第 50—51 页。
③ 杨儒宾:《儒家身体观》,第 3 页。
④ 同上,第 7、11 页。
⑤ 同上,第 1 页。在我们所关注问题上,杨儒宾的论证是很有趣的,因为他的宋明儒学的诠释看起来受到了牟宗三很大的影响。例如可参见第 7 页。他继承了牟宗三,但以一种颇具批判性和有吸引力的方式加以继承。

用,并且"逆觉体证"或"顿悟"主要表现为精神的作用和状态。[①]

228 ## 二、圣或圣人的问题

让我们从总结圣或圣人(sainthood)的几个要素说起。[②]

若知"本心"即性即理,则本心悦理义,即于本心仁体亦
可说自愿。如此,此本心仁体即是神圣的;体现此神圣的本
心仁体的即是圣人,人亦是神圣的。现实的一般人自不是神
圣的,然他亦有此神圣的本心仁体以为其自己之性体。他一

229 旦朗现之,他亦可至圣境;而且因此本心仁体即理故,即明觉
而有智的直觉,他亦必能或多或少在屯蒙中朗现之,而不是
永不可朗现的理想基型。一般人感性底牵绕重,故于此说无

---

① 可能有如此辩护,即牟宗三继承了一个总是关注身体的儒家传统,并且他在此问
题上的相对沉默,确切地反映了这并非是他的主要关切,没有任何的证据证明这
是对"身体的工夫"在"工夫"过程中附带作用的贬低。不过问题是,关于"身体的
工夫"与"道德的工夫"之间的联系——这些联系曾在宋明新儒学学者那里占据优
先地位——的一系列普通的和有时隐秘的困境,在现时代消失了。牟宗三在其话
语中甚至不再去谈及应提倡的具体修炼,这种对于身体的相对沉默,贡献了一种
对"工夫"的有问题的诠释,这个诠释主要将"工夫"作为一种精神性的活动。

② 在全书中,我们没有对"圣"(sage)和"圣徒"(saint)加以区分。罗尼·泰勒在其著作
《儒学的宗教向度》中用一章(第三章"The sage as Saint")来处理这个问题。他提供
了一些有关"sage"(圣、圣人;它实际上也同样地用来指称英语里的 saint。我们在此
所面对的问题主要是一个翻译和诠释的差异)。这个字在孔子、孟子和宋明新儒学
中的语用谱系的一些要素。展示了这个词的意义的历时演进。在孔子的时代,"圣"
的使用限于尧舜禹。在孟子,"圣的理念从固定于古代人物变为任何一个人皆可实
现的潜在的目标"(第 43 页)。对于宋明新儒学,圣人成为与投入自我修养的人越来
越相关的形象并且被认为可以在一生中能够达到。考虑到上述这些演进,在范·
德·列欧(G. Van der Leeuw)处理圣人问题的现象学著作和约阿希姆·瓦赫
(Joachim Wach)的宗教史著作的基础上,泰勒断定 sage 和 saint 两种形象享有充分的
共性,提供了一个新儒学脉络中的"圣人"的某些关联,是当我们要重申"依然时常被
忽视的儒家传统的宗教向度"的时候。泰勒:《儒学的宗教向度》,第 52 页。在泰勒
论证的基础上,我要补充的是牟宗三的思想脉络中整体上存在与"圣人"更多的关联
性,因为牟宗三投入了更多的力气去重申儒学的"宗教性的"或"内圣"的维度。

限进程亦可；但于此说无限进程是说在无限进程中朗现其性体，而不是说在无限进程中向一不可企及不可得有的理想基型求接近。此后者是在心理不一的情形下说的。心若退落而为感性的，自如此。（《现象与物自身》，第91—92页）

如此，意志底神圣性不是一个"吾人只能无限定地接近之而用不能企及"的基型。它自是一"基型"，亦是一"实践的理念"，然而是可以朗现的基型或理念，而不是"只能无限定地接近之而永不能企及"的基型或理念。这个基型底朗现，依我们的说法，亦可在无限进程中朗现，亦可圆顿地当下朗现，此两种方式并不能成为对立。依其感性之机都是特殊的而言，是在无限进程中朗现，它每一步朗现都是部分的朗现，而不能尽其全；然而其感应是无意之意，无知之知，而无一毫执著，它即是圆顿地朗现，部分即全体，不相碍也。（《现象与物自身》，第82页）

人人皆可成圣人。但对于牟宗三，其概念与经验之所指，不能简单地以一种康德的方式加以理解。在这两段引文中出现的"基型"（"Urbilde"）概念，直接出自于《实践理性批判》，在那里意指"神圣意志"——使任何的准则（maxim）皆不与道德法则（moral law）相冲突的那个意志——这个理念。[1] 这一意志，因而指向一个绝对

①康德：《实践理性批判》（KPV），第143页："但在人类的场合下这条法则具有一个命令的形式，因为我们对于那虽然是有理性的存在者的人类能预设一个纯粹的意志，但对人类作为由需要和感性动因所刺激的存在者却不能预设任何神圣的意志，亦即这样一种意志，它不可能提出任何与道德律相冲突的准则。"（中译文参见康德著，邓晓芒译：《实践理性批判》，第42页——译者注）如前面几章已经讨论过的，牟宗三在与康德对话的框架中，虽承继了意志或自由意志的概念，却通过对本心或心的挪用而大大地清空了其本来的内容。在牟宗三的心里，圣人最终既非一个Willkühr（自由决意）的问题，也非一个意志的问题。综上，圣人不是一个意向的问题而是直接地关联于无执的理念，关联于一个作为在理论上被定义的理、心、情结合的一种境界。

的永恒的为"受需要和活动的感性诱因"影响的人类所不能企及的境域。人类对此境地的企及,如康德所设定,会遭致失败,人类仅仅被赋予纯粹意志(ein reiner Wille)或一个自由抉择的能力,而非神圣意志,神圣意志作为一个实践的理念(eine praktische Idee)乃是当作一种基型而有用,此基型人类仅仅能够接近之而从未企及之。①

康德以之为典范的立场,是将圣人与行动中的一种恒常(constancy)相等同。我们已经通过介绍经验或活动机制的有关整合的设定,处理过恒常的问题。在前面的两段引文中,恒常的问题也为牟宗三所直接讨论,不过不幸的是,他仅以哲学的或逻辑的方式加以讨论。他单单设定,在一个无限的自我修养历程与圆顿而圣之间,无论如何不存在着对立,后者邃然地发生于前者之中。因而,结语便是:"部分即全体,不相碍也。"然而,这种智性的与辩证的解决矛盾的方式,似乎不足以解除这两极之间的紧张关系。对于一个本心"或多或少"地朗现(第一段引文),人们会一直质疑其具体的含义。第二段引文中提到的"圆顿地当下朗现",在这里看起来指心之朗现的一些单纯的、偶然的经验,没有考虑在主体内部发生的任何决定性的变化,以及这些变化如何能够影响其处世方式。

结　语

"工夫"问题在牟宗三哲学中随处可遇,其重要性在于作为核心的范式潜存于他的整个哲学中。吊诡的是,关于这个主题的分

---

① 康德:《实践理性批判》(KPV),第143页。

析,是以一种分散的而非系统的方式贯穿于牟宗三的论著。在主
要处理其他问题的部分,牟宗三时常不经意地援引"工夫"。① 在
这种情况下,我们是不是过度读解了牟宗三的"工夫"思想?

牟宗三多方强调"工夫"在中国思想中的重要性,经常把它与
西方哲学的情形对照,或把儒家"工夫"的关键贡献介绍给更多的
人。② 并且,如果讨论不同学派的自我修养方式的差异(逆觉与
顺取),"工夫"问题恰好可作为首要的问题,因为对于牟宗三来
说,这反映了在道德的意义、人与宇宙关系方面的重大差别。总
之,牟宗三的主要关切,不是一种经验的现象学描述,如毕来德设
想的通过庄子展现的方式。因此,正如我们在本章中所做的那
样,基于牟宗三提供的线索,在这个方向上与牟宗三文本展开对
话,我们尝试阐明他的著作中的一套有关"工夫"的前见
(preconceptions),而不是分析一个就此课题构造好了的理论。③
牟宗三著作中的那些前见,没有被转换为更为系统论证的原因可
能在于,这样的一个任务对他重构一个道德形上学的规划来说不 232
是必要的。在这个对话的语境中,即便可能是合理的,我仍然冒
着过度诠释的风险,因为这是牟宗三哲学的一个优势,它提供了
远远超出单一智性规划的洞见。尽管如此,他就"工夫"所作的分
散的、非系统的论证导致了一个困难,这就是我们最终遭遇他思
想中的张力并发现难以解决。例如,他对无限的"工夫"历程与圆

---

① 例如,我们前面所讨论的重要一个引文[修能使习心凝聚,不容易落下来。但本质
地言之,由修到逆觉是异质的跳跃,是突变,由逆觉到顿悟朗现亦是异质地跳跃,
是突变。牟宗三:《心体与性体》(第2册),第196页],在牟宗三的文本中可简单
地归为此类,可证明这并非是他论述的核心。
② 例如,可参见牟宗三:《中国哲学的特质》第十讲。
③ 牟宗三在其著作的诸多部分(例如,《中国哲学的特质》第十讲)中讨论过"工夫"问
题,然而是以一种相当分散的而非系统的方式。

顿成圣之间不存在矛盾的分析,更多展示了一种智性的与修辞学的微妙论述,而非对此类经验所蕴含意义的一个可以阐明的洞察。

总之,尽管牟宗三赋予"工夫"以重要性,"工夫"问题却仅边缘地存在于他哲学探究的直接目标中。吊诡的是,在他最少思辨性与最具个人性、文学性的作品中,即在打动人心的《五十自述》中,"工夫"的核心性被最深切地感受到,"生命的学问"(存在的领悟)的表述获得深远的意义。读者自可从中领会,牟宗三的智性努力事实上如何与一种更具个人性的生活和自我修养的经验融合在一起。作为20世纪中国哲学家中可能最具思辨性和抽象性的人物,牟宗三却更多地意识到思辨哲学的陷阱和困境:

> 追求真理,或用之于非存在的领域中,即投射其自己于抽离的、挂空的概念关系中,这也就是虚空中。①

然而,终极的目标仍然是,通过一种离其生活的智性努力,即通过一个自身便是作者之"工夫"的哲学,来回到生活,即使这样的历程并非直接:

> 学是在曲中发展,不断地学即不断地曲。在不断的曲与"曲之曲"中来使一个人的生命远离其自己而复回归于其自己,从其"非存在的"消融而为"存在的",以完成其自己。这个道理说来只是一句话,然而现实发展上,却是一长期的旅行。②

---

① 这段引文出自牟宗三《五十自述》第一章《在混沌中长成》。
② 同上。

后 记

在这本书中,我试图以一种同情的方式看待牟宗三的思想。当然,我充分意识到,有一系列的其他不同方向上的评论也可以阐述(且已经做了)。例如,人们可以系统地聚焦牟宗三对康德理解中的一些问题性因素,指出他对西方哲学的一些固执己见的断言及其处理方式,强调他对中国思想的哲学诠释如何与思想史的实际相矛盾,讨论他的思想内容与文化的民族主义的关联,或者质疑他重建一个新"道统"背后的原因。这些问题是合理的和必要的,即使从牟宗三哲学来看也是如此,如果它要保持持久的生命力的话。虽然如此,在这个研究中,我的抱负不是全面地讨论牟宗三的道德形上学(更不用说处理他的思想的其他方面)。因而,我更感兴趣的是,在试图理解他复杂的概念建构所指的具体经验(如"智的直觉""无执的存有论""存有的觉情"的意义——不仅将其作为一个思辨谜题的概念片段加以理解,而且将其作为任何人皆可接近的经验加以领会)的同时,阐明牟宗三在"第一哲学"领域中的诸多洞见,而非投入到一个关于他的错误或潜在动机的批判性探寻。这个关切,很大程度上解释了何以在这项工作的结尾部分去强调"情感"或"工夫"的问题。

牟宗三选择通过康德来阐明自己的哲学系统,他认为康德是西方哲学的典范。考虑到康德的形式主义与中国精神传统之间的隔阂,人们会质疑这个选择是否理想。的确,在牟宗三的工作中,康德哲学被倾向作为一套方便的理论来呈现,这套理论能够使牟宗三主张自己的思想,而非一个真正的灵感之源。婉转一些说,启发更多地停留在形式上,并没有在关键之处触及哲学论题的核心。牟宗三的确借用了康德的概念,但也重塑了这些概念,最终没有留下多少康德这些概念的本来识度。在牟宗三哲学中持久存在的,首要地是一种关于中国思想的确定理解,这个理解植根于一套思想史的重新诠释中。对于牟宗三来说,康德哲学似乎是暂时的真理(虽然有其启发性和价值),也是可凭借的以西方的术语与西方思想打交道的有效手段。

234

在本书的导言中,我强调了依据西方的概念和范畴重新诠释中国思想的困难。这里值得再次强调由这种方法所导致的诸多怀疑与困惑,特别是在受解构主义影响的西方哲学圈中。更主要的是,牟宗三选择重建一个庞大的总体体系的规划,与今日西方哲学最主流的事业是格格不入的。多年来,在与西方同行的讨论中,经常听到一个争辩,可以概括如下:"我们毫不怀疑作为牟宗三灵感之源的宋明哲学乃至佛学的洞见是极为重要的,并且我们准备相信它们能够激发当代的讨论。但是,我们为什么不直接回到那些原始的文本,而是要烦扰于一套重荷着西方哲学概念的形而上学话语,以及要创造出某种包罗一切之体系的过时的野心呢?"对这种"牟宗三真的重要吗"的质疑,我相信,从牟宗三的哲学成就以及单纯承认他在中国哲学领域的影响看,能够给予肯定的回答。

首先,人们不应当忽视牟宗三的概念创造性(这对那些以充分的耐心阅读至此的读者可能是清楚的)。他从西方特别是康德那里借用了大量的概念是一个实情。然而,与此同时,他深入地转化了这些概念。即使人们为了进入他的哲学系统,不得不接受他的概念与康德概念之间的一个暂时的等同(如,morals 等同于"道德";intellectual intuition 等同于"智的直觉"),彼此的差异最终明显是占了上风的。intellectual intuition 与"智的直觉"不是同义词,thing-in-itself 与"物自身",autonomy 与"自律",metaphysics of morals 与"道德的形上学",或 moral feelings 与"道德觉情",也都不是同义词。换言之,牟宗三的志业与那些具有 20 世纪特征的事业没有多大关系,那些事业由选择性地采撷西方的概念来重温中国哲学的历史所构成。这不是轻松的比较学(easy comparativism),而是一种对诸多概念加以转化和生成的真正的哲学事业。即便有人会惋惜牟宗三过度专注于康德,仍然有必要强调,他的哲学事业可以构成与其他西方哲学家未来的富有成效会面的坚实基础。[1] 在本书的第四和第五章中,我已就为什么在列维纳斯那里会有一些启发性的例子,给出过一些说明。牟宗三哲学中"工夫"的潜在重要性,也可以与福柯著作中有着重要地位的对自我修养的关切,进行有意义的比较——这是另外一个事例。其次,牟宗三之所以重要,还在于他在汉语世界的巨大影响。任何感兴趣当代中国哲学前沿状况的人,都不能无视牟宗三的工作已经成为无处不在的参照点。他的概念,无论是被接受还是被拒绝,已经成为具有范式意义的概念。此外,在没有作为我们探索对象的牟宗三关于儒学的批判性再诠释的一般领域,包括政治哲学的领域,情况大体也是如此。[2]

235

---

[1] 例如,这里我们可提及已发生的与过程神学会面的例子。"未来的富有成效的会面"所隐含的意义能够从这样的事实得到充分的说明,较之于牟宗三撰述其著作的时代,今天的中国哲学家对西方的哲学历史在知识的把握上更为充分。

[2] 在中国大陆,包括蒋庆在内的诸多倡导政治儒学的人,强烈批评牟宗三对西方式民主的拥抱,更希望推进一种新的儒家式的政体或王道。不过,他们的立场首先是建立在对牟宗三的批判之上的。

从一种人类学的视角看,牟宗三的道德形上学可以被理解为由学术象牙塔中的专家——一位哲学教授——完成的一种思辨性的工作。在这个背景下,传统与具体身心修炼结合在一起的圣人理想与儒家世界观,似乎已经被转变成一种纯粹的智性事业。[①] 充盈于本书的那些思辨性开展,可能也强化了这种印象。毋庸置疑,当下由牟宗三借鉴康德以重温中国思想这个例子所表现的儒家哲学家的肖像,代表了一个启发式的和极为有用的理想型,这无疑是儒学现代命运的可能性之一。不管怎样,我愿意通过强调只把牟宗三视为纯粹的思辨哲学家的典型这个观点的局限性,来做最后的总结。

236

哲学与自我修养之间的关系以及这两种类型活动之间的严格区分,颇具问题性。在西方,作为获得真理的唯一方式的知识霸权,它的谱系已由米歇尔·福柯在其法兰西学院的系列演讲中追溯(可参见《主体的诠释学》)。受福柯和中国传统的启发,何乏笔倡导对"哲学"范畴加以扩展,这个扩展既建立在西方语境中的修行和中国传统的工夫两个观念上,同时也表现为这一目标而参与到一种对牟宗三的雄心勃勃的再阅读中。[②] 即使牟宗三看起来很像西方的学者,我仅要强调的是,他还直接地继承了(如通过他的老师熊十力)一个传统,在此传统中智性工作是与主体的自我转化密切地结合在一起的。这直接提出了他的文本的地位问题,以及这些文本与一个"工夫"操持的关系问题。我们可以从几个视角来做评述。如果我们把牟宗三看作一个讲圣道和佛道的

---

① 关于这一点,读者可以参考杜瑞乐在一系列文章中富有启发性的分析。例如,《儒家经验与哲学话语:对当代新儒学诸疑难的反思》。

② 对此问题的关键之处的简要介绍,参见何乏笔:《汉语的福柯:跨文化批判与哲学修养》,《跨文化哲学杂志》2008 年第 19 期,特别是第 24—27 页;何乏笔:《何谓当代汉语哲学》,《中国文哲研究通讯》第 15 卷第 3 期,2004 年 8 月。

人,单从写作感人至深的作品的过程本身来说,不正是一种"工夫"的操持吗? 如果考虑到他的那些在哲学上通常有所精通的读者和评论者,牟宗三的著作在多大程度上能成为他们的"工夫"和"自我转化"的资源? 这里,我们来到了一个文本的诠释学问题,一个读者有时从作者的本意独立出来的与文本的关系问题。这样的问题,在对评论牟宗三有着知识准备的圈子之外,甚至也在讨论。我通过一件轶事来说明这点。在与一位同事开展"社会中的儒家复兴"的田野调查过程中,我们遇到了一些草根的儒家活动者,由于牟宗三在大陆的一位弟子的成功传布,他们能够亲近牟宗三的文本。他们通常有着平凡的背景,总体上没有接受过超过高中的教育。引人注目的是,这些人正以仿佛阅读善书(善书是传统在寺庙宫观或宗教组织内部传布的道德教化书籍)的方式阅读牟宗三高度抽象的著作。虽然他们肯定错过了牟宗三论述中的许多内容,不过他们发现牟宗三的著述有充分的启发性可用作自我修养的资源。① 这个例子提供了一个令人惊奇的说明,一个在当代中国的语境中的所谓纯粹思辨性著作可能会变成什么的说明。当然,这是一个有限的事例,其重要性不应当被夸大。虽然如此,即使我们将自己限定于对牟宗三著作的更为概念化的解读,需要强调的是他哲学著述的那个非思辨性挪用的可能性。这个问题在深思儒学的当代命运时是重要的,并且有助于超越仅是中国的语境而再思"哲学"这个概念。

2010 年 7 月
于香港

---

① 毕游塞、杜瑞乐:《安身立命或儒学的宗教性维度》,《中国展望》2008 年第 3 期,第 96—97 页。

参考文献

安乐哲（Ames，Roger T.）、罗思文（Henry Rosemont）:《〈论语〉的一种哲学释译》,纽约:兰登书屋 1999 年版。

安靖如（Angle，Stephen C.）:《圣境:宋明理学的现代意义》,纽约:牛津大学出版社 2009 年版。

马鸣（Asvaghosa）:《大乘起信论》,北京:中华书局 2000 年版。

约斯林·博努瓦（Benoist，Jocelyn）:《主体性》,德尼·康布斯纳主编:《哲学的理念》(2),巴黎:伽利玛出版社 1995 年版,第 501—561 页。

白诗朗（Berthrong，John）:《普天之下:儒耶对话中的典范转化》,奥尔巴尼:纽约州立大学出版社 1994 年版。

毕来德（Billeter，Jean François）:《中国的书法艺术》,日内瓦:斯基拉出版社 1989 年版。

——《庄子讲座》,巴黎:阿利亚出版社 2002 年版。

毕游塞（Billioud，Sébastien）:《牟宗三（1909—1995）哲学中的智的直觉》,哲学博士学位论文,巴黎第七大学,2004 年。

——《牟宗三、海德格尔与实践理性问题》,"哲学在二十世纪中国"专辑,《北京大学学报》2004 年 5 月,第 106—115 页。

——《牟宗三与海德格尔的康德诠释问题》,《中国哲学季刊》第 33 卷第 2 期,2006 年 6 月,第 225—247 页。

毕游塞、彭国翔:《牟宗三（1909—1995）哲学的主题》,*Figures du sujet*,巴黎:法国大学出版社,第 241—246 页。

毕游塞、杜瑞乐（Joël Thoraval）:《安身立命或儒学的宗教性维度》,《中国展望》2008 年第 3 期,第 88—106 页。

包安妮（Boisclair，Annie）:《牟宗三圆教关系中的康德至善诠释》,载于庞思奋（Stephen Palmquist）主编:《康德与人格修养》,柏林:沃尔特·德·格鲁伊特出版社,即出。

贝尔纳·布儒瓦（Bourgeois，Bernard）:《德国古典哲学》,巴黎:法国大学出版社 1995 年版。

马丁·布伯(Buber,Martin):《我与你》,巴黎:奥比出版社 1992 年版。

尼古拉斯·布宁(Bunnin,Nicholas):《神智与人智:康德与牟宗三论智性直观》,《中国哲学季刊》第 35 卷第 4 期,2008 年 2 月,第 613—624 页。

《牟宗三先生学术年谱》,台北:台北学生书局 1996 年版。

赛琳娜·陈(Chan,Serina):《牟宗三的思想》,阿德莱德大学,哲学博士学位论文,2009 年 11 月。

陈荣捷:《中国形上学之综合》,载于查尔斯·摩尔主编:《中国的心灵、形上学与文化之特质》,火奴鲁鲁:夏威夷大学出版社 1968 年版。

陈来:《宋明儒学的"道"概念及其诠释》,《中国近世思想史研究》,北京:商务印书馆 2003 年版,第 22—37 页。

陈荣灼:《气与理:"唯气论"新诠》,杨儒宾、祝平次编:《儒学的气论与工夫论》,台北:台湾大学出版社 2005 年版,第 47—77 页。

——《牟宗三对康德哲学的转化》,《中国哲学季刊》第 33 卷第 1 期,2006 年,第 125—139 页。

程艾兰(Cheng,Anne):《中国思想史》,巴黎:瑟伊出版社 1997 年版。

——《中国古代的情感与智慧》,《中国研究》(春秋刊)第 18 卷第 1—2期,1999 年,第 31—58 页。

程颐、程颢:《二程遗书》,上海:上海古籍出版社 2000 年版。

成中英:《论中国哲学的"体"之形上学意义:本体与体用》,《中国哲学季刊》第 29 卷第 2 期,2002 年 6 月,第 145—161 页。

——《合内外之道——儒家哲学论》,北京:中国社会科学出版社 2001年版。

成中英、查尔斯·摩尔(Charles A. Moore)编:《当代中国哲学》,马萨诸塞摩顿、牛津:布莱克韦尔出版公司 2002 年版。

柯文杰(Clower,Jason):《别样的佛学家:牟宗三新儒学中的天台佛学》,莱顿与波士顿:博睿出版社 2010 年版。

柯雄文(Cua,Antonio S.):《论体用之别的伦理意义》,《中国哲学季刊》第 29 卷第 2 期,2002 年 6 月,第 163—170 页。

狄百瑞(De Bary,Wm. Theodore):《新儒学中的心学旨趣》,纽约:哥伦比亚大学出版社 1989 年版。

戴琏璋:《德性之知与见闻之知》,《牟宗三先生的哲学与著作》,台北:台湾学生书局 1978 年版。

吉尔·德勒兹(Deleuze,Gilles):《康德的批判哲学》,巴黎:法国大学出版社 1998 年版。

董仲舒:《春秋繁露》,北京:中华书局1992年版。

鲁道夫·艾斯勒(Eisler,Rudolf):《康德辞典》,巴黎:伽利玛出版社1994年版。

吕克·费雷(Ferry,Luc)、阿兰·雷诺(Alian Renaud):《海德格尔思想的伦理向度》,《人类》1986年第14期,第87—104页。

米歇尔·福柯(Foucault,Michel):《主体的诠释学》,巴黎:伽利玛瑟伊出版社2001年版。

福尔克·格尔哈特(Gerhardt,Volker):《伊曼纽尔·康德:理性与生活》,迪琴根:雷克拉姆出版社2002年版。

古比尔·德·布耶(Goupil de Bouillé):《克尔凯郭尔、施泰因、利科的伦理学、差异性及真理》,哲学博士学位论文,巴黎第一大学,先贤祠—索邦,2008年。

葛瑞汉(Graham,Angus C.):《道之辩士:中国古代的哲学辩论》,拉萨尔:敞院出版社1995年版。

戈浩南(Graziani,Romain):《理想状态与弄巧成拙的筹划:早期中国工夫中的意向性问题》,《东西方哲学》第59卷第4期,2009年10月,第440—466页。

皮特·尼可拉斯·格里高利(Gregory,Peter N.):《顿或渐相对:一个中国思想中反复出现的主题》,《中国哲学季刊》第9卷,1982年,第471—486页。

让·格莱士(Greisch,Jean):《伦理学与存有论》,让·格莱士、雅克·罗兰(Jacques Rolland)编:《关于列维纳斯〈伦理学作为第一哲学〉的瑟里西拉萨勒(Cerisy-la-Salle)会议(1986年8月23日至9月2日)集》,巴黎:雄鹿出版社1993年版,第15—45页。

郭齐勇:《牟宗三先生以"自律道德"的理论诠释儒学之蠡测》,郑宗义编:《香港中文大学的当代儒者:钱穆、唐君毅、牟宗三、徐复观》,《新亚学术集刊》第19卷,香港:香港中文大学新亚书院2006年版,第367—380页。

皮埃尔·阿多(Hadot,Pierre):《精神修炼与古代哲学》,巴黎:阿尔班米歇尔出版社2002年版。

马丁·海德格尔(Heidegger,Martin):《论真理的本质》,《问题Ⅰ和Ⅱ》,巴黎:加利马尔出版社1996年版,第161—194页。

——《关于人道主义的书信》,《问题Ⅲ和Ⅳ》,巴黎:加利马尔出版社1996年版,第65—127页。

——《形而上学是什么?》,《问题Ⅰ和Ⅱ》,巴黎:加利马尔出版社1996年版,第21—72页。

——《康德与形而上学疑难》(英文版)(KPM EV),伯明顿与印第安纳波利斯:印第安纳大学出版社 1997 年版。

——《康德与形而上学疑难》(法文版)(KPM FV),巴黎:加利马尔出版社 1998 年版。

——《康德与形而上学疑难》(德文版)(KPM GV),法兰克福:维托里奥·克劳斯特曼出版社 1998 年版。

何乏笔(Heubel, Fabian):《自我修养与创造性——对牟宗三与儒家气论之关系的反思》,戈浩南、胡司德编:《自我的与精神的:中国之"身"的探寻》,《远东远西》第 29 期,万森纳:法国大学出版社 2007 年版,第 150—175 页。

——《汉语的福柯:跨文化批判与哲学修养》,《跨文化哲学杂志》2008 年第 19 期,第 19—35 页。

——《何谓当代汉语哲学》,《中国文哲研究通讯》第 15 卷第 3 期,2004 年 8 月,第 19—35 页。

荷尔德林(Hölderlin, Friedrich):《许佩里翁或希腊的隐士》,柏林:奥弗堡袖珍出版社 1998 年版。

黄进兴:《所谓"道德自主性":以西方观念解释中国思想之限制的例证》,收入黄进兴辑:《优入圣域:权利、信仰与正当性》,台北:允晨文化出版有限公司 1994 年版,第 2—24 页。

黄敏浩:《刘宗周及其慎独哲学》,台北:学生书局 2001 年版。

黄宗羲:《宋元学案》,北京:中华书局 2007 年版。

艾文贺(Ivanhoe, Philip J.):《儒家传统中的伦理学:孟子与王阳明的思想》,亚特兰大:学者出版社 1990 年版。

——《新儒家陆王学派读本》,印第安纳波利斯:海克特出版社 2009 年版。

多米尼克·雅尼哥(Janicaud, Dominique):《海德格尔与法兰西》(第 1 卷),巴黎:阿尔班米歇尔出版社 2001 年版。

——《法国现象学的神学转向》,《现象学的多种形态》,巴黎:加利马尔出版社 2009 年版。

姜允明:《讨论牟宗三先生的"智的直觉"说》,李明辉编:《当代新儒家人物论》,台北:文津出版社 1994 年版,第 135—150 页。

朱利安(Jullien, François):《内在之象:对〈易经〉的哲学解读》,巴黎:格拉塞出版社 1993 年版。

——《道德奠基》,巴黎:格拉塞出版社 1995 年版。

——《功效论:中西思维之间》,火奴鲁鲁:夏威夷大学出版社 2004

年版。

——译文《〈中庸〉——日用之道》,巴黎:国家出版社 1993 年版。

康德(Kant,Emmanuel):《康德全集》(第 3 卷),巴黎:七星出版社,1980—1986 年版。

——《实践理性批判》(KPV),法兰克福:苏坎普出版社 1974 年版。

——《道德形而上学原理》(GMS),法兰克福:苏坎普出版社 1974 年版。

——《纯粹理性批判》(KRV)(第 2 版),法兰克福:苏坎普出版社 1974 年版。

——《判断力批判》(KU),法兰克福:苏坎普出版社 1974 年版。

——《纯粹理性批判》(KRV EV),伦敦:企鹅出版社 2007 年版。

康特(Kantor,Hans-Rudolf):《智顗(538—597)天台思想中的救世说与牟宗三(1909—1995)"无限"的哲学概念:中国天台宗中救世说与存在论的连接》,威斯巴登:哈拉索维茨 1999 年版。

——《存有的不确定性与救赎的相关性:牟宗三的天台佛学诠释评价》,《东西方哲学》第 56 卷第 1 期,2006 年 1 月,第 16—68 页。

葛艾儒(Kasoff,Ira. E.):《张载(1020—1077)的思想》,剑桥:剑桥大学出版社 1984 年版。

刘殿爵(Lau,D. C.)译:《孟子》,伦敦:企鹅出版社 2004 年版。

莱曼(Lehmann,Olf):《儒家现代性的道德形而上学基础:牟宗三对传统的哲学化与启蒙的儒家化》,莱比锡:莱比锡大学出版社 2003 年版。

梅乐康(Lequan,Mai):《康德的道德哲学》,巴黎:瑟伊出版社 2004 年版。

列斯古勒(Lescourret,Marie-Anne):《伊曼努尔·列维纳斯》,巴黎:弗拉马里翁出版集团 2004 年版。

列维纳斯(Lévinas,Emmanuel):《超越存在:在本质之外》,巴黎:克吕维尔学术出版社 1990 年版。

——《总体性与无限:论外在性》,巴黎:克吕维尔学术出版社 1990 年版。

——《历时性与表象》,先期收入让·格莱士、雅克·罗兰编:《关于列维纳斯〈伦理学作为第一哲学〉的瑟里西拉萨勒会议(1986 年 8 月 23 日至 9 月 2 日)集》,第 449—468 页,巴黎:雄鹿出版社 1993 年版。也见于列维纳斯:《我们之间:论对他者的思想》,巴黎:格拉塞出版社 1991 年版,第 165—184 页。

——《我们之间:论对他者的思想》,巴黎:格拉塞出版社 1991 年版。

——《存有论是基本的吗?》,列维纳斯:《我们之间:论对他者的思想》,

巴黎:格拉塞出版社1991年版,第12—22页。

——《论观念中出现的神》,巴黎:弗林出版社1998年版。

——《伦理学作为第一哲学》,巴黎:里瓦格出版社1998年版。

——《同胡塞尔和海德格尔一起发现存在》,巴黎:弗林出版社2001年版。

——《马丁·海德格尔与存在论》,《同胡塞尔和海德格尔一起发现存在》,巴黎:弗林出版社2001年版,第77—109页。

——《艰辛的自由》,巴黎:阿尔班米歇尔出版社2006年版。

——《主体之外》,巴黎:书目文献出版社2006年版。

赖品超:《超越者的内在性与内在者的超越性——评牟宗三对儒、耶之分别》,刘述先、林月惠编:《当代儒学与西方文化(宗教篇)》,台北:"中央研究院"2005年版,第43—89页。

李明辉:《康德伦理学发展中的道德情感问题》,台北:"中央研究院"1994年版。

——《儒家与自律道德》,《儒家与康德》,台北:联经出版有限公司1997年版,第11—45页。

——《四端与七情:关于道德情感的比较哲学讨论》,台北:台湾大学出版中心2005年版。

——《康德伦理学与孟子道德思考之重建》,台北:"中央研究院"文哲研究所1994年版。

——《儒家与康德》,台北:联经出版公司1997年版。

——《当代儒学的自我转化》,北京:中国社会科学出版社2001年版。

李明辉、陈玮芬:《当代儒学与西方文化(哲学篇)》,台北:"中央研究院"文哲研究所2004年版。

李淳玲:《康德美感判断的思索》,《鹅湖学志》第19卷,1997年12月,第37—116页。

李山:《牟宗三传》,北京:中央民族大学出版社2002年版。

阿兰·德·利贝拉(Libera, Alain de):《主体考古学》卷1,《主体的起源》巴黎:弗林出版社2007年版。

林安梧:《儒学转向:从"新儒学"到"后新儒学"的过渡》,台北:学生书局2006年版。

林同奇:《孟子之心与性:史华慈与牟宗三的虚拟对话》,《人文寻求录》,北京:新星出版社2006年版,第134—150页。

林同奇、周勤:《牟宗三的人类宇宙论视角中的动力与紧张——对儒家天人合一概念的反思》,《中国哲学季刊》第22卷,1995年,第423—434页。

林月惠:《诠释与工夫》,台北:"中央研究院"文哲研究所 2008 年版。

林维杰:《牟宗三哲学中的理论与实践——由本体工夫转向理论实践之可能》,《中国文哲研究通讯》第 15 卷第 3 期,2005 年 9 月,第 99—118 页。

刘述先:《理解儒家哲学:古典的与宋明的》,西港:普雷格出版社 1998 年版。

——《牟先生论智的直觉与中国哲学》,《牟宗三先生的哲学与著作》,台北:台湾学生书局 1978 年版,第 725—760 页。

卢升法:《牟宗三对佛教的吸收与改造》,《佛学与现代新儒学》,沈阳:辽宁大学出版社 1994 年版,第 448—463 页。

罗义俊:《宋明理学的几个问题与牟宗三的通释》,牟宗三:《从陆象山到刘蕺山》"附录",上海:上海古籍出版社 2001 年版,第 397—401 页。

让·吕克·马里翁(Marion,Jean-Luc):《关于存有论的冷漠的笔记》。让·格莱士、雅克·罗兰编:《关于列维纳斯〈伦理学作为第一哲学〉的瑟里西拉萨勒会议(1986 年 8 月 23 日至 9 月 2 日)集》,巴黎:雄鹿出版社 1993 年版,第 449—468 页。

梅约翰(Makeham,John):《新道统》,《新儒学》,纽约:帕尔格雷夫·麦克米兰出版公司 2003 年版,第 57—78 页。

——《游魂:当代儒家话语中的儒学》,剑桥:哈佛大学出版社 2008 年版。

牟宗三:《王阳明之后学:王龙溪及其四无说》,《东西方哲学》第 34 卷第 1/2 期,1974 年 1—4 月,《东西哲学学会王阳明研讨会文集》,第 103—120 页。

——《认识心之批判》,台北:学生书局 1956 年版。

——《道德的理想主义》,台北:学生书局 1959 年版。

——《生命的学问》,台北:三民书局 1970 年版。

——《康德的道德哲学》,台北:学生书局 1982 年版。(该书包括《道德形而上学的基础》与《纯粹实践理性批判》的译文和评注。)

——《康德纯理之批判》(2 卷),台北:学生书局 1983 年版。(该书包括《纯粹理性批判》的译文和评注。)

——《圆善论》,台北:学生书局 1985 年版。

——《佛性与般若》,台北:学生书局 1989 年版。

——《五十自述》,台北:鹅湖出版社 1989 年版。

——《康德判断力之批判》(2 卷),台北:学生书局 1992—1993 年版。(该书包括《判断力批判》的译文和评注。)

——《现象与物自身》,台北:学生书局 1996 年版。

——《四因说演讲录》,上海:上海古籍出版社 1997 年版。

——《中国哲学的特质》,上海:上海古籍出版社 1997 年版。

——《中国哲学十九讲》,上海:上海古籍出版社 1997 年版。

——《中西哲学会通十四讲》,上海:上海古籍出版社 1997 年版。

——《牟宗三先生论智的直觉函》,《中国文哲研究通讯》1999 年第 4 期,第 173—178 页。

——《心体与性体》(3 册),上海:上海古籍出版社 1999 年版。

——《历史哲学》,台北:学生书局 2000 年版。

——《智的直觉与中国哲学》,台北:学生书局 2000 年版。

——《从陆象山到刘蕺山》,上海:上海古籍出版社 2001 年版。

——《政道与治道》,台北:学生书局 2003 年版。

——《牟宗三全集》(32 卷),台北:联经出版公司 2003 年版。

吴汝钧(Ng Yu-Kwan):《天台佛学与早期中观学派》,火奴鲁鲁:夏威夷大学出版社 1993 年版。

倪梁康:《牟宗三与现象学》,《哲学研究》2002 年第 10 期,第 42—48 页。

冈田武彦(Okada,Takehiko):《王畿与存在论的兴起》,狄百瑞编:《明代思想中的自我与社会》,纽约:哥伦比亚大学出版社 1970 年版,第 121—144 页。

让-克洛德·帕斯托尔(Pastor,Jean-Claude):《牟宗三及其关于道家的问题性引证》,《国际哲学》(2)2005 年第 132 期,第 247—266 页。

彭国翔:《良知学的开展:王龙溪与中晚明的阳明学》,台北:学生书局 2003 年版。

——《中晚明阳明学的知识之辩》,《中国学术》2000 年第 2 期,第 246—277 页。

彭文本:《论牟宗三与费希特的智的直觉之理论》,李明辉、陈玮芬:《当代儒学与西方文化(哲学篇)》,台北:"中央研究院"文哲研究所 2004 年版。

赫尔曼·菲利普斯(Philipse,Herman):《海德格尔的存在哲学:一个批判性的诠释》,普林斯顿:普林斯顿大学出版社 1998 年版。

安特耶·埃尔哈特·皮奥莱蒂(Pioletti,Antje Ehrhardt):《道德行为的实体:牟宗三对作为康德实践哲学之完成的新儒家的阐述》,法兰克福:彼特朗出版社 1997 年版。

菲利克斯·拉维松(Ravaisson,Félix):《论习惯》,巴黎:帕约特河岸出版社 1997 年版。

保罗·利科(Ricoeur,Paul):《实践理性》,渥太华:渥太华大学出版社 1979 年版。

——《作为他者的自身》,巴黎:瑟伊出版社1990年版。

罗哲海(Roetz,Heiner):《古代中国的人与自然》,法兰克福—伯尔尼—纽约:彼特朗出版社,1984年。

——《轴心时代的中国伦理》,奥尔巴尼:纽约州立大学出版社1993年版。

安妮-玛丽·罗维耶洛(Roviello,Anne-Marie):《康德对自由的建构》,布鲁塞尔:乌希尔出版社1984年版。

马克斯·舍勒(Scheler,Max):《伦理学中的形式主义与质料的价值伦理学》,埃文斯顿:西北大学出版社1985年版。

斯特凡·施密特(Schmidt,Stefan)《历史哲学与儒家现代化:论牟宗三思想从黑格尔到康德的转折》,《思想》第13期,2009年10月,第159—171页。

约翰·史蒂夫尼(Steffney,John):《海德格尔与禅佛教的超形而上学之思》。《东西方哲学》第27卷第27期,1977年7月,第323—335页。

乔治·斯坦纳(Steiner,Georges):《马丁·海德格尔》,芝加哥:芝加哥大学出版社1991年版。

唐君毅:《良知概念从王阳明到王畿的发展》,狄百瑞编:《明代思想中的自我与社会》,纽约:哥伦比亚大学出版社1970年版,第93—120页。

邓绍光:《论牟宗三对基督宗教的判释》,《见道学刊》第19期,2003年,第59—70。

罗尼·泰勒(Taylor,Rodney L.):《顿渐范式与新儒家的心灵修养》,《东西方哲学》第33卷第1期,1983年1月,第17—34页。

伊莎贝尔·托马斯-福吉尔(Tomas-Fogiel,Isabelle):《表象的批判:费希特研究》,巴黎:弗林出版社2000年版。

杜瑞乐:《面对现代性挑战的中国与儒家》,《精神》2000年7月,第140—154页。

——《儒家经验与哲学对话:当代新儒学若干论题反思》,《中国展望》第71期,2002年5—6月,第74—75页。

——《圣人的理想及哲学家的策略:牟宗三(1905—1995)思想简介》,巴黎:瑟夫出版社2003年版,第11页;牟宗三:《中国哲学的特质》(法语译本)"导言",巴黎:瑟夫出版社2003年版,第7—69页。

——《智的直觉问题和当代儒家哲学》,《国际哲学评论》2005年第2期,第231—245页。

——《中国现代哲学体制的"药术"作用》,《东亚思想中的传统与现代——"哲学"的另类谱系学》(第3卷),东京大学国际哲学中心学刊,2004

年,第43—48页。

格扎维埃·蒂利埃特(Tilliette,Xavier):《智性直观:从康德到黑格尔》,巴黎:弗林出版社1995年版。

杜维明:《人性与自我修养——儒家思想论集》,伯克利:亚洲人文出版社1979年版。

——《现代精神与儒家传统》,台北:联经出版公司1996年版。

——《儒家"体知"传统的现代诠释》,《十年机缘待儒学》,香港:牛津大学出版社1999年版。

王兴国:《牟宗三哲学思想研究》,北京:人民出版社2007年版。

王阳明:《王阳明全集》,上海:上海古籍出版社2001年版。

吴甿:《一代儒哲牟宗三》,香港:经要文化出版有限公司2001年版。

谢大宁:《儒家圆教底再诠释》,台北:学生书局1996年版。

熊十力:《体用论》,北京:中华书局1994年版。

——《新唯识论》,北京:中华书局1999年版。

颜炳罡:《牟宗三学术思想评传》,北京:北京图书馆出版社1998年版。

杨儒宾:《儒家身体观》,台北:"中央研究院"2003年版。

杨泽波:《牟宗三三系论论衡》,上海:复旦大学出版社2006年版。

杨祖汉:《当代儒学思辨录》,台北:鹅湖出版社1998年版。

余英时:《钱穆与新儒家》,《现代儒学论》,上海:上海人民出版社1998年版。

张载:《正蒙》,上海:上海古籍出版社2000年版。

郑家栋:《牟宗三》,台北:东大图书出版有限公司2000年版。

——《断裂中的传统》,北京:中国社会科学出版社2001年版。

——《"中国哲学史"写作与中国思想传统的现代困境》,程艾蓝编:《有中国哲学吗?这是一个问题》,载于《远东远西》第27期,圣丹尼:万森纳大学新闻出版社2005年版。

——《周易》,北京:中华书局2001年版。

周博裕:《新儒学对康德智的直觉之厘清与超越》,《当代新儒学论文集》,台北:文津出版社1991年版,第323—350页。

索　引

"海外中国研究丛书"书目

.